AF855491

Hannah Bernauer

HANNAHS 25 Raspberry Pi Server

Hannahs 25 RASPBERRY PI SERVER

UB. 15. 7494

Bibliografische Information der Deutschen Bibliothek

Die Deutsche Bibliothek verzeichnet diese Publikation in der Deutschen Nationalbibliografie;
detaillierte Daten sind im Internet über http://dnb.ddb.de abrufbar.

Alle Angaben in diesem Buch wurden vom Autor mit größter Sorgfalt erarbeitet bzw. zusammengestellt und unter Einschaltung wirksamer Kontrollmaßnahmen reproduziert. Trotzdem sind Fehler nicht ganz auszuschließen. Der Verlag und der Autor sehen sich deshalb gezwungen, darauf hinzuweisen, dass sie weder eine Garantie noch die juristische Verantwortung oder irgendeine Haftung für Folgen, die auf fehlerhafte Angaben zurückgehen, übernehmen können. Für die Mitteilung etwaiger Fehler sind Verlag und Autor jederzeit dankbar. Internetadressen oder Versionsnummern stellen den bei Redaktionsschluss verfügbaren Informationsstand dar. Verlag und Autor übernehmen keinerlei Verantwortung oder Haftung für Veränderungen, die sich aus nicht von ihnen zu vertretenden Umständen ergeben. Evtl. beigefügte oder zum Download angebotene Dateien und Informationen dienen ausschließlich der nicht gewerblichen Nutzung. Eine gewerbliche Nutzung ist nur mit Zustimmung des Lizenzinhabers möglich.

Universitätsbibliothek Techn. Univ. Berlin
UB / TU Berlin ausgesondert am 25.11.25

© 2014 Franzis Verlag GmbH, 85540 Haar bei München

Alle Rechte vorbehalten, auch die der fotomechanischen Wiedergabe und der Speicherung in elektronischen Medien. Das Erstellen und Verbreiten von Kopien auf Papier, auf Datenträgern oder im Internet, insbesondere als PDF, ist nur mit ausdrücklicher Genehmigung des Verlags gestattet und wird widrigenfalls strafrechtlich verfolgt.

Die meisten Produktbezeichnungen von Hard- und Software sowie Firmennamen und Firmenlogos, die in diesem Werk genannt werden, sind in der Regel gleichzeitig auch eingetragene Warenzeichen und sollten als solche betrachtet werden. Der Verlag folgt bei den Produktbezeichnungen im Wesentlichen den Schreibweisen der Hersteller.

Programmleitung u. Lektorat: Dr. Markus Stäuble
Herausgeber: Hannah Bernauer
Konzept: Hannah Bernauer, Christian Immler und Dr. Markus Stäuble
Layout u. Fotos: Mathias Vietmeier
art & design: www.ideehoch2.de
Satz: DTP-Satz A. Kugge, München
Druck: FIRMENGRUPPE APPL,
aprinta druck GmbH, Wemding

ISBN 978-3-645-60330-0

Vorwort des Verlags

Raspberry PI B+

Kurz vor Ende des Buchprojektes wurde der Raspberry Pi B+ veröffentlicht. Das Buch ist noch auf Basis des Raspberry Pi B geschrieben. Aber alle Projekte wurden nochmals auf dem Raspberry Pi B+ erfolgreich getestet. Auf Fotos ist teilweise noch der Raspberry Pi B zu sehen.

Wie funktioniert das Buch?

Nach dem Grundlagenkapitel auf Seite 8 bis 55 folgen die 25 Server. Jeder Server startet mit einer Überblicksseite. Im Kasten auf der rechten Seite werden alle wichtigen Informationen zusammengefasst, etwa, wie lange die Installation dauert und in wie vielen Schritten sie durchgeführt werden kann. Der Schwierigkeitsgrad wird in Himbeeren (1-5) angegeben. Über Symbole werden Voraussetzungen spezifiziert:

SYMBOL SD-KARTE, CLASS 10	Gibt an, welche Art von SD-Karte benötigt wird, z. B. SD-Karte des Typs CLASS 10.
SYMBOL USB	Angabe, ob eine externe Festplatte oder ein USB-Stick benötigt wird.
SYMBOL X	Angabe, ob ein X-Server zur Bedienung benötigt wird.
SYMBOL D	Angabe, ob ein Programm zur Anzeige des Serverstatus auf einem LC-Display zur Verfügung steht.

Sollte für die Konfiguration Vorwissen vorausgesetzt werden, wird auf die jeweilige Seite verwiesen. Notwendige Software wird aufgeführt. Zu jedem Server stellen wir Links und Zusatzmaterial online bereit. Über den **WWW-CODE** finden Sie die Informationen direkt auf der Webseite **www.makers-choice.de**.

Zusatzmaterial

Zum vorliegenden Buch existiert einiges an kostenlosem Zusatzmaterial auf **www.makers-choice.de**, wie z. B. PDF-Dokumente mit weiterem Basiswissen.

25

Hannahs 25 RASPBERRY PI SERVER

Grundlagenkapitel
Seite 8 bis 55

Hannahs 25 Rezepte

BAUSTEINE

Zutaten

Aufgrund der geringen Stromaufnahme eignet sich der Raspberry Pi hervorragend als Server. Bevor Sie nun einen der 25 Server umsetzen, werden in diesem Kapitel die notwendigen Grundlagen erläutert.
Besonders wichtig ist das Unterkapitel zur IP-Adresse ab Seite 20. Damit ist Ihr Server auch im Internet erreichbar.

Himbeerkuchen

»Raspberry« ist das englische Wort für Himbeere. Schon früher wurden Computer nach Früchten benannt, wie z. B. Apple, Apricot und Blackberry. »Pi« steht für Python Interpreter, die wichtigste Programmiersprache auf dem Raspberry Pi. Zusammen ergibt sich ein Name, der mit dem englischen Wort für Himbeerkuchen, »Raspberry Pie«, phonetisch identisch ist.

Raspberry Pi als Server nutzen

Der Minicomputer Raspberry Pi ist, auch wenn es auf den ersten Blick gar nicht so aussieht, ein vollwertiger Computer – und vor allem gibt es ihn zu einem sehr günstigen Preis. Das gilt nicht nur für die Hardware, sondern auch für die Software. Das Betriebssystem und alle im Alltag notwendigen Anwendungen werden kostenlos zum Download angeboten.

Der Raspberry Pi ist vor allem in der Maker-, Löter- und Bastlerszene sehr beliebt, kann aber auch – da er ja eigentlich ein PC ist – als sehr stromsparender Server verwendet werden. Im Alltagsbetrieb braucht man dafür nicht einmal Monitor und Tastatur anzuschließen. Die Bedienung des Servers kann von jedem anderen PC im Netz oder von einem Tablet per WLAN erfolgen.

Natürlich könnte man auch einen ausgedienten PC als Server einrichten und ihn im eigenen Netzwerk nutzen. Die Leistung würde völlig ausreichen, allerdings haben diese Oldtimer im Alltagsbetrieb zwei Nachteile: sie machen Lärm und sie verbrauchen Strom. Ein Server soll schließlich 365 Tage im Jahr 24 Stunden erreichbar sein. Der Kleinstcomputer Raspberry Pi hält mit den Leistungsdaten eines leicht in die Jahre gekommenen PCs bequem mit, läuft absolut lautlos ohne Festplatte oder Lüfter, hat etwa die Größe eines Päckchens Spielkarten und begnügt sich zur Stromversorgung mit einem Handyladegerät – er ist also die ideale Lösung für einen kleinen Server zuhause.

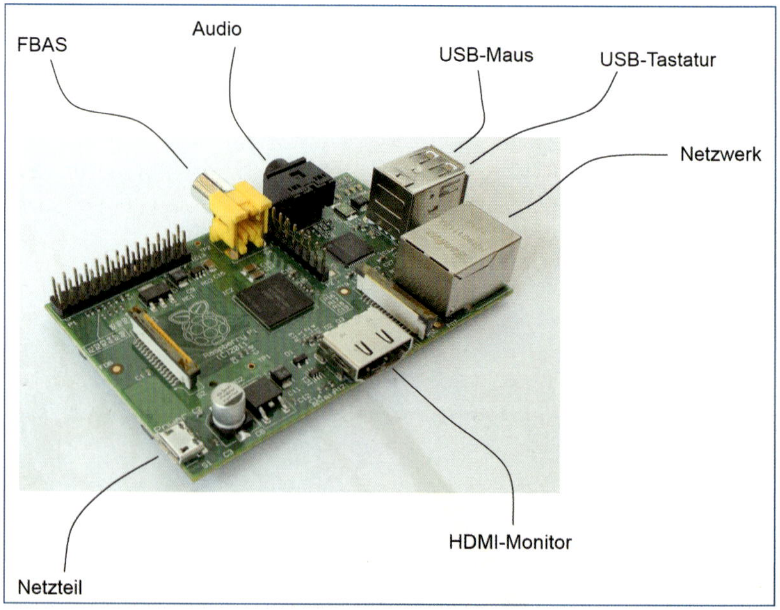

Der Raspberry Pi und seine Hardwareanschlüsse

Was braucht man?

Um den Raspberry Pi als Server zu nutzen, benötigt man keinen Bildschirm und keine grafische Oberfläche. Weil der Raspberry Pi jedoch nur als Platine geliefert wird, braucht man wie bei einem »normalen« PC noch einiges an Zubehör, nämlich ein Betriebssystem sowie Stromversorgung und ein Netzwerkkabel.

Micro-USB-Handyladegerät

Für den Raspberry Pi reicht jedes moderne Handynetzteil. Ältere Ladegeräte aus den Anfangszeiten der USB-Ladetechnik sind noch zu schwach. Schließt man leistungshungrige USB-Geräte wie externe Festplatten ohne eigene Stromversorgung an, ist ein stärkeres Netzteil erforderlich. Das Netzteil muss 5 V und typischerweise 700 – 1000 mA liefern. Falls ein Gerät am USB-Anschluss hängt, sind mehr als 1000 mA nötig.

Speicherkarte

Die Speicherkarte dient sozusagen als Festplatte. Sie enthält das Betriebssystem. Eigene Daten und installierte Programme werden ebenfalls darauf gespeichert. Die Speicherkarte sollte mindestens 4 GB groß sein und laut Herstellerangaben des Raspberry Pi mindestens den Class-4-Standard unterstützen. Eine aktuelle Class-10-Speicherkarte macht sich in der Performance deutlich bemerkbar: Dieser Standard gibt die Geschwindigkeit der Speicherkarte an.

Tastatur und Maus

Tastatur und Maus mit USB-Anschluss werden nur benötigt, wenn man auf dem Raspberry Pi ein Betriebssystem mit grafischer Benutzeroberfläche verwendet, was im Serverbetrieb meist nicht notwendig ist.

Netzwerkkabel

Zur Verbindung mit dem Router im lokalen Netzwerk wird ein Netzwerkkabel benötigt. Zur Ersteinrichtung ist dies auf jeden Fall erforderlich, später kann man auch WLAN nutzen.

So äußert sich ein zu schwaches Netzteil

Wenn der Raspberry Pi zwar bootet, sich dann aber die Maus nicht bewegen lässt oder das System nicht auf Tastatureingaben reagiert, deutet dies auf eine zu schwache Stromversorgung hin. Auch wenn der Zugriff auf angeschlossene USB-Sticks oder Festplatten nicht möglich ist, sollten Sie ein stärkeres Netzteil verwenden.

HDMI-Kabel

Der Raspberry Pi kann per HDMI-Kabel an Monitore oder Fernseher angeschlossen werden, was im Serverbetrieb nur dann nötig wird, wenn der SSH-Server, über den die Fernsteuerung läuft, ausfällt. Zum Anschluss an Computermonitore mit DVI-Anschluss gibt es spezielle HDMI-Kabel oder Adapter. HDMI-Kabel sind im Elektronikhandel zu Preisen erhältlich, die fast dem Preis des Raspberry Pi selbst entsprechen. Bei Onlineversendern (z. B. **amzn.to/VGv05j**) bekommt man sie einschließlich Versand für wenige Euro. Unterschied: außer dem Preis – keiner.

Modell A oder B?

Die Entwickler haben den Raspberry Pi in zwei Versionen erschaffen. In diesem Buch und auch sonst fast überall, wenn man vom Raspberry Pi spricht, geht es um das Modell B. Das Modell A hat keinen Netzwerkanschluss und ist daher als Server nur bedingt geeignet. Am USB-Anschluss lässt sich aber ein WLAN-Stick oder ein Ethernet-Adapter anschließen.

Links: Modell A – rechts: Modell B

Die allerersten Geräte des Modells B wurden allerdings nur mit 256 MB RAM ausgeliefert. Wie viel Speicher ein Raspberry Pi hat, ist, auch ohne ihn einzuschalten, an einem Aufdruck auf der CPU, dem quadratischen Chip in der Mitte, zu erkennen.

Achten Sie auf die Zahl **2G** oder **4G** in der Chipbezeichnung.

Bezeichnung	Arbeitsspeicher
2G	2 GBit / 8 = 256 MB
4G	4 GBit / 8 = 512 MB

Betriebssystem für Serverbetrieb installieren

Der Raspberry Pi wird ohne Betriebssystem ausgeliefert. Im Gegensatz zu PCs, die fast alle Windows verwenden, laufen die meisten Server auf der Welt mit Linux. Da Linux ein völlig offenes System ist, an dem jeder beliebig basteln kann, sind mittlerweile Hunderte Linux-Varianten verfügbar, fast alle kostenlos und ein paar davon sogar speziell für den Raspberry Pi angepasst.

Raspbian heißt die Linux-Distribution, die vom Hersteller des Raspberry Pi empfohlen und unterstützt wird. Raspbian basiert auf Debian-Linux, einer der bekanntesten Linux-Distributionen, auf der unter anderem auch die populären Linux-Varianten Ubuntu und Knoppix basieren. Wir verwenden für die meisten Beispiele in diesem Buch die aktuelle Raspbian-Version »Debian Wheezy« (**www.raspberrypi.org/downloads**).

Was bei PCs die Festplatte ist, ist beim Raspberry Pi eine Speicherkarte. Auf dieser befinden sich das Betriebssystem und die Daten und von dieser bootet der Raspberry Pi auch. Raspbian ist fast 2 GB groß, es empfiehlt sich also eine 4 GB große Speicherkarte, damit auch noch Platz für Programme und eigene Dateien bleibt. Da der Raspberry Pi selbst noch nicht booten kann, bereiten wir die Speicherkarte auf dem PC im Kartenleser vor.

Verwenden Sie am besten fabrikneue Speicherkarten, da diese vom Hersteller bereits optimal vorformatiert sind. Sie können aber auch eine Speicherkarte verwenden, die vorher bereits in einer Digitalkamera oder einem anderen Gerät genutzt wurde. Diese Speicherkarten sollten vor der Verwendung für den Raspberry Pi neu formatiert werden. Theoretisch können Sie dazu die Formatierungsfunktionen von Windows verwenden. Deutlich besser ist die Software »SDFormatter« der SD Association. Damit werden die Speicherkarten für optimale Performance formatiert. Dieses Tool können Sie sich bei **www.sdcard.org/downloads/formatter_4** kostenlos herunterladen.

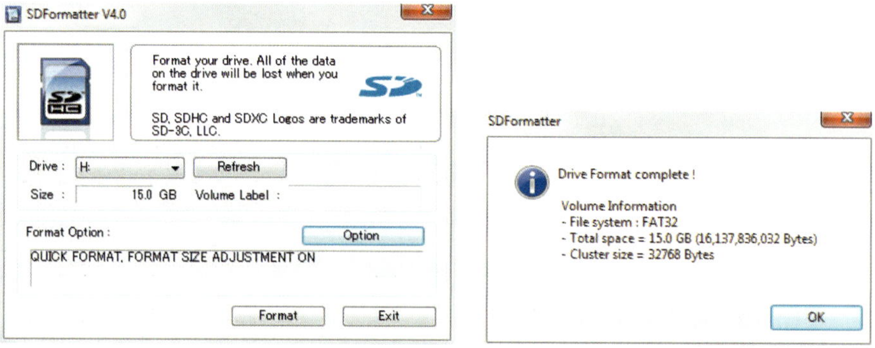

Das SDFormatter-Tool unter Windows in Aktion

Speicherkarte wird gelöscht

Am besten verwenden Sie eine leere Speicherkarte für die Installation des Raspbian-Betriebssystems. Sollten sich auf der Speicherkarte Daten befinden, werden diese durch die Neuformatierung unwiderruflich gelöscht.

Sollte die Speicherkarte Partitionen aus einer früheren Betriebssysteminstallation für den Raspberry Pi enthalten, wird im SDFormatter nicht die vollständige Größe angezeigt. Schalten Sie in diesem Fall die Formatierungsoption **Format Size Adjustment** ein. Damit wird die Partitionierung der Speicherkarte neu angelegt.

Der Software-Installer NOOBS

»New Out Of Box Software« (NOOBS) ist ein Installer für Raspberry-Pi-Betriebssysteme. Hier braucht sich der Benutzer nicht mehr wie früher selbst mit Imagetools und Bootblöcken auseinanderzusetzen, um eine bootfähige Speicherkarte einzurichten.

1 Laden Sie sich das etwa 1,3 GB große Installationsarchiv für NOOBS auf der offiziellen Downloadseite `www.raspberrypi.org/downloads` herunter und entpacken Sie es am PC auf eine mindestens 4 GB große Speicherkarte. Für die Beispiele im Buch verwenden wir die NOOBS-Version 1.3.4 vom Januar 2014.

Funktioniert nur mit Monitor, Maus und Tastatur

Die Erstinstallation eines Raspberry Pi mit NOOBS funktioniert nur, wenn am Raspberry Pi Monitor, Maus und Tastatur angeschlossen sind. Weiter unten unter der Überschrift SSH-Server finden Sie eine Methode, das Raspbian-Betriebssystem aus der Ferne zu installieren, ohne dass am Raspberry Pi selbst Monitor, Maus und Tastatur angeschlossen sein müssen.
NOOBS bietet verschiedene Betriebssysteme zur Auswahl, wobei man beim ersten Start direkt auf dem Raspberry Pi das gewünschte Betriebssystem auswählen kann, das dann bootfähig auf der Speicherkarte installiert wird. Ab Version 1.3.0 bietet NOOBS sogar die Möglichkeit, mehrere Betriebssysteme auf einer Speicherkarte zu installieren und jedes Mal beim Start das gewünschte Betriebssystem auszuwählen.

2

NOOBS legt Imagedateien aller verfügbaren Betriebssysteme auf der Speicherkarte ab, was wertvollen Speicherplatz belegt. Nutzen Sie einen Raspberry Pi als Server, werden Sie außer Raspbian kein Betriebssystem brauchen. Löschen Sie, nachdem Sie NOOBS komplett auf die Speicherkarte entpackt haben, dort im Verzeichnis **os** alle Unterverzeichnisse außer **data_partition** und **Raspbian**.

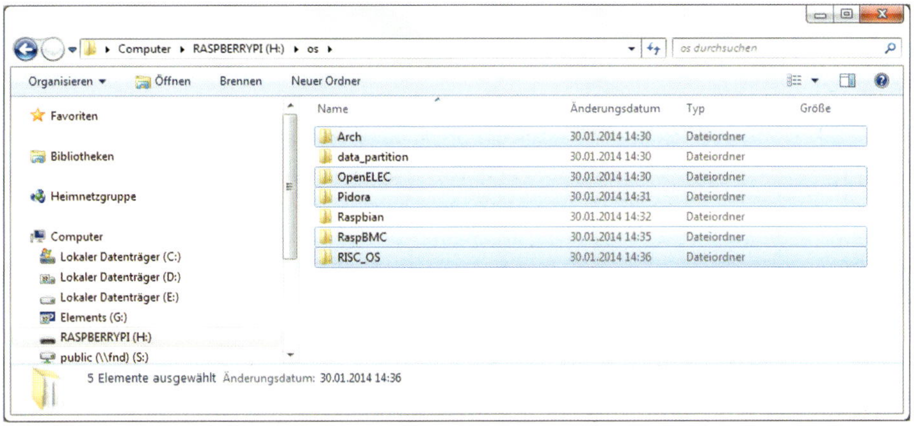

Die markierten Verzeichnisse können auf der Speicherkarte gelöscht werden.

3

Starten Sie jetzt den Raspberry Pi mit dieser Speicherkarte. Nach kurzer Zeit erscheint ein Auswahlmenü, in dem Sie das gewünschte Betriebssystem wählen können. Neben Raspbian enthält NOOBS noch ein rein kommandozeilenbasiertes, sehr schnelles Linux (**Archlinux**) und zwei verschiedene Varianten des Mediacenters XBMC, **OpenELEC** und **RaspBMC**. **Pidora** ist ein auf Fedora Linux basierendes Linux-Betriebssystem. **RiscOS** ist ein speziell für den ARM-Prozessor entwickeltes, eigenständiges Betriebssystem mit grafischer Oberfläche, das mit Linux nichts zu tun hat.

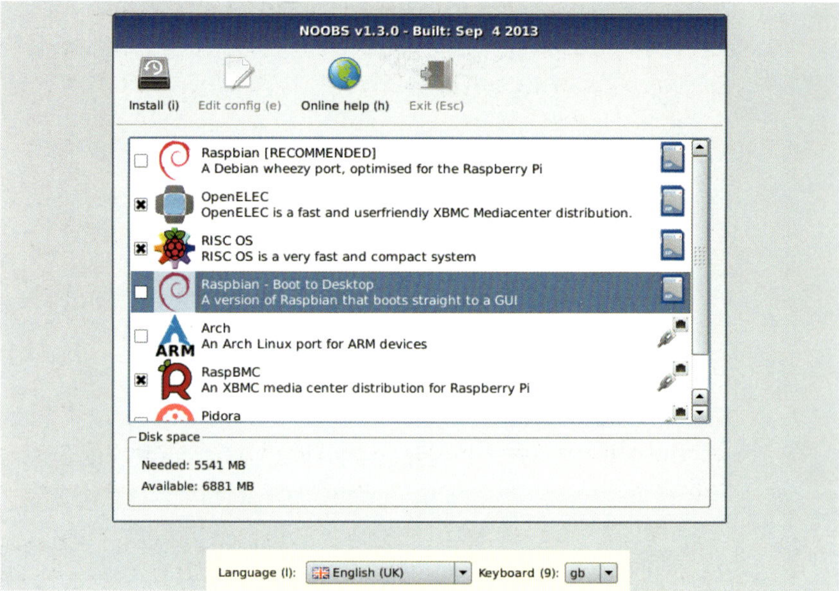

Der Auswahlbildschirm zur Betriebssysteminstallation

4 Wählen Sie ganz unten Deutsch als Installationssprache aus, damit auch die deutschen Einstellungen auf dem Raspberry Pi korrekt vorgenommen werden, und klicken Sie auf das vorausgewählte **Raspbian [RECOMMEND]**-Betriebssystem und dann auf **Install**. Nach Bestätigung einer Sicherheitsmeldung, dass die Speicherkarte überschrieben wird, startet die Installation, die einige Minuten dauert. Während der Installation werden kurze Informationen zu Raspbian angezeigt.

5 Nach abgeschlossener Installation bootet der Raspberry Pi neu und startet automatisch das Konfigurationstool `raspi-config`.

Die Konfiguration beim ersten Start

Der Raspberry Pi bootet und zeigt dabei auf einem schwarzen Bildschirm diverse Linux-Kommandos, die schnell durchrauschen.

Am Ende erscheint automatisch ein Konfigurationstool, mit dem sich ein paar wichtige Grundeinstellungen vornehmen lassen. Dieses Tool kann nicht mit der Maus bedient werden. Verwenden Sie die Pfeiltasten und die [Enter]-Taste der Tastatur. Die Bestätigungsschaltflächen **Select** bzw. **Ok** und **Abbrechen** erreicht man mit der [Tab]-Taste. Einige Veränderungen dauern einige Sekunden, in denen ein schwarzer Linux-Bildschirm angezeigt wird. An manchen Stellen steht extra noch dabei **this might take a while**. Also nicht wundern!

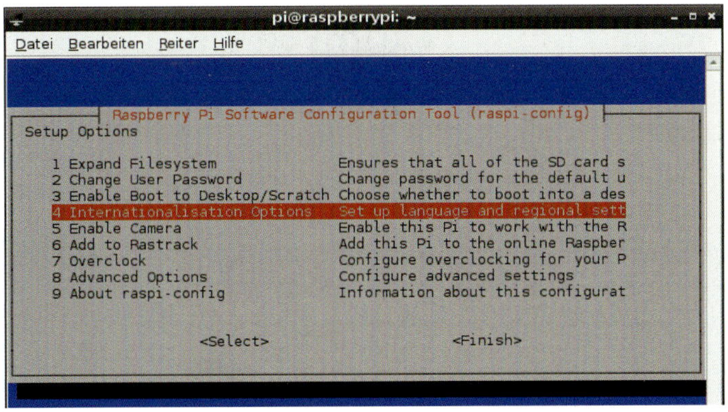

Das Konfigurationstool raspi-config.

Haben Sie Raspbian über den NOOBS-Installer installiert, brauchen Sie hier nur noch zwei Einstellungen vorzunehmen, der Rest ist bereits richtig konfiguriert.

1

Wichtig ist es, die Zeitzone einzustellen, da der Raspberry Pi keine eigene interne Uhr hat, sondern seine Zeiteinstellung aus dem Internet von einem Zeitserver holt. Die Einstellung finden Sie unter **Internationalization Options** und dann **Change Timezone**. Wählen Sie hier **Europa** und dann **Berlin** aus, damit der Raspberry Pi die richtige Zeit verwendet.

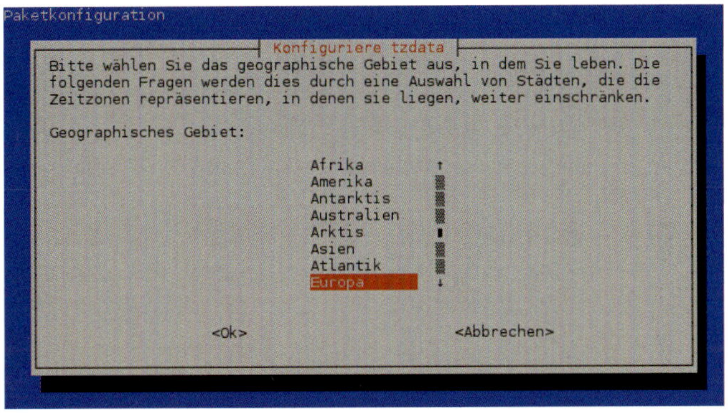

Geografisches Gebiet für die Zeitzone auswählen

2

Wählen Sie unter **Enable Boot to Desktop/Scratch** die Option **Desktop Log in as user 'pi' at the graphical desktop**, damit der Raspberry Pi direkt die grafische Oberfläche bootet. Im reinen Serverbetrieb reicht die Textkonsole aus, wenn Sie den Raspberry Pi nur ohne Monitor betreiben. Sie haben dann aber keine Möglichkeit, den grafischen Desktop von Raspbian zu nutzen.

3

Nachdem Sie diese Grundkonfiguration vorgenommen haben, springen Sie mit der Tab-Taste unten auf **Finish** und beantworten danach die Frage nach einem Neustart mit **Ja**.

Unterschiede zu Windows

Für die Arbeit mit Dateien und Verzeichnissen sollte man ein paar wichtige Unterschiede zwischen Linux und Windows kennen:

Windows verwendet zur Kennzeichnung von Dateitypen die entsprechende Dateiendung, die klassischerweise aus drei Zeichen besteht und durch einen Punkt vom eigentlichen Dateinamen getrennt ist. Bei Linux kann jeder beliebige Name für eine Datei verwendet werden. Es gibt keinen Unterschied zwischen Dateinamen und Dateiendung. Die Namen können auch mehrere Punkte enthalten, allerdings keine Leerzeichen. Diese sollte man auch in Windows besser nicht verwenden, da sie zwar erlaubt sind, aber nicht mit allen Befehlen funktionieren. Die Dateinamen sollten aussagekräftig sein, aber bei 128 Stellen ist Schluss.

Im Gegensatz zu Windows unterscheidet Linux bei Dateinamen zwischen Groß- und Kleinschreibung.

Linux kennt das Backslash-Zeichen \ nicht. Zur Angabe von Verzeichnissen wird immer der normale Schrägstrich / verwendet.

Verzeichnisstruktur von Linux

Linux verwendet nicht wie Windows für jedes Laufwerk seine eigene Verzeichnisstruktur, sondern eine globale, laufwerkübergreifende Struktur. Dabei sind einige Verzeichnisnamen fest vorgegeben. Die Inhalte der Verzeichnisse außerhalb des Home-Verzeichnisses **/home/pi** sollte man auch nur ändern, wenn man sehr umfassendes Wissen über die einzelnen Linux-Systemdateien besitzt. Die meisten systemkritischen Dateien sind für den normalen Benutzer vor Veränderung gesperrt.

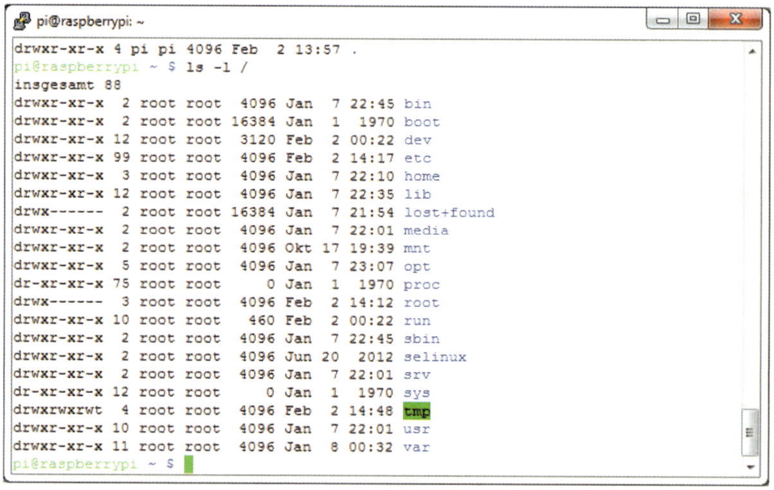

Das Kommando ls -l / zeigt die Verzeichnisstruktur unterhalb des Hauptverzeichnisses.

Linux als offenes System bietet jedem Entwickler freie Möglichkeiten, Verzeichnisse für eigene Programme und Daten anzulegen. Um bei der Vielfalt an Beteiligten eine gemeinsame Basis zu schaffen, wurde der **Filesystem Hierarchy Standard** entwickelt. Diese Verzeichnisstruktur ist auf den oberen Ebenen in allen Unix-Systemen gleich. Die Free Standards Group (**www.freestandards.org**) veröffentlicht auf der Webseite **www.pathname.com/fhs** den aktuellen **Filesystem Hierarchy Standard**. Eine deutsche Übersetzung finden Sie unter **bit.ly/ZhgOV7**.

Die Tabelle zeigt eine Übersicht über die wichtigsten Verzeichnisse unterhalb des Hauptverzeichnisses.

Verzeichnis	Inhalt
/	Unter dem Wurzelverzeichnis sind alle anderen Verzeichnisse angeordnet. Dies bezieht sich hier nicht auf ein Laufwerk, sondern auf die gesamte Verzeichnisstruktur.
/bin	Wichtige, immer verfügbare Programme wie zum Beispiel die Linux-Shells und die Shell-Kommandos.
/boot	Der Linux-Kernel **vmlinuz** und Konfigurationsdateien, die zum Booten benötigt werden.
/dev	Abkürzung für Devices, sogenannte Gerätedateien. Hier werden für alle Geräte virtuelle Dateien angelegt, über die auf die Geräte zugegriffen werden kann.
/etc	Konfigurationsdateien für das System oder einzelne Programme
/home	Unterhalb dieses Verzeichnisses besitzt jeder Benutzer sein Home-Verzeichnis. In einer Raspbian-Installation ist neben dem Superuser **root** nur ein Standardbenutzer **pi** vorhanden. Sofern keine speziellen Zugriffsrechte vergeben wurden, kann ein Benutzer die Verzeichnisse der anderen Benutzer nicht sehen. Der Benutzer **root** hat sein Home-Verzeichnis direkt unter dem Hauptverzeichnis und nicht unter **/home**.
/lib	Funktionsbibliotheken des Betriebssystems. In diesem Verzeichnis sollten Sie auf keinen Fall irgendetwas verändern.
/lost+found	Auf dieses Verzeichnis hat nur das System selbst Zugriff. Hier werden Dateien abgelegt, die bei einem Programmabsturz oder bei Hardwarefehlern entstehen und keinem anderen Verzeichnis mehr zugeordnet werden können.
/media	In Unterverzeichnissen dieses Verzeichnisses werden externe Festplatten, Speicherkarten, CD-ROM-Laufwerke und USB-Sticks gemountet.
/mnt	Hier kann man andere Dateisysteme in die Verzeichnisstruktur mounten.
/opt	Optionale Software; in diesem Verzeichnis werden vor allem große Programmpakete installiert.
/proc	Jedes laufende Programm erhält hier automatisch ein Unterverzeichnis mit Dateien, die genaue Informationen zum jeweiligen Prozess geben. Dieses Verzeichnis ist als Schnittstelle zum Kernel gedacht, sodass Programme auf Systemfunktionen und Funktionen anderer Programme zugreifen können.
/root	Das Home-Verzeichnis des Benutzers **root**. Es liegt traditionell im Hauptverzeichnis, damit der Administrator auch dann auf seine Dateien zugreifen kann, wenn durch einen Fehler der Zugriff auf andere Partitionen nicht mehr möglich ist. Als Standardanwender **pi** sehen Sie natürlich nur ein leeres Verzeichnis.
/run	Enthält Informationen über das System seit seinem Start
/sbin	Wichtige Systemprogramme, auf die nur der Administrator **root** Zugriff besitzt.
/selinux	Verzeichnis für die Kernel-Erweiterung **Security Enhanced Linux**. Dieses Verzeichnis ist auf dem Raspberry Pi zwar vorhanden, wird aber standardmäßig nicht genutzt.
/srv	Spezielle Dateien laufender Dienste
/sys	Virtuelles Verzeichnis für Systeminformationen
/tmp	Das Temporärverzeichnis zur Ablage temporärer Dateien und zum Datenaustausch zwischen Benutzern. Auf dieses Verzeichnis hat jeder jederzeit Zugriff.
/usr	In diesem Verzeichnis liegen die Unterverzeichnisse für die installierten Programme. Da dieses Verzeichnis üblicherweise mit Abstand das größte auf einem System ist, ist eine detaillierte Unterteilung nötig. Linux verwendet hier diverse Unterverzeichnisse, in die die einzelnen Programme, Bibliotheken und Systemkommandos eingeordnet sind.
/var	Abkürzung für variabel, ein Verzeichnis für Dateien, die sich ständig ändern. Hier liegen in verschiedenen Unterverzeichnissen zum Beispiel der Browsercache und der Druckerspooler.

IP-Adressen in Zahlen

Theoretisch verfügbare IPv4-Adressen:

4.294.967.296

Tatsächlich nutzbare IPv4-Adressen:

3.707.764.736

Computer im Internet (1981):

200

Computer im Internet (2013):

990.000.000

(990 Millionen)

Jährlich verkaufte Smartphones (2017 geschätzt):

1.600.000.000

(1.6 Milliarden)

Server im Internet erreichbar machen

Ein Server auf dem Raspberry Pi ist – zumindest theoretisch – auch über das Internet von außen erreichbar. Da Sie zu Hause üblicherweise keine Domains laufen haben, muss ein Besucher von außen die öffentliche IP-Adresse des eigenen DSL-Anschlusses wissen und im Browser eingeben. Leider vergeben die meisten Internetprovider einmal am Tag neue IP-Adressen, die man dann immer wieder allen Freunden mitteilen müsste, damit sie weiterhin auf den eigenen Webserver zugreifen können.

Auf der Webseite **MeineIPAdresse.de** finden Sie schnell Ihre eigene öffentliche IP-Adresse.

Besonders durch den Smartphone-Boom werden die IP-Adressen langsam knapp. Da nie alle Nutzer gleichzeitig im Internet sind, können die Adressen dynamisch vergeben werden. Bereits im Jahr 2004 konnten nicht alle Fans das Endspiel der Fußballweltmeisterschaft in Deutschland im Internet verfolgen, da die IP-Adressen nicht ausreichten.

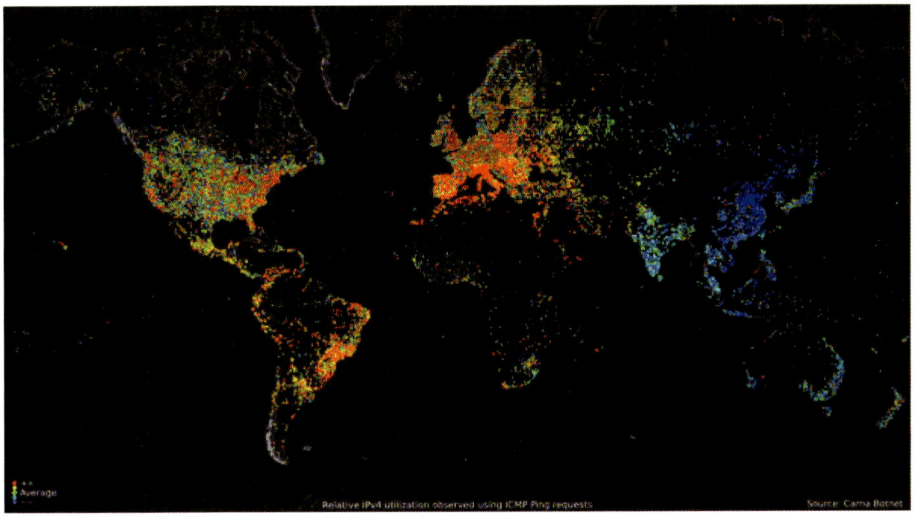

Eine animierte Grafik auf Wikimedia Commons zeigt die Ausnutzung der verfügbaren IP-Adressen im Tagesverlauf auf der ganzen Welt: **bit.ly/1fcA7H1.**

Die folgende Tabelle zeigt, wann auf den verschiedenen Kontinenten der Erde die regional zugeteilten IP-Adressen zu Ende gehen werden.

Region	RIR (Regional Internet Registry)	Adresspool ausgeschöpft
Asien-Pazifik	APNIC	19.04.2011
Europa, Naher Osten, Russland	RIPE NCC	14.09.2012
Mittel- und Südamerika	LACNIC	05.01.2015
Nordamerika	ARIN	26.03.2015
Afrika	AFRNIC	31.07.2021

Aus diesen Zahlen wird klar, dass nicht jeder Nutzer zu Hause eine feste IP-Adresse bekommen kann.

Sogenannte dynamische DNS-Dienste (DDNS) ersparen das manuelle Herausfinden und Weitergeben der eigenen IP-Adresse. Hier bekommt man einen virtuellen Servernamen. Dieser wird automatisch, üblicherweise vom Router, regelmäßig auf die derzeitige eigene IP-Adresse aktualisiert. So kann man wie bei einem echten Domainnamen im Internet immer den gleichen Namen verwenden, um einen Server trotz wechselnder IP-Adresse von außen zu erreichen.

Der bekannteste derartige Dienst DynDNS hat seine kostenlosen Angebote leider eingestellt. Kostenlose Benutzerkonten von früher laufen aber weiter beim Nachfolgedienst **dyn.com**. Wenn Sie hier noch ein Konto haben, ist die Wahrscheinlichkeit hoch, dass Ihr Router automatisch darüber seine IP-Adresse abgleichen kann. Haben Sie kein DynDNS-Benutzerkonto, finden Sie ähnliche Angebote bei **www.no-ip.com**, **www.selfhost.de**, **www.dnsexit.com** oder **freedns.afraid.org**.

1 Suchen Sie in Ihrem Routerkonfigurationsportal nach einer Einstellung **Dynamisches DNS** und dort nach unterstützten Anbietern, um den passenden Dienst auszuwählen. FRITZ!Box-Router haben bereits einen solchen Dienst, **www.myfritz.net**, eingebaut.

2 Registrieren Sie bei einem der DDNS-Anbieter ein kostenloses Benutzerkonto und legen Sie dabei einen virtuellen Host an, eine eindeutige Bezeichnung Ihres Servers unter einer der vom Anbieter vorgegebenen Domains. Tragen Sie diesen Hostnamen sowie den Benutzernamen und das Passwort für die Aktualisierung der IP-Adresse beim DynDNS-Dienst in Ihrer Routerkonfiguration ein.

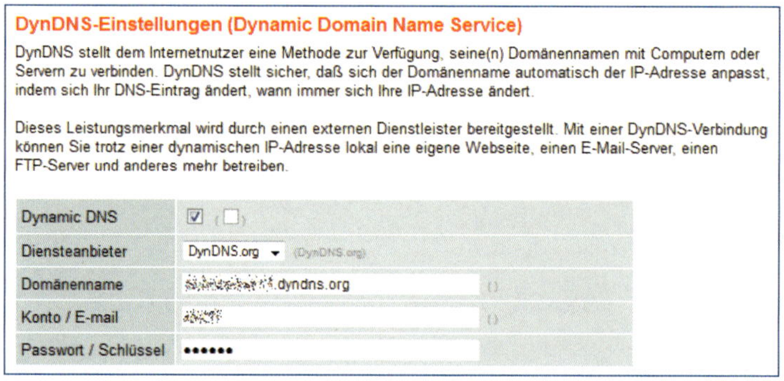

Viele Router, wie z. B. die weitverbreitete DSL EasyBox von Vodafone, unterstützen nur den ehemals bekannten kostenlosen DDNS-Anbieter DynDNS.

3 Sollte Ihr Router keinen der zurzeit kostenlosen DDNS-Anbieter unterstützen, richten Sie ein Benutzerkonto bei **no-ip.com** ein. Dieser Anbieter liefert eine Software, mit der der Raspberry Pi als Webserver selbst die IP-Adresse aktualisieren kann. Legen Sie bei der Anmeldung einen **DNS Host (A)** mit einer kostenlosen **NO-IP Free Domain** an.

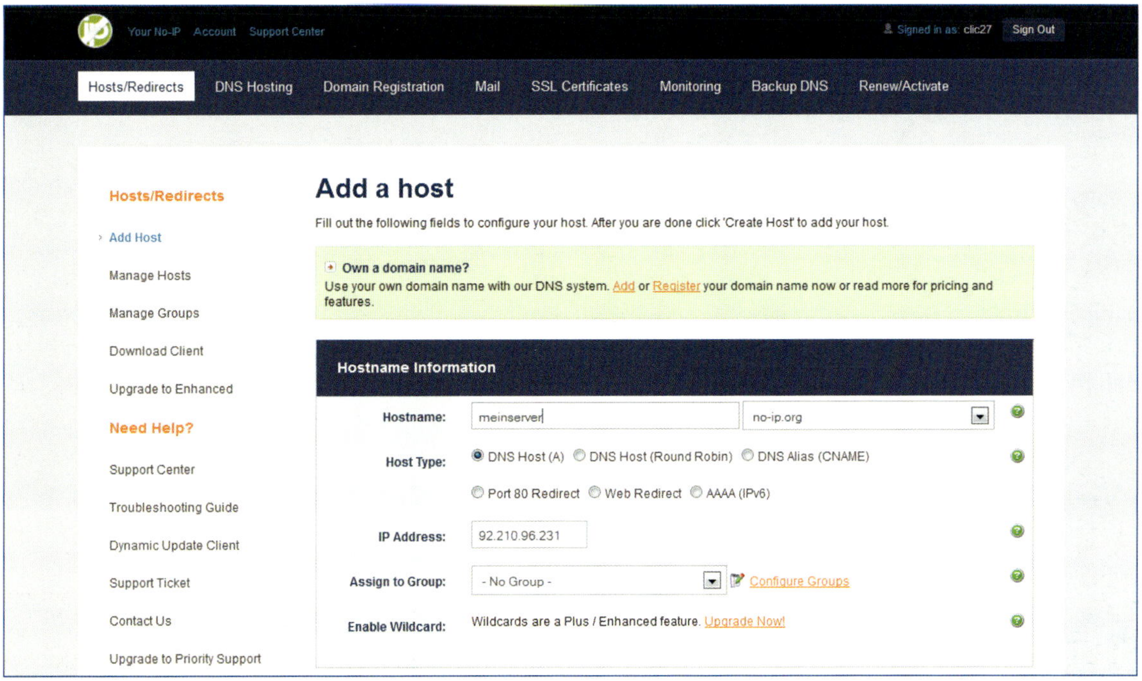

Neuen Host bei NO-IP anlegen

no-ip-Client auf dem Raspberry Pi einrichten

Der DDNS-Anbieter no-ip liefert auf der Seite www.noip.com/downloads.php?page=linux einen Dynamic Update Client für Linux, mit dem der Raspberry Pi seine öffentliche IP-Adresse automatisch dem Dienst mitteilen kann, um den virtuellen Host zu aktualisieren, falls der Router dies nicht unterstützt. Allerdings ist der Download über einen Browser beim Headless-Betrieb mühsam.

1 Starten Sie den Download von der Kommandozeile aus.

```
wget http://www.noip.com/client/linux/noip-duc-linux.tar.gz
tar xf noip-duc-linux.tar.gz
rm noip-duc-linux.tar.gz
```

2

Nach dem Download wird das Archiv entpackt und danach gelöscht. Beim Entpacken wird ein Verzeichnis **noip-2.1.xxx** angelegt. Benennen Sie dieses zunächst um.

```
mv noip-* noip
```

3

Der Download enthält kein fertiges Installationspaket. Dieses muss mit einem im Archiv enthaltenen Skript erst noch gebaut werden. Einige Softwareanbieter verwenden diese Methode, da so aus gemeinsamen Quellen plattform- bzw. hardwarespezifische Programmpakete gebaut werden können.

```
cd noip
sudo make install
```

4

Eventuelle Warnungen können ignoriert werden. Geben Sie am Schluss Ihren Login-Namen und das Passwort von **no-ip.com** an. Jetzt fragt das Tool die Datenbank von no-ip ab und zeigt die auf Ihren Benutzernamen registrierten Hosts an. Ist nur einer vorhanden, wird dieser automatisch ausgewählt. Legen Sie dann noch ein Update-Intervall fest. In den meisten Fällen sollte die Standardvorgabe von 30 Minuten ausreichen, da die meisten Internetprovider nur einmal am Tag, üblicherweise nachts, die IP-Adressen neu vergeben. Zum Schluss beantworten Sie die Frage **Do you wish to run something at successful update** mit dem vorgeschlagenen **N**.

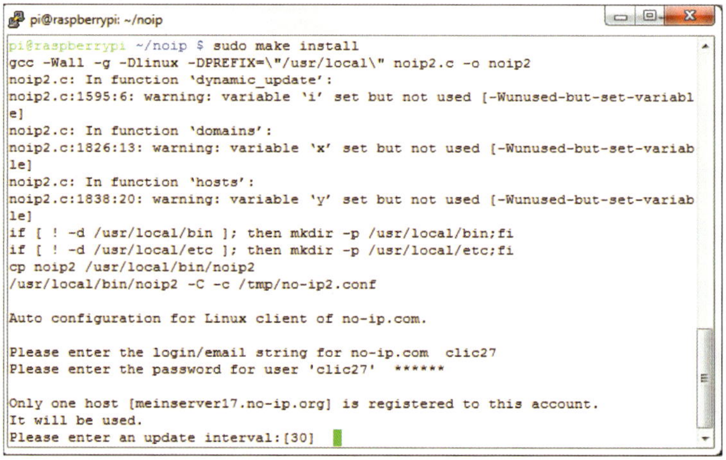

Installation des no-ip Clients über eine SSH-Verbindung auf dem Raspberry Pi

5 Starten Sie nach abgeschlossener Installation den no-ip-Client mit:

```
sudo noip2
```

6 Damit wird Ihre öffentliche IP-Adresse automatisch alle 30 Minuten bei no-ip.com aktualisiert. Der Webserver auf dem Raspberry Pi ist ab sofort unter dem in der Konfiguration angegebenen Hostnamen von außen erreichbar.

7 Um den no-ip-Client beim Booten des Raspberry Pi automatisch zu starten, muss dieser in der Datei `/etc/rc.local` aufgerufen werden. Öffnen Sie diese Datei mit dem nano-Editor.

```
sudo nano /etc/rc.local
```

8 Fügen Sie in diese Datei vor der Zeile: `exit 0` eine neue Zeile ein.

```
sudo noip2
```

NO-IP-Status anzeigen

Der Befehl `sudo noip2 -S` liefert jederzeit den aktuellen Status des NO-IP-Clients mit der zuletzt registrierten IP-Adresse, dem Benutzernamen sowie dem Hostnamen.

Portweiterleitung auf dem Router einrichten

Nun muss der Router nur noch wissen, auf welchen Computer im Netzwerk eine von außen kommende Anfrage nach einer Webseite weitergeleitet werden soll. Wenn man selbst im Internet surft, ist klar, dass die Antworten auf genau den Computer zurückgeschickt werden, von dem die Anfragen kommen. Ein Besucher von außen, der eine Seite auf dem eigenen Webserver nutzen möchte, muss vom Router aber zunächst durch das lokale Netzwerk auf diesen Server, in unserem Fall auf den Raspberry Pi, geleitet werden.

Jeder DSL-Anschluss und damit jedes Heimnetzwerk hat eine einzige öffentliche IP-Adresse, die nach außen sichtbar ist. Für die unterschiedlichen Netzwerkdienste werden verschiedene Ports genutzt. So nutzt ein Webserver den Port 80, der vom Router auf den Raspberry Pi im LAN weitergeleitet werden muss.

Suchen Sie in Ihrer Routerkonfiguration einen Bereich **Port Mapping** oder **Portweiterleitung** und tragen Sie dort eine Weiterleitung für den HTTP-Port 80 auf die lokale IP-Adresse des Raspberry Pi ein, um z. B. einen Webserver zu betreiben.

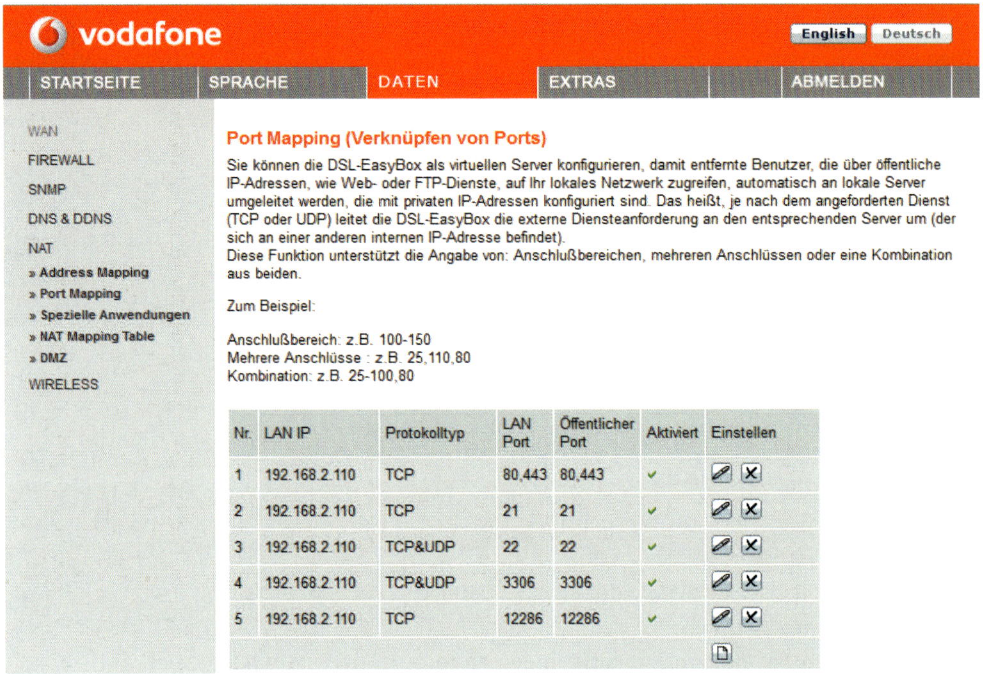

Der Port 80 muss vom Router auf den Webserver des Raspberry Pi weitergeleitet werden.

Jetzt ist Ihr persönlicher Webserver über den DDNS-Hostnamen von außen über das Internet erreichbar.

Die Tabelle zeigt die verwendeten Ports für die wichtigsten Internetdienste.

Dienst	Port(s)
FTP	20/21
SSH	22
Telnet	23
SMTP	25/587
WHOIS	43
DNS	53
http	80
POP3	110
SFTP	115
NTP	123
IMAP	143
IRC	194
HTTPS	443
Citadel	504
Rsync	873

Steuerung per SSH

Haben Sie weder Monitor, Maus noch Tastatur am Raspberry Pi, können Sie das Betriebssystem auch über eine Netzwerkverbindung einrichten.

Speicherkarte vorbereiten

Zur Vorbereitung der Speicherkarte brauchen Sie ein Programm, mit dem sich solche Image-Dateien auf die Speicherkarte übertragen lassen. Die Datei kann nicht einfach kopiert werden, sie enthält die komplette Verzeichnisstruktur des Raspbian-Betriebssystems, das auf der Speicherkarte bootfähig installiert werden muss. Hier verwenden wir das kostenlose Tool USB Image Tool von `www.alexpage.de`.

1 Eine Image-Datei des Raspbian-Wheezy-Betriebssystems finden Sie bei `www.raspberrypi.org/downloads` im Bereich **Raw Images**. Das ZIP-Archiv zum Download ist etwa 780 MB groß. Nach dem Entpacken auf der Festplatte des PCs ergibt sich eine 2 GB große Image-Datei mit der Endung `.img`.

2 Stecken Sie die Speicherkarte in den Kartenleser und starten Sie das USB Image Tool. Wählen Sie oben links den **Device Mode** und klicken Sie auf das Symbol der Speicherkarte. Rechts sehen Sie technische Daten der Speicherkarte sowie das standardmäßig darauf vorhandene logische Laufwerk.

3 Wählen Sie mit **Restore** das zuvor heruntergeladene Raspbian-Image aus und starten Sie den Kopiervorgang, der einige Minuten dauern kann, wobei die Speicherkarte neu formatiert wird. Alle vorher darauf befindlichen Daten gehen verloren. Nach Abschluss ist die Speicherkarte fertig vorbereitet.

4 Beenden Sie das USB Image Tool und nehmen Sie dann erst die Speicherkarte aus dem Kartenleser. Stecken Sie sie in den Raspberry Pi und booten diesen damit.

Voraussetzungen zur Installation

- Internetverbindung über Netzwerkkabel
- USB Image Tool
- Zugriff auf den Router oder IP-Scanner

Vorsicht

Lassen Sie bei der Bedienung des USB Image Tool und vergleichbarer Software äußerste Vorsicht walten. Bei Fehlbedienung formatieren Sie schnell die Festplatte des PCs anstelle der Speicherkarte.

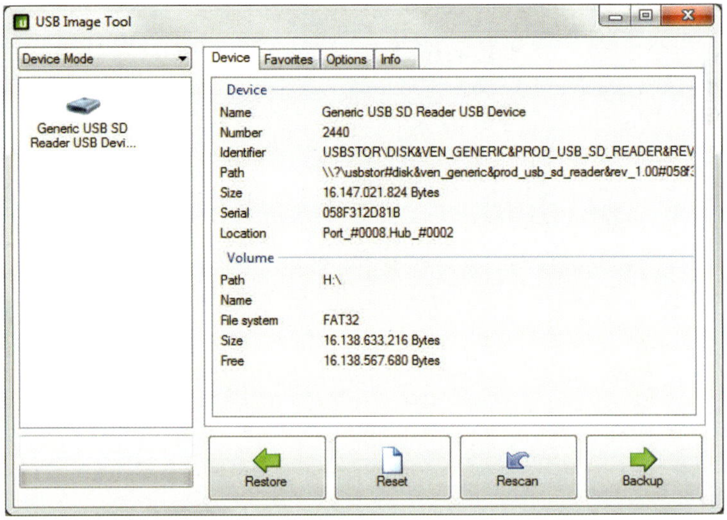

Das Raspbian-Betriebssystem wird auf der Speicherkarte des PCs installiert.

Die LEDs auf dem Raspberry Pi

In einer Ecke auf dem Raspberry Pi befinden sich fünf LEDs mit Statusanzeigen. Die Bezeichnungen sind auf neueren und älteren Raspberry-Pi-Modellen teilweise unterschiedlich, die Funktionen sind aber die gleichen. Hier sehen Sie, wie der Raspberry Pi bootet und sich mit dem Netzwerk verbindet.

Neue Platine (Rev. 2)	Ältere Platine (Rev. 1)	Bedeutung der LED
ACT	OK	Zugriff auf die Speicherkarte
PWR	PWR	Mit Stromversorgung verbunden
FDX	FDX	LAN im Vollduplexmodus
LNK	LNK	Zugriff auf das LAN
100	10M	LAN mit 100 MBit/s

Nachdem die LED **ACT** nicht mehr ständig flackert und **PWR** – und in den meisten Netzwerken auch **100** und **FDX** – dauerhaft leuchtet sowie **LNK** unregelmäßig flackert, ist der Raspberry Pi im Netzwerk verfügbar.

Die Status-LEDs auf dem Raspberry Pi

5 Wird Raspbian ohne NOOBS installiert, startet nach dem Booten automatisch ein SSH-Server, über den man sich von einem anderen PC im Netzwerk auf dem Raspberry Pi anmelden kann. Dazu benötigen Sie lediglich die IP-Adresse des Raspberry Pi, die Sie in der Liste der angemeldeten Geräte auf Ihrem Router herausfinden können. Melden Sie sich dazu mit dem Browser auf dem PC über die lokale IP-Adresse des Routers auf dessen Konfigurationsoberfläche an. Wo Sie die Liste der angemeldeten Geräte finden, ist bei jedem Router unterschiedlich.

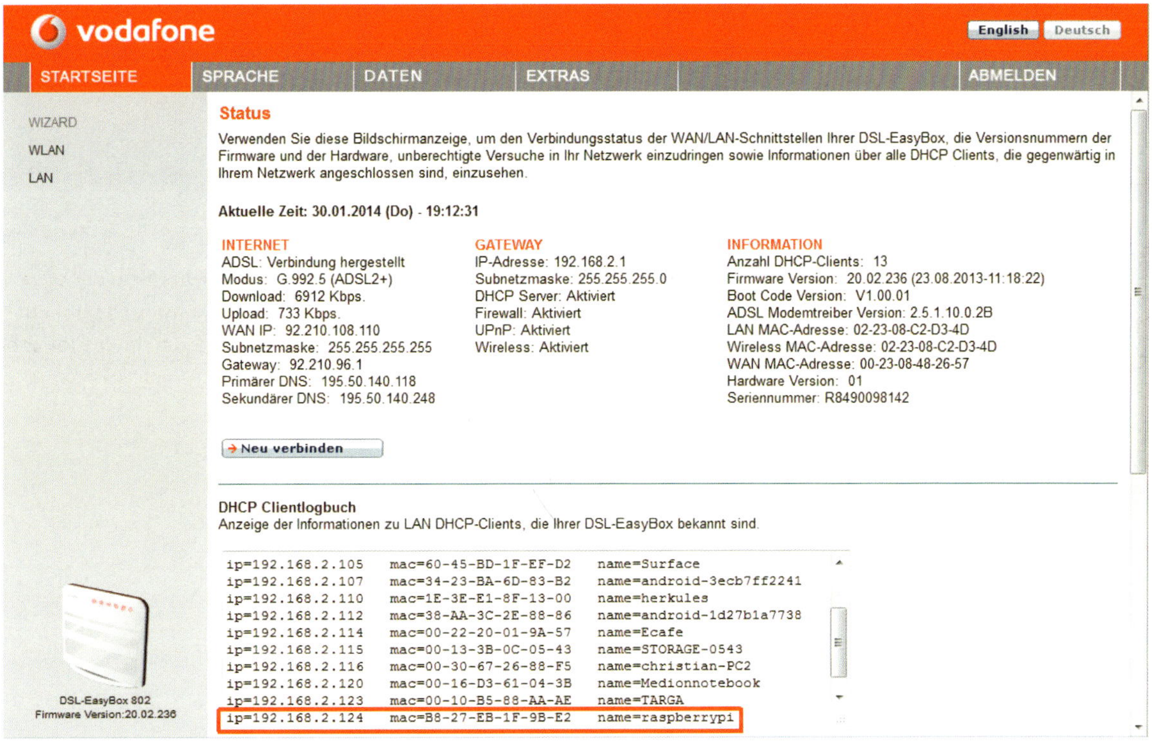

Viele Router wie z. B. die abgebildete DSL EasyBox von Vodafone zeigen die angemeldeten Geräte direkt auf der Startseite an.

6 Auf dem PC brauchen Sie für die Verbindung einen SSH-Client wie z. B. das kostenlose Putty für Windows (`www.putty.org`). Legen Sie in Putty über Port **22** eine neue Verbindung zur IP-Adresse des Raspberry Pi mit dem Verbindungstyp **SSH** an. Schalten Sie links auf den Bereich **Windows/Translation** und wählen in der Liste **Remote Character Set** die Option **UTF-8** aus, damit die Sonderzeichen im Terminalfenster richtig dargestellt werden.

IP-Adresse mit IP-Scanner herausfinden

Haben Sie keine Möglichkeit, auf dem Router die IP-Adresse des Raspberry Pi herauszufinden, können Sie eine IP-Scannersoftware nutzen, wie z. B. den Angry IP Scanner. Sie finden das Programm, das ohne Installation direkt lauffähig ist, bei **angryip.org** zum Download.
Um den Raspberry Pi leichter zu finden, schalten Sie nach Möglichkeit alle Geräte außer dem scannenden PC und dem Raspberry Pi im Netzwerk aus. Das gilt auch für Tablets und Smartphones, die per WLAN verbunden sind.

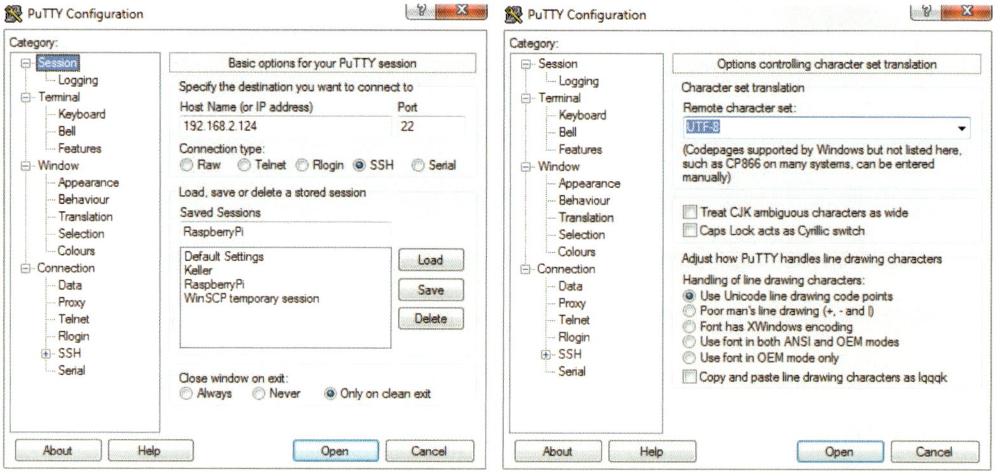

Speichern Sie diese SSH-Verbindung für eine spätere Verwendung, um sie nicht jedes Mal neu anlegen zu müssen.

7

Bevor Sie die Verbindung mit einem Klick auf **Open** herstellen, speichern Sie sie im Bereich **Session** mit einem Klick auf **Save**.

8

Bei der ersten Verbindung erscheint eine Sicherheitswarnung, die nicht relevant ist, da es sich um keine Internetverbindung handelt. Der Raspberry Pi in Ihrem lokalen Netzwerk ist sicher.

Diese Warnung können Sie gefahrlos mit Ja beantworten.

9 Kurz danach öffnet sich ein Terminalfenster, in dem Sie sich auf dem Raspberry Pi anmelden müssen.

- Benutzername: **pi**
- Passwort: **raspberry**

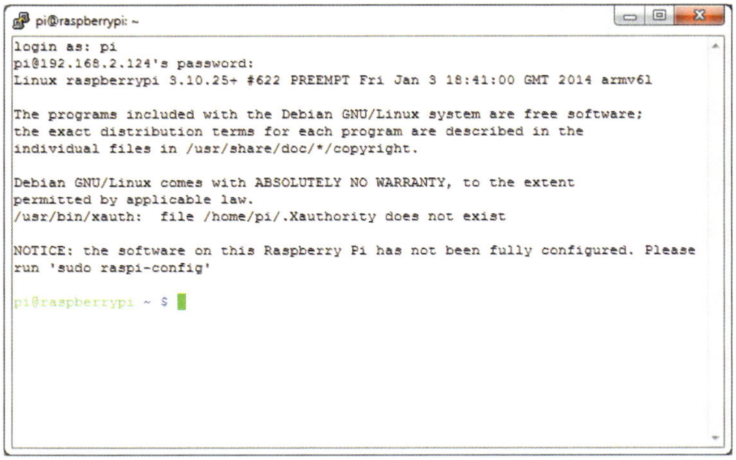

Anmeldung am Raspberry Pi über Putty von einem Windows-PC aus

10 Jetzt müssen Sie einige Grundeinstellungen vornehmen, von denen NOOBS dem Benutzer üblicherweise viele abnimmt. Tippen Sie dazu im Putty-Terminal ein:

```
sudo raspi-config
```

Was bedeutet sudo?

Der auf dem Raspberry Pi standardmäßig angemeldete Benutzer **pi** ist ein typischer eingeschränkter Linux-Benutzer. Für administrative Arbeiten am System werden Superuser-Rechte benötigt. Diese bekommt man mit einem vorangestellten **sudo** vor einem Linux-Kommando. Auf einem »großen« Linux-System muss dabei das **root**-Passwort eingegeben werden. Auf dem Raspberry Pi hat der Superuser **root** kein Passwort.

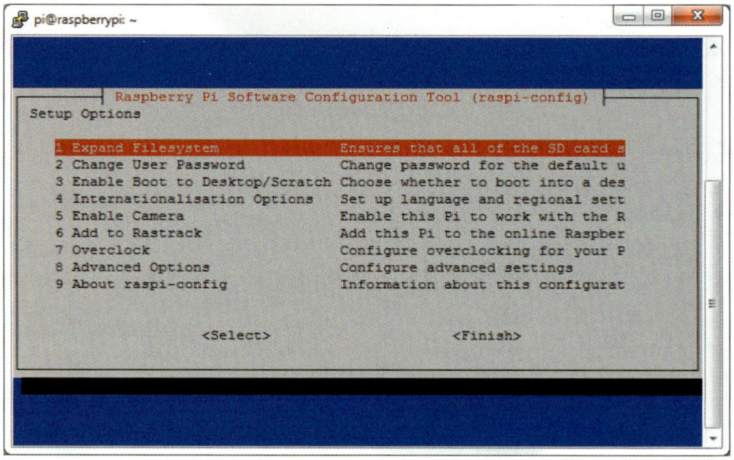

Das Konfigurationstool raspi-config im Putty-Terminal

11

Machen Sie als Erstes nach der Installation die gesamte Speicherkarte für den Raspberry Pi nutzbar. Die Image-Dateien sind etwa 2 GB groß. Damit ist das verfügbare Dateisystem für den Raspberry Pi auch nur 2 GB groß. Der Menüpunkt **Expand Filesystem** vergrößert das Dateisystem auf die gesamte Größe der Speicherkarte. Wer wie empfohlen eine 4 oder 8 GB große Speicherkarte verwendet, kann dann entsprechend auch 4 oder 8 GB auf dem Raspberry Pi nutzen. Diese Änderung wird erst nach dem nächsten Neustart wirksam.

12

Viele Programme wie auch dieses Konfigurationstool können statt englischer auch deutsche Texte ausgeben. Teilen Sie Ihrem Raspberry Pi einfach mit, dass Sie Deutsch sprechen. Wählen Sie dazu den Menüpunkt **Internationalization Options/Change Locale**. Nach kurzer Wartezeit erscheint eine lange Liste mit Sprachen. Wählen Sie hier **de_DE.UTF-8 UTF-8**. Nachdem Sie mit dem Cursor dort angekommen sind, drücken Sie die `Leertaste`, um die Auswahl zu bestätigen.

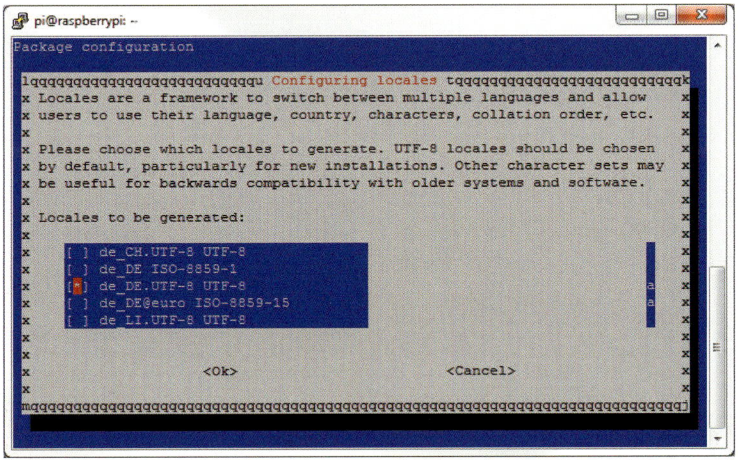

Anzeigesprache Deutsch auswählen

13

Springen Sie mit der [Tab]-Taste auf **Ok** und wählen Sie auf dem nächsten Bildschirm ebenfalls **de_DE.UTF-8** aus. Auch das muss noch mit **Ok** bestätigt werden. Danach dauert es eine Weile, bis die Oberfläche von **raspi-config** wieder erscheint.

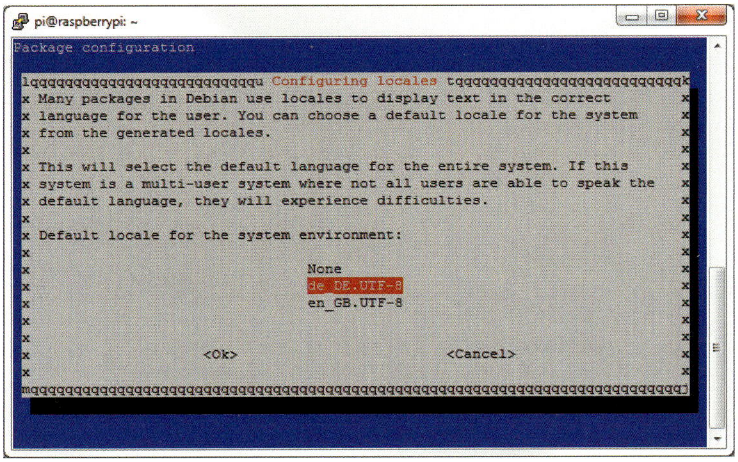

Anzeigesprache auswählen

14

Beim Betrieb über eine SSH-Verbindung brauchen Sie das Tastaturlayout in Raspbian nicht umzustellen, da die Tastatur des Windows-PCs genutzt wird. Wählen Sie aber noch, wie im ersten Kapitel beschrieben, die richtige Zeitzone aus, damit die Uhr auf dem Raspberry Pi korrekt läuft.

15 Verlassen Sie das Konfigurationstool auf dem Hauptbildschirm mit **Finish** und bestätigen Sie die Anfrage, den Raspberry Pi neu zu booten. Dabei wird erst das Dateisystem auf die Größe der Speicherkarte ausgeweitet.

16 Beim Neustart des Raspberry Pi meldet Putty einen Abbruch der Verbindung mit dem Server. Der Neustart ist auf dem Raspberry Pi daran zu erkennen, dass kurze Zeit nur die rote LED **PWR** leuchtet. Wenn nach dem Neustart die LED **ACT** längere Zeit ausgeschaltet bleibt, ist das Betriebssystem gestartet und Sie können wieder mit Putty eine Verbindung herstellen.

Spezielle Befehle und Einstellungen

Klicken Sie auf das Symbol in der linken oberen Ecke des Putty-Fensters, erscheint ein Menü mit speziellen Befehlen zur Steuerung und Konfiguration von Putty selbst.

Über Putty können Sie Linux-Kommandozeilenbefehle sowie Skripte auf dem Raspberry Pi starten. Diese laufen auch weiter, wenn die SSH-Verbindung getrennt wird.

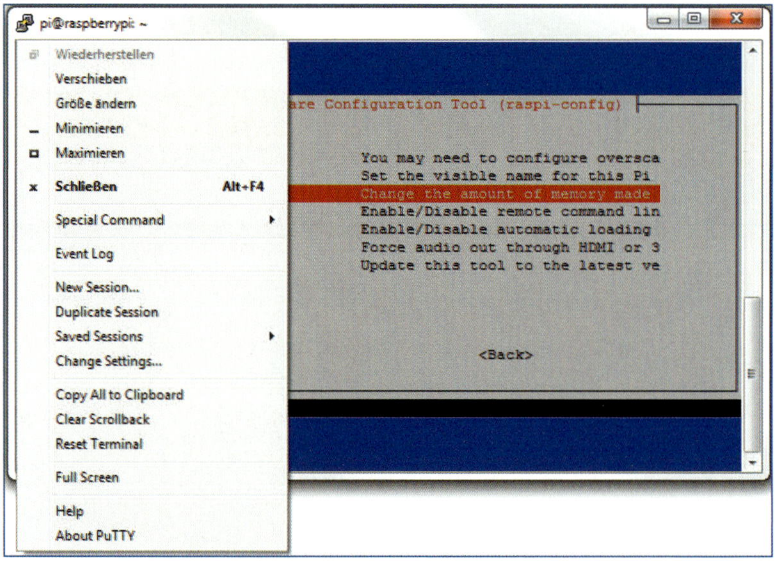

Feste IP-Adresse im lokalen Netzwerk

Damit der Raspberry Pi im Netzwerk angesprochen werden kann, muss man seine IP-Adresse kennen. Üblicherweise vergeben die Router in Heimnetzwerken die IP-Adressen dynamisch über DHCP. Das kann zur Folge haben, dass nach einem Neustart des Routers der Raspberry Pi auf einmal eine andere IP-Adresse hat als vorher – was im Serverbetrieb natürlich nicht passieren darf.

Um das zu verhindern, gibt es zwei Möglichkeiten:

- Man legt auf dem Router fest, dass der Raspberry Pi über DHCP immer die gleiche IP-Adresse zugewiesen bekommt.
- Man trägt auf dem Raspberry Pi eine feste IP-Adresse ein.

In den meisten kleinen Netzwerken ist die erste Methode die einfachere.

Statisches DHCP

Um nicht auf feste IP-Adressen umstellen zu müssen, bieten viele Router die Möglichkeit, bestimmte Geräte mit ihrer MAC-Adresse in der Routerkonfiguration einzutragen und diesen immer die gleiche IP-Adresse zu geben. Suchen Sie im Konfigurationsportal Ihres Routers einen Bereich **Statisches DHCP** oder **Adressreservierung** und tragen Sie dort den Raspberry Pi mit MAC-Adresse und der aktuell zugewiesenen IP-Adresse ein, damit diese in Zukunft immer gleich bleibt.

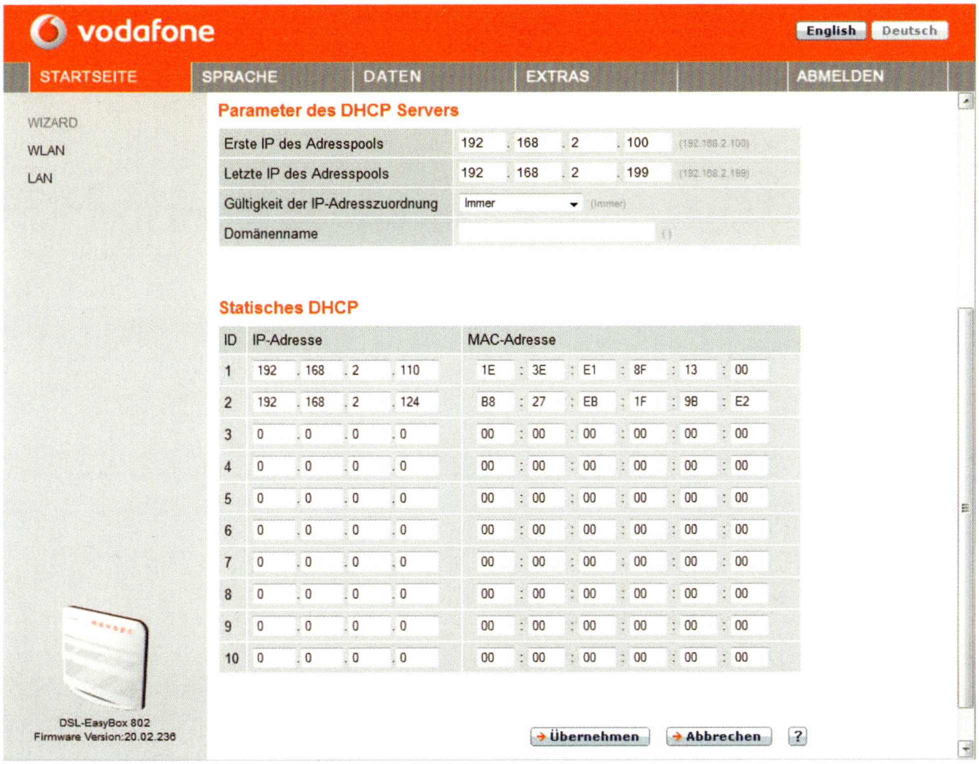

Eine Tabelle auf dem Router vergibt bestimmten Geräten immer die gleiche lokale IP-Adresse.

Der Befehl **ip addr** im Putty-Terminal zeigt die lokale IP-Adresse des Raspberry Pi und auch die physikalische MAC-Adresse an. Dies ist eine eindeutige Kennung der Netzwerkkarte, die unveränderlich ist. Lokale IP-Adressen beginnen üblicherweise mit **192.168**, MAC-Adressen bestehen aus sechs zweistelligen Hexzahlen, die durch Doppelpunkte getrennt sind.

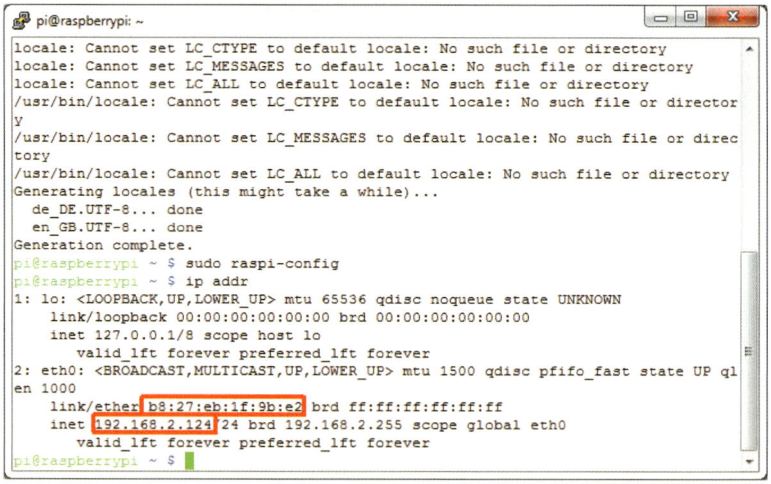

```
pi@raspberrypi: ~
locale: Cannot set LC_CTYPE to default locale: No such file or directory
locale: Cannot set LC_MESSAGES to default locale: No such file or directory
locale: Cannot set LC_ALL to default locale: No such file or directory
/usr/bin/locale: Cannot set LC_CTYPE to default locale: No such file or director
y
/usr/bin/locale: Cannot set LC_MESSAGES to default locale: No such file or direc
tory
/usr/bin/locale: Cannot set LC_ALL to default locale: No such file or directory
Generating locales (this might take a while)...
  de_DE.UTF-8... done
  en_GB.UTF-8... done
Generation complete.
pi@raspberrypi ~ $ sudo raspi-config
pi@raspberrypi ~ $ ip addr
1: lo: <LOOPBACK,UP,LOWER_UP> mtu 65536 qdisc noqueue state UNKNOWN
    link/loopback 00:00:00:00:00:00 brd 00:00:00:00:00:00
    inet 127.0.0.1/8 scope host lo
       valid_lft forever preferred_lft forever
2: eth0: <BROADCAST,MULTICAST,UP,LOWER_UP> mtu 1500 qdisc pfifo_fast state UP ql
en 1000
    link/ether b8:27:eb:1f:9b:e2 brd ff:ff:ff:ff:ff:ff
    inet 192.168.2.124/24 brd 192.168.2.255 scope global eth0
       valid_lft forever preferred_lft forever
pi@raspberrypi ~ $
```

Im Bereich etho: werden MAC-Adresse und IP-Adresse des Raspberry Pi angezeigt.

Feste IP-Adresse auf dem Raspberry Pi eintragen

Um eine feste IP-Adresse beim Booten des Raspberry Pi festzulegen, muss diese in der Datei **/boot/cmdline.txt** eingetragen werden. Die Datei ist wie die meisten Linux-Konfigurationsdateien eine reine Textdatei. Sie enthält eine einzige lange Zeile.

Um solche Dateien zu bearbeiten, enthält Raspbian Linux den einfachen Texteditor **nano**. Dieser ist zwar auf den ersten Blick umständlich zu bedienen, hat aber den Vorteil, dass keinerlei grafische Oberfläche nötig ist. Der nano-Editor läuft in einem Kommandozeilenfenster und kann daher auch in einem Putty-Terminalfenster laufen.

1 Öffnen Sie die Konfigurationsdatei mit dem nano-Editor.

```
sudo nano /boot/cmdline.txt
```

2 Im Terminalfenster erscheint die spartanische Oberfläche des Editors. Hängen Sie an das Ende dieser Zeile die neue feste IP-Adresse an.

```
ip=192.168.2.124
```

3 Achten Sie darauf, dass der Editor keine Zeilenumbrüche in die Datei einfügt und auch am Ende keine Leerzeile anhängt.

Die $-Zeichen im nano-Editor geben an, dass die Zeile noch weitergeht.

4 Verlassen Sie den nano-Editor mit der Tastenkombination [Strg] + [X] und bestätigen Sie mit [J], dass die Änderungen an der Datei gespeichert werden. Starten Sie danach den Raspberry Pi neu.

```
sudo reboot
```

5 Beim Neustart wird die SSH-Verbindung getrennt. Stellen Sie diese nach dem Booten wieder her.

Tastenkombinationen im nano-Editor

Der nano-Editor hat keine grafische Oberfläche und dementsprechend auch kein Menü. Die Steuerung erfolgt ausschließlich über Tastenkombinationen. Die wichtigsten sind am unteren Fensterrand angegeben. Die Tabelle zeigt noch deutlich mehr nützliche Befehle zur Steuerung des nano-Editors.

Tastenkombination	Alternative Tastenkombination	Aktion
Strg + G	F1	Hilfe anzeigen
Strg + X	F2	Aktuellen Dateipuffer schließen/nano beenden
Strg + O	F3	Datei speichern
Strg + J	F4	Absatz ausrichten
Strg + R	F5	Datei einfügen
Strg + W	F6	Nach einer Zeichenkette oder einem regulären Ausdruck suchen
Strg + Y	F7	Zum vorhergehenden Bildschirm springen
Strg + V	F8	Zum folgenden Bildschirm springen
Strg + K	F9	Die aktuelle Zeile ausschneiden und in der Zwischenablage speichern
Strg + U	F10	Aus der Zwischenablage einfügen
Strg + C	F11	Die aktuelle Cursorposition anzeigen
Strg + T	F12	Rechtschreibprüfung aufrufen (wenn verfügbar)
Alt + \	Alt + |	Zur ersten Zeile der Datei springen
Alt + /	Alt + ?	Zur letzten Zeile der Datei springen
Strg + _	Alt + G	Zu einer bestimmten Zeile und Spalte springen
Strg + \	Alt + R	Eine Zeichenkette oder einen regulären Ausdruck ersetzen
Strg + ^	Alt + A	Text an der Cursorposition markieren
Alt + W	F16	Letzte Suche wiederholen
Alt + ^	Alt + 6	Die aktuelle Zeile kopieren und in der Zwischenablage speichern
Alt + }		Die aktuelle Zeile einrücken
Alt + {		Die aktuelle Zeile ausrücken
Strg + F		Ein Zeichen vorwärts gehen
Strg + B		Ein Zeichen rückwärts gehen
Strg + Leer		Ein Wort vorwärts gehen
Alt + Leer		Ein Wort rückwärts gehen
Strg + P		Zur vorhergehenden Zeile gehen
Strg + N		Zur folgenden Zeile gehen
Strg + A		Zum Anfang der aktuellen Zeile springen
Strg + E		Zum Ende der aktuellen Zeile springen
Alt + (	Alt + 9	Zum Anfang des aktuellen Absatzes springen
Alt +)	Alt + 0	Hinter das Ende des aktuellen Absatzes springen
Alt +]		Zur passenden Klammer springen
Alt + -	Alt + _	Eine Zeile hochrollen, ohne den Cursor zu bewegen.
Alt + +	Alt + =	Eine Zeile hinunterrollen, ohne den Cursor zu bewegen.
Alt + ←	Alt + ,	Zum vorhergehenden Dateipuffer umschalten
Alt + →	Alt + .	Zum folgenden Dateipuffer umschalten
Alt + V		Nächstes Zeichen direkt (nicht interpretiert) einfügen
Strg + I		Einen Tabulator an der Cursorposition einfügen
Alt + V		Nächstes Zeichen direkt (nicht interpretiert) einfügen
Strg + I		Einen Tabulator an der Cursorposition einfügen
Strg + M		Einen Zeilenumbruch an der Cursorposition einfügen

Tastenkombination	Alternative Tasten-kombination	Aktion
Strg + D		Zeichen an der Cursorposition löschen
Strg + H		Zeichen links vom Cursor löschen
Alt + T		Vom Cursor bis zum Dateiende ausschneiden
Alt + J		Die gesamte Datei ausrichten
Alt + D		Die Zahl der Wörter, Zeilen und Zeichen zählen
Strg + L		Bildschirm auffrischen (neu zeichnen)
Strg + Z		Den Editor in den Hintergrund schieben (wenn »suspend« angeschaltet ist).
Alt + X		Hilfe-Modus aktivieren/deaktivieren
Alt + C		Cursorposition ständig anzeigen aktivieren/deaktivieren
Alt + O		Verwendung einer Zeile mehr zum Editieren aktivieren/deaktivieren
Alt + S		Sanftes Rollen aktivieren/deaktivieren
Alt + P		Weißraumanzeige aktivieren/deaktivieren
Alt + Y		Farbige Syntaxhervorhebung aktivieren/deaktivieren
Alt + H		Intelligente Pos1-Taste aktivieren/deaktivieren
Alt + I		Automatischen Einzug aktivieren/deaktivieren
Alt + K		Bis Ende ausschneiden aktivieren/deaktivieren
Alt + L		Lange Zeilen umbrechen aktivieren/deaktivieren
Alt + Q		Umwandlungen eingegebener Tabulatoren in Leerzeichen aktivieren/deaktivieren
Alt + B		Sicherungskopien aktivieren/deaktivieren
Alt + F		Mehrere Dateipuffer aktivieren/deaktivieren
Alt + M		Mausunterstützung aktivieren/deaktivieren
Alt + N		Keine Umwandlung aus DOS/Mac-Format aktivieren/deaktivieren
Alt + Z		In den Hintergrund aktivieren/deaktivieren
Alt + $		Lange Zeilen fließend umbrechen aktivieren/deaktivieren

Speichertuning für mehr Performance

Aktuelle Geräte des Raspberry-Pi-Modells B haben zwar insgesamt 512 MB Speicher, von denen aber ein erheblicher Teil für die GPU abgezweigt wird, was bei einem PC dem Grafikkartenspeicher entspricht. So bleibt für den Benutzer nur deutlich weniger. Besonders eng wird es bei Modell A oder älteren Versionen des Modells B, die nur mit 256 MB RAM ausgeliefert wurden, von denen nach Abzug des Grafikspeichers für den Benutzer gerade noch 184 MB bleiben. Zum Glück bietet das Raspbian OS eine Tuningmöglichkeit an, um die Speicheraufteilung den genutzten Anwendungen anzupassen. Der Befehl:

```
cat /proc/meminfo
```

zeigt den gesamten und freien Arbeitsspeicher auf der Kommandozeile an.

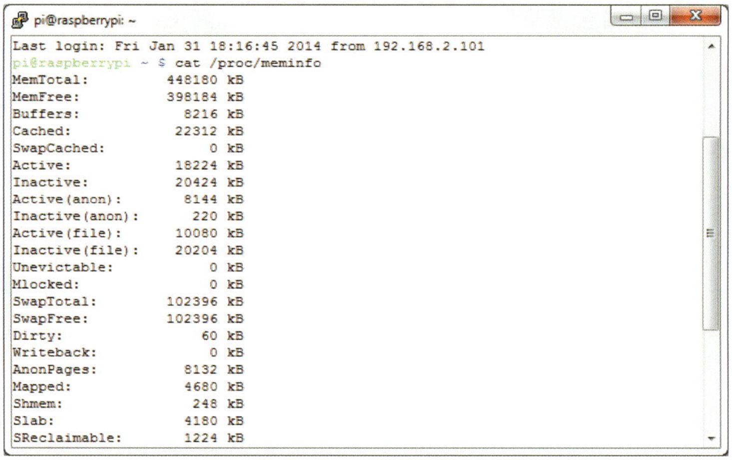

Sehen Sie wie hier in der Abbildung 448 MB Speicher, haben Sie einen Raspberry Pi mit 512 MB, bei dem 64 MB für den Grafikspeicher abgezweigt sind. Sehen Sie nur 184 MB Gesamtspeicher, haben Sie einen Raspberry Pi mit 256 MB.

Wenn Sie jetzt ein paar Programme öffnen, können Sie direkt mitverfolgen, wie der Speicher zu Neige geht.

Je nach Verwendung des Raspberry Pi können Sie im Konfigurationsprogramm die Speicheraufteilung zwischen RAM und Grafikspeicher verändern. Läuft der Raspberry Pi ausschließlich als Server für Daten oder Webdienste, wird so gut wie kein Grafikspeicher benötigt, sollen dagegen Videos abgespielt werden, muss erheblich mehr Grafikspeicher reserviert werden als im typischen Linux-Desktopbetrieb. Über das Konfigurationstool lässt sich die Speicheraufteilung festlegen.

```
sudo raspi-config
```

Wählen Sie dazu im Hauptmenü **Advanced Options/Memory Split**.

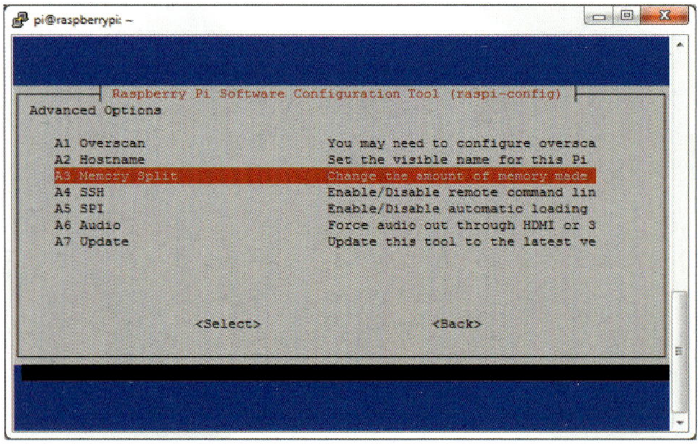

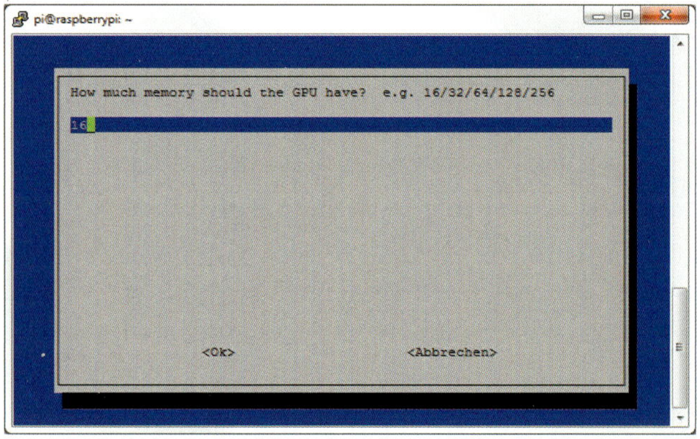

Im Bereich **Memory Split** legen Sie fest, wie viel Speicher für die Grafik reserviert wird.

Die Tabelle zeigt Richtwerte für den Grafikspeicher bei verschiedenen Anwendungsszenarien für Geräte mit 512 MB RAM und 256 MB RAM:

Anwendung	512 MB RAM	256 MB RAM
HD-Videos abspielen und decodieren, Videostreaming, grafiklastige Anwendungen und Spiele	256 MB	128 MB
Normale Mischnutzung als PC mit grafischer Oberfläche und gelegentlich als Mediacenter	128 MB	64 MB
Reiner Serverbetrieb ohne grafische Oberfläche	16 MB	16 MB

Tragen Sie die gewünschte Größe des Grafikspeichers ein. Dabei können nur die Werte 16, 32, 64, 128 und 256 verwendet werden. Nach Änderung der Speicheraufteilung müssen Sie den Raspberry Pi neu starten.

Server-Statusanzeige htop

Natürlich möchte man auch ohne angeschlossenen Bildschirm von Zeit zu Zeit wissen, »ob es dem Server gutgeht«, wie die CPU- und die Speicherauslastung ist und welche Prozesse gerade laufen.

1 Installieren Sie das Paket **htop**.

```
sudo apt-get update
sudo apt-get install htop
```

2 Jetzt können Sie sich jederzeit in einem PuTTY-Fenster den aktuellen Serverstatus anzeigen lassen.

```
htop
```

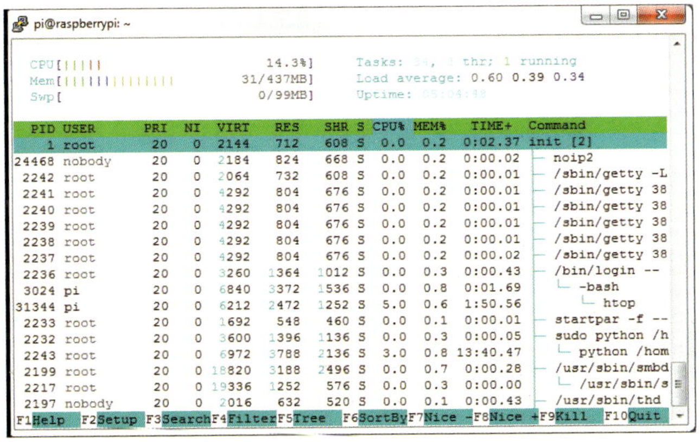

Serverstatusanzeige mit htop über eine SSH-Verbindung

Festplatte in Zahlen

Die erste Festplatte der Welt war im Jahr 1956 die 24" große IBM 350 mit einer Speicherkapazität von

5 MB

Die größte derzeit auf dem Markt erhältliche Festplatte hat eine Kapazität von

6 TB

Die insgesamt auf der Welt gespeicherte Datenmenge wird auf etwa

7 EB

geschätzt (1 EB = 1 Million TB = 1018 Byte).

Die insgesamt auf der Welt auf Papier gedruckte Datenmenge wird auf etwa

0,2 EB

geschätzt.

3 Direkt aus dieser Anzeige können Sie einzelne Prozesse killen, wenn Sie **htop** mit Superuser-Berechtigung gestartet haben.

```
sudo htop
```

4 Springen Sie mit den Pfeiltasten auf den gewünschten Prozess und drücken Sie die Taste F9. Um htop zu beenden, drücken Sie die Taste F10.

SSH-Client für Smartphones und Tablets

Die Android-App **VX ConnectBot** bietet die Möglichkeit, vom Smartphone oder Tablet aus SSH-Verbindungen zum Raspberry Pi aufzubauen. Das Android-Gerät muss dazu über WLAN mit dem gleichen Netzwerk verbunden sein, in dem auch der Raspberry Pi läuft. Um über eine Mobilfunkverbindung zugreifen zu können, müsste der Raspberry Pi aus dem Internet erreichbar sein.

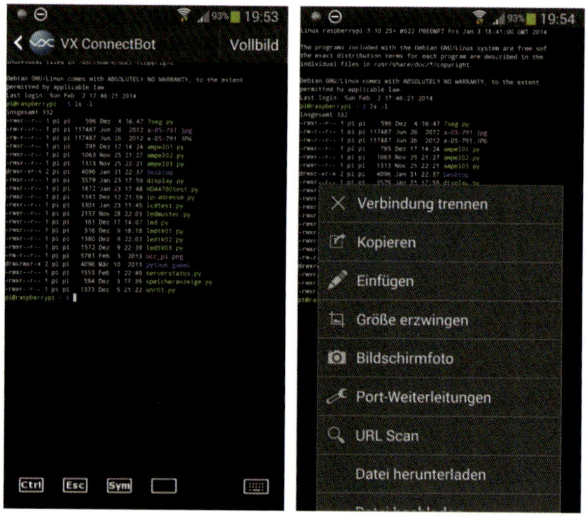

VX ConectBot für Android bietet die Möglichkeit, die sehr klein geschriebenen Texte im SSH-Terminal zu zoomen.

Über das Menü lassen sich Screenshots der Konsole erstellen sowie auch Dateien über das SCP-Protokoll zwischen Raspberry Pi und Android-Gerät austauschen.

Externe Festplatte oder USB-Stick am Raspberry Pi verwenden

Die Kapazität der Speicherkarte ist begrenzt. In vielen Fällen ist es sinnvoll, einen USB-Stick oder eine externe USB-Festplatte an den Raspberry Pi anzuschließen und diese für Serverdaten zu nutzen.

Festplatte anschließen

Der Raspberry Pi hat nur zwei USB-Anschlüsse, die häufig von Tastatur und Maus belegt sind. Wenn Sie eine Tastatur mit eigenem USB-Port für die Maus verwenden, haben Sie noch einen Anschluss für die Festplatte frei. Andernfalls benötigen Sie einen USB-Hub. Nutzen Sie den Raspberry Pi als reinen Server, brauchen Sie weder Tastatur noch Maus, sodass der Anschluss der Festplatte kein Problem darstellt. Die Stromversorgung des Raspberry Pi reicht für die Versorgung einer Festplatte nicht aus. Nutzen Sie daher entweder USB-Festplatten mit eigenem Netzteil oder schließen Sie einen USB-Hub mit Stromversorgung dazwischen.

Die grafische Oberfläche des Raspbian-Betriebssystems erkennt eine angeschlossene USB-Festplatte oder einen USB-Stick automatisch und meldet sie direkt unter **`/media`** im Dateisystem an. Das Gerät kann dann lokal auf dem Linux-Desktop sofort genutzt werden.

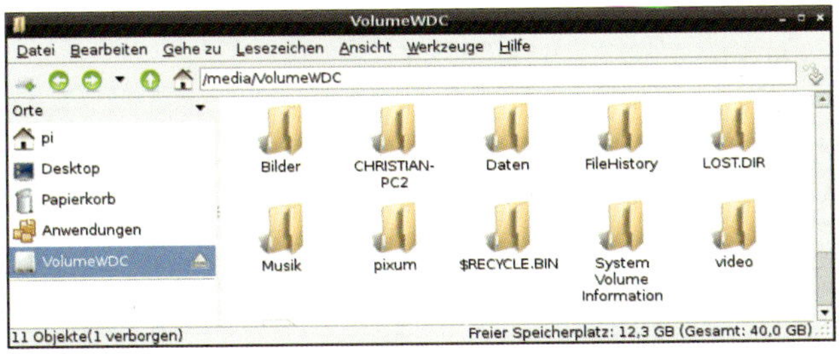

Der Mountpunkt einer externen Festplatte ist im Dateimanager auf dem Raspberry Pi zu erkennen.

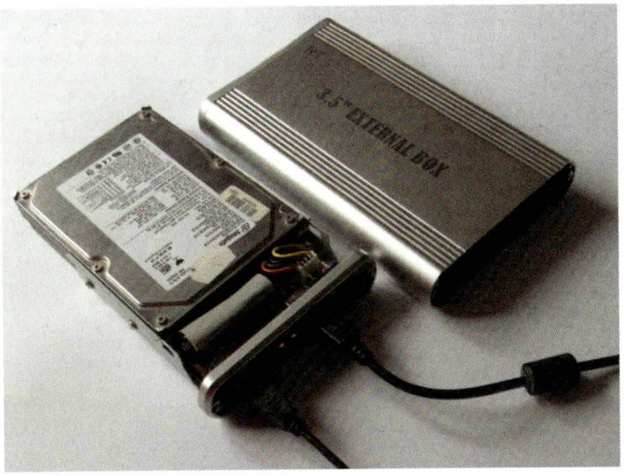

Interne Festplatten aus ausgedienten Computern können über spezielle Gehäuse mit eigener Stromversorgung am USB-Port des Raspberry Pi angeschlossen werden.

Läuft – wie auf den meisten Servern – keine grafische Oberfläche, muss das externe Laufwerk manuell gemountet werden.

Auch externe Festplatten werden von Raspbian als Wechseldatenträger erkannt.

Physikalische und logische Partitionen

Da die Anzahl der Partitionen auf einer Festplatte auf vier begrenzt ist, haben die meisten vorinstallierten Festplatten eine physikalische Partition und dahinter eine erweiterte Partition, die mehr als vier logische Partitionen enthalten kann. Für den Dateisystemzugriff auf die Laufwerke macht es keinen Unterschied, ob es sich um eine physikalische oder eine logische Partition handelt.

Komfortable Festplatteneinrichtung mit GParted

GParted ist ein Partitionsmanager mit grafischer Oberfläche für Linux. Damit lassen sich auf dem Raspberry Pi Festplatten komfortabel verwalten.

Installieren Sie GParted und zusätzliche Tools für die Erkennung von Windows-formatierten Festplatten:

```
sudo apt-get update
sudo apt-get install gparted dosfstools mtools
```

GParted trägt sich nach der Installation automatisch im Startmenü unter **Einstellungen** ein.

1 Schließen Sie die Festplatte an und warten Sie, bis die Meldung erscheint, dass sie erkannt wurde.

2 Viele Festplatten aus ausgedienten Computern haben mehrere Partitionen. Jede davon wird einzeln gemountet. Bestätigen Sie alle diese Meldungen. In den Dateimanagerfenstern sehen Sie noch einmal die Daten auf der Festplatte. Dies ist die letzte Gelegenheit, eventuell wichtige Daten zu retten, danach werden sie durch die Neupartitionierung unwiderruflich gelöscht.

3 Schließen Sie jetzt alle offenen Dateimanagerfenster und starten Sie GParted über das Startmenü. Aus Sicherheitsgründen müssen Sie hier noch einmal das Passwort `raspberry` eingeben.

4 Schalten Sie oben rechts von der Anzeige der Speicherkarte, meist als `/dev/mmcblk0` bezeichnet, auf die Festplatte, meist als `/dev/sda1` bezeichnet, um. Jetzt sehen Sie alle auf der Festplatte vorhandenen Partitionen.

5 Um die Festplatte komplett zu löschen, markieren Sie nacheinander alle Partitionen, bei denen ein Einhängepunkt (**mountpoint**) angegeben ist, und wählen bei jeder einzeln im Menü **Partition/Aushängen aus**. Nach der letzten Partition verschwindet die Spalte **Einhängepunkt**. Die erweiterte Partition ist selbst nicht eingehängt, nur die darin enthaltenen logischen Partitionen.

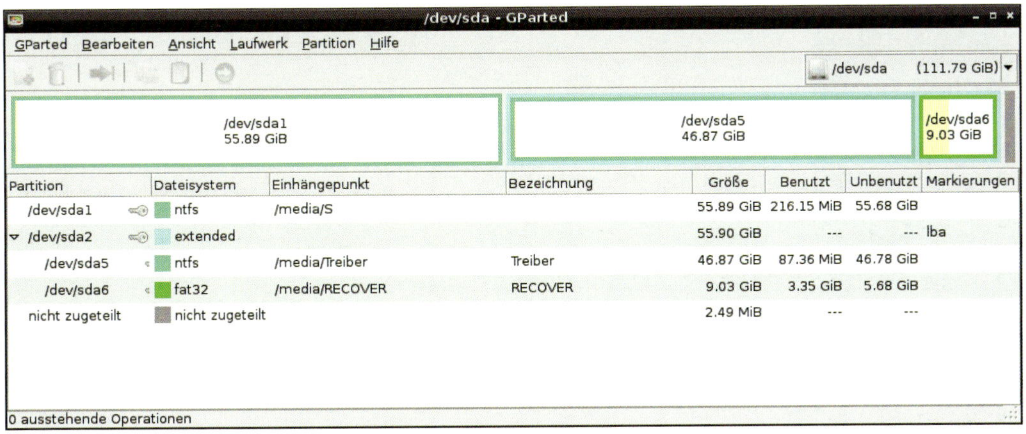

GParted zeigt alle Partitionen auf einem Laufwerk übersichtlich an.

6 Markieren Sie jetzt wieder nacheinander alle Partitionen und klicken Sie bei jeder auf das **Löschen**-Symbol in der Symbolleiste. Die erweiterte Partition kann erst zum Löschen markiert werden, nachdem alle darin enthaltenen logischen Partitionen gelöscht wurden.

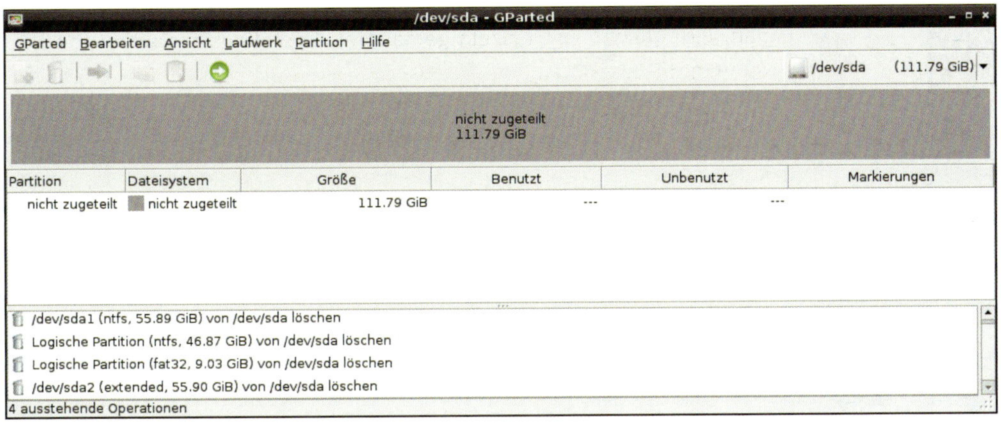

Nachdem alle Partitionen zum Löschen markiert sind, wird der komplette Festplattenplatz als nicht zugeteilt angezeigt.

7 Die Löschvorgänge werden zunächst geplant, aber noch nicht wirklich ausgeführt. Sie haben jetzt eine letzte Gelegenheit, alles wieder zurückzunehmen.

8 Nachdem Sie genau geprüft haben, dass Sie die richtige Festplatte löschen und nicht versehentlich die Speicherkarte oder ein anderes Laufwerk mit wichtigen Daten, klicken Sie auf den grünen Pfeil in der Symbolleiste.

9 Nach dem Löschen der Partitionen, was nur wenige Sekunden dauert, wird noch ein Statusbericht angezeigt. Die Festplatte ist jetzt komplett leer.

10 Klicken Sie auf den grauen, nicht zugeteilten Bereich und dann ganz links auf das Symbol **Eine neue Partition erstellen**.

11 Im nächsten Fenster legen Sie die Größe der neuen Partition fest. Als Vorgabe ist die gesamte Festplatte ausgewählt. Anhand deren Größe wird ein Dateisystem vorgeschlagen, das Sie in den meisten Fällen so bestätigen können.

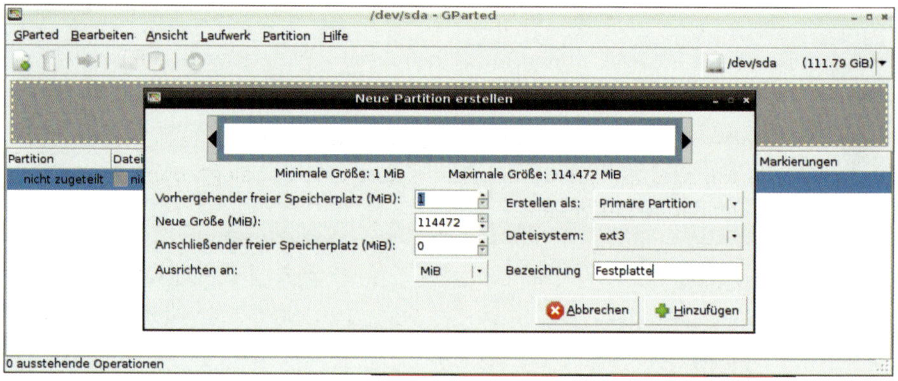

Geben Sie im Feld **Bezeichnung** noch einen Namen an, unter dem Sie Ihre Festplatte später finden.

12 In den meisten Fällen ist also **ext3** das am besten geeignete Dateisystem, um eine Festplatte für den Raspberry Pi zu formatieren. Klicken Sie im Dialogfeld **Neue Partition erstellen** auf **Hinzufügen**, um die Partition anzulegen. Auch das Anlegen einer Partition wird erst mit einem Klick auf den grünen Pfeil endgültig ausgeführt.

Die Linux-Dateisysteme

Linux bietet zwar Unterstützung für die Windows-Dateisysteme, kann aber seine vollen Funktionen, unter anderem die Benutzerrechte, nur auf den eigenen Dateisystemen **ext3** und **ext4** nutzen. Diese beiden Varianten unterscheiden sich im Wesentlichen in der Maximalgröße unterstützter Festplatten. Ein **ext3**-Dateisystem kann maximal 32 TB groß sein, ein **ext4**-Dateisystem kann bis zu 1 EB groß sein. An diese Größe werden Sie mit handelsüblichen Festplatten noch lange nicht herankommen. Allerdings geht bei **ext4** durch die größere Blockgröße mehr Speicherplatz für die Dateisystemverwaltung verloren, was sich bei kleineren Festplatten als Nachteil gegenüber **ext3** auswirkt. Dem älteren **ext2**-Dateisystem fehlen die Journaling-Funktionen. Daher können Metadaten bei einem Computerabsturz oder auch bei zu schnellem Abstecken eines USB-Laufwerks beschädigt werden, weshalb häufige Integritätsprüfungen notwendig sind.

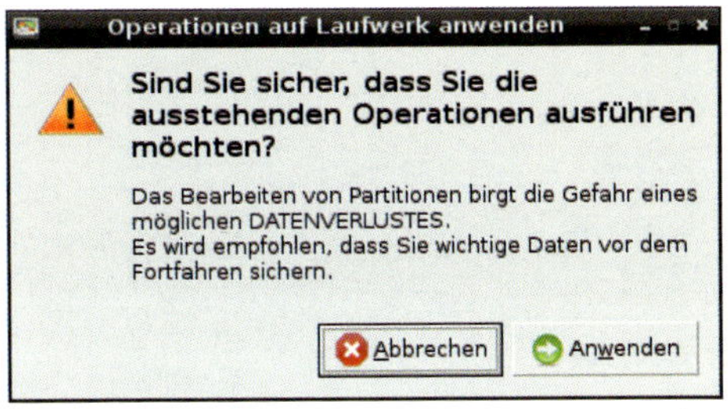

Die letzte Warnung vor dem endgültigen Löschen der Festplatte.

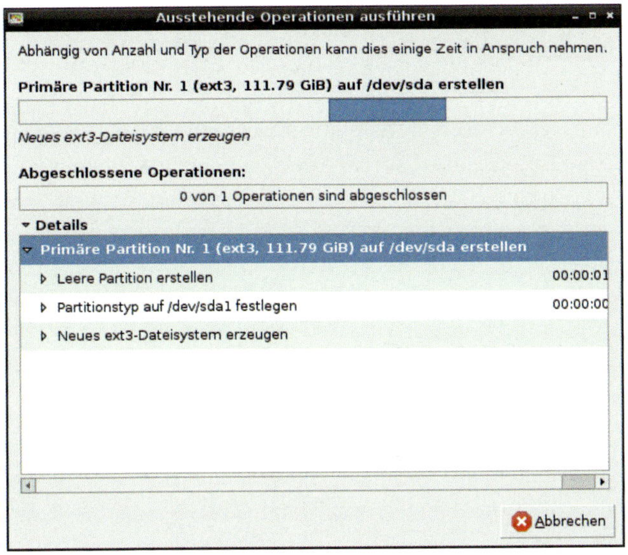

Eine Partition anzulegen, dauert deutlich länger, als sie zu löschen.

13 Nachdem das Dateisystem angelegt ist, wird es in der Liste angezeigt. Ein paar MB sind für das Dateisystem selbst bereits belegt, ohne dass sich Dateien darauf befinden.

14 Starten Sie jetzt den Raspberry Pi neu. Dies ist die einfachste Möglichkeit, die Festplatte automatisch einzuhängen (zu mounten). Außerdem sehen Sie dann gleich, ob das Mounten bei zukünftigen Neustarts funktioniert.

15 Öffnen Sie den Dateimanager. Im linken Seitenfenster wird die Festplatte unter dem Namen, den Sie als Bezeichnung in GParted vergeben haben, angezeigt. Sie enthält ein standardmäßig angelegtes Verzeichnis `lost+found`. Hier werden Dateien abgelegt, die bei einem Programmab-

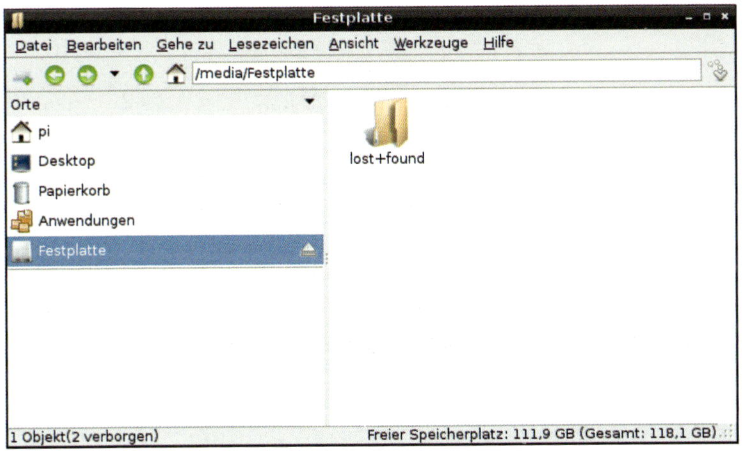

In unserem Beispiel hat die Festplatte den Namen **Festplatte**.

sturz oder Hardwarefehler entstehen und keinem anderen Verzeichnis mehr zugeordnet werden können.

16

Wenn Sie jetzt versuchen, Dateien auf die Festplatte zu kopieren oder dort Verzeichnisse anzulegen, wird dies wegen fehlender Berechtigungen nicht erlaubt. Der Grund ist einfach: GParted arbeitet mit Root-Berechtigung, um seine Systemaufgaben erfüllen zu können. Daher ist der Benutzer **root** auch Besitzer der Verzeichnisstruktur unterhalb von **/media/Festplatte** und hat als einziger Schreibrechte.

17

Da Sie im Alltag nicht immer als **root** arbeiten wollen, sondern als normaler Benutzer **pi** Zugriff auf die Festplatte brauchen, ist es am einfachsten, Sie übertragen den Besitz. **root** »verschenkt« die Festplatte an **pi**. Das funktioniert direkt im Dateimanager, ohne dass Linux-Konsolenbefehle gebraucht werden. Markieren Sie im linken Seitenfenster des Dateimanagers die Festplatte und wählen Sie dann im Menü **Werkzeuge/Aktuellen Ordner als root öffnen**.

18

Es öffnet sich ein neues Dateimanagerfenster, da das Dateisystem aus der Sicht des Benutzers **root** zeigt. Hier sehen Sie unter anderem auch die beiden Partitionen der Speicherkarte. Markieren Sie im linken Seitenfenster wieder die **Festplatte** und klicken Sie mit der rechten Maustaste in das rechte große Fenster. Wählen Sie dort im Kontextmenü **Eigenschaften**.

19

Es öffnet sich ein Fenster mit allgemeinen Informationen über die Festplatte. Gehen Sie hier auf die Registerkarte **Berechtigungen**. Dort sehen Sie den aktuellen Besitzer **root**. Ändern Sie die Felder **Besitzer** und **Gruppe** auf **pi**.

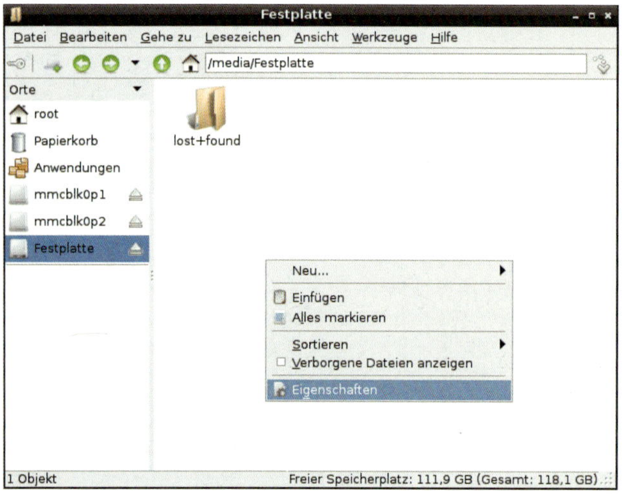

Das Dateisystem aus der Sicht von **root**

20

Bestätigen Sie auch die nächste Abfrage, damit die Änderung des Besitzers rekursiv auf alle Unterverzeichnisse angewendet wird. Diese Änderung läuft im Hintergrund und kann je nach Größe der Festplatte einige Sekunden dauern. Danach haben Sie als Benutzer **pi** vollen Zugriff auf die Festplatte.

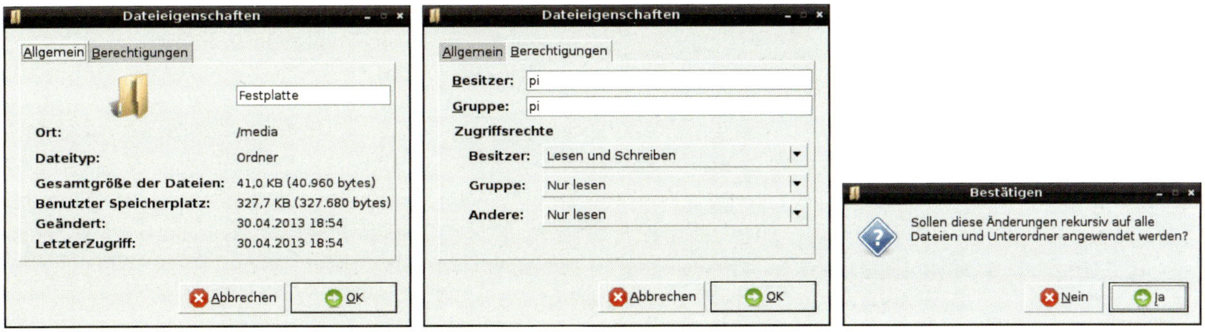

Wird **pi** zum Besitzer, darf er auf die Festplatte schreiben.

Festplatte über SSH oder Kommandozeile mounten

Möchten Sie eine Festplatte aus einem ausgedienten Computer an den Raspberry Pi anschließen und läuft dort keine grafische Oberfläche, geht der klassische Linux-Weg über das Kommandozeilenprogramm **fdisk**, um die alten Partitionen zu beseitigen und die Festplatte mit dem Linux-ext3-Dateisystem neu zu formatieren.

1 Stellen Sie fest, unter welchem Namen die angeschlossene Festplatte in der Linux-Verzeichnisstruktur eingetragen ist.

```
sudo fdisk -l
```

2 In den meisten Fällen wird eine USB-Festplatte physikalisch als **/dev/sda** bezeichnet, die erste darauf befindliche Partition als **/dev/sda1**. Das aufgelistete Beispiel zeigt eine ältere 20 GB große Festplatte mit einem Linux-Dateisystem.

```
Disk /dev/mmcblk0: 3904 MB, 3904897024 bytes
4 heads, 16 sectors/track, 119168 cylinders, total 7626752 sectors
Units = sectors of 1 * 512 = 512 bytes
Sector size (logical/physical): 512 bytes / 512 bytes
I/O size (minimum/optimal): 512 bytes / 512 bytes
Disk identifier: 0x000981cb

        Device Boot    Start        End      Blocks   Id  System
/dev/mmcblk0p1          8192     122879       57344    c  W95
FAT32 (LBA)
```

```
/dev/mmcblk0p2          122880     7626751     3751936   83  Linux

Disk /dev/sda: 20.4 GB, 20404101120 bytes
255 heads, 63 sectors/track, 2480 cylinders, total 39851760 sectors
Units = sectors of 1 * 512 = 512 bytes
Sector size (logical/physical): 512 bytes / 512 bytes
I/O size (minimum/optimal): 512 bytes / 512 bytes
Disk identifier: 0x000b77b0

   Device Boot      Start         End      Blocks   Id  System
/dev/sda1            2048    39849983    19923968   83  Linux
```

3

Prüfen Sie danach noch, ob die Festplatte bereits gemountet ist, z. B. durch die Automount-Funktion der grafischen Oberfläche von Raspbian.

```
mount
```

4

Dieser Befehl zeigt alle im System gemounteten (= angemeldeten) Dateisysteme an.

```
/dev/root on / type ext4 (rw,noatime,data=ordered)
devtmpfs on /dev type devtmpfs (rw,relatime,size=215824k,nr_
inodes=53956,mode=755)
tmpfs on /run type tmpfs (rw,nosuid,noexec,relatime,size=44820k,
mode=755)
tmpfs on /run/lock type tmpfs (rw,nosuid,nodev,noexec,relatime,
size=5120k)
proc on /proc type proc (rw,nosuid,nodev,noexec,relatime)
sysfs on /sys type sysfs (rw,nosuid,nodev,noexec,relatime)
tmpfs on /run/shm type tmpfs (rw,nosuid,nodev,noexec,relatime,
size=89620k)
devpts on /dev/pts type devpts (rw,nosuid,noexec,relatime,gid=5,
mode=620)
/dev/mmcblk0p1 on /boot type vfat (rw,relatime,fmask=0022,dma
sk=0022,codepage=437,iocharset=ascii,shortname=mixed,errors=
remount-ro)
/dev/sda1 on /media/extern type vfat (rw,relatime,fmask=
0022,dmask=0022,codepage=437,iocharset=ascii,shortname=
mixed,errors=remount-ro)
```

5

Sollte wie im Beispiel ganz unten die Festplatte **/dev/sda1** auftauchen, müssen Sie sie für eine saubere Neuinstallation zunächst unmounten (= abmelden). Der automatisch angelegte Mountpunkt unterhalb von **/media** kann bei jeder Festplatte anders heißen.

```
sudo umount /media/extern
```

6

Formatieren Sie jetzt die Festplatte neu mit dem Linux-ext3-Dateisystem, das bei Fehlern deutlich stabiler ist als das VFAT-Dateisystem von Windows und zudem die Möglichkeit der Rechteverwaltung bietet.

```
sudo mkfs.ext3 /dev/sda1
```

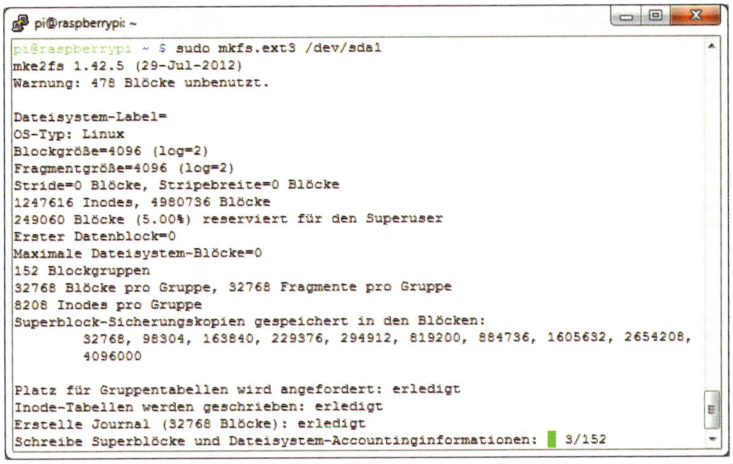

Die Formatierung der Festplatte dauert je nach Größe einige Minuten.

7

Nach Abschluss der Formatierung mounten Sie die Festplatte, um von Linux darauf zugreifen zu können. Dazu legen Sie zunächst ein Verzeichnis innerhalb der globalen Verzeichnisstruktur an, unter dem die Festplatte später zu finden ist. Auf dem Raspberry Pi und ähnlichen Linux-Systemen ist es zur allgemeinen Gewohnheit geworden, USB-Festplatten und USB-Sticks unter **/media/usbxxx** in die Verzeichnisstruktur einzuhängen. Dies ist keine technische Notwendigkeit, aber eine Gewohnheit, an die man sich der Übersichtlichkeit halber halten sollte.

```
sudo mkdir /media/usb1
sudo mount /dev/sda1 /media/usb1
```

8 Um die Festplatte wirklich nutzen zu können, braucht der Standardbenutzr **pi** noch volle Zugriffsrechte darauf. Am einfachsten geben Sie diesem Benutzer das Eigentum an der Festplatte. Danach können Sie als Benutzer **pi** schon sofort über die SSH-Verbindung auf die Festplatte zugreifen.

```
sudo chown pi /media/usb1
```

9 Damit die Festplatte bei jedem Start des Raspberry Pi automatisch wieder im gleichen Verzeichnis gemountet wird, tragen Sie sie in die Datei **/etc/fstab** ein.

```
sudo nano /etc/fstab
```

10 Tragen Sie am Ende dieser Liste die Festplatte ein, und speichern Sie danach die Datei wieder.

```
proc            /proc       proc   defaults          0    0
/dev/mmcblk0p1  /boot       vfat   defaults          0    2
/dev/mmcblk0p2  /           ext4   defaults,noatime  0    1
/dev/sda1       /media/usb1 ext3   defaults          0    0
```

USB-Stick als lautloser Festplattenersatz

Für private Server reicht die Speicherkapazität eines größeren USB-Sticks meist völlig aus, sodass nicht einmal eine Festplatte nötig ist. USB-Sticks sind völlig lautlos, entwickeln keine Wärme und benötigen nur so wenig Strom, dass sie direkt über den Raspberry Pi versorgt werden können.

USB-Sticks werden ähnlich wie Festplatten nur unter der grafischen Oberfläche LXDE automatisch gemountet, können aber auch wie eine USB-Festplatte über die Kommandozeile gemountet werden. USB-Sticks sind üblicherweise im vfat-Dateisystem formatiert. Linux kann dieses Dateisystem lesen und schreiben, nur die Rechteverwaltung gibt es unter vfat nicht. Lassen Sie dieses Dateisystem auf dem USB-Stick bestehen, können Sie leicht Daten von beliebigen PCs auf Ihren Server übertragen, indem Sie nur den USB-Stick umstecken. Windows kann dagegen mit einem Linux-formatierten USB-Stick nichts anfangen.

1 Stellen Sie zuerst wieder fest, unter welchem Namen der angeschlossene USB-Stick in der Linux-Verzeichnisstruktur eingetragen ist.

```
sudo fdisk -l
```

2 In den meisten Fällen wird ein USB-Stick wie eine USB-Festplatte physikalisch als **/dev/sda** bezeichnet, die erste darauf befindliche Partition als **/dev/sda1**.

3 Jeder USB-Stick hat eine eindeutige Geräte-ID. Um Verwirrungen zu vermeiden, wenn ein anderer USB-Stick angeschlossen wird, stellen Sie sicher, dass nur ein bestimmter USB-Stick im angegebenen Verzeichnis gemountet wird. Lesen Sie dazu zunächst die UUID des angeschlossenen USB-Sticks aus.

```
blkid /dev/sda1
```

4 Sollte der USB-Stick einen anderen physikalischen Namen als **/dev/sda1** haben, geben Sie diesen stattdessen an. Der Befehl zeigt die UUID des USB-Sticks sowie den Dateisystemtyp an.

```
/dev/sda1: UUID="8CA8-C35A" TYPE="vfat"
```

5 Tragen Sie jetzt den USB-Stick mit der angezeigten UUID in die Datei **/etc/fstab** ein.

```
sudo nano /etc/fstab
```

6 Ersetzen Sie im folgenden Beispiel die UUID durch die Ihres USB-Sticks. Beachten Sie auch die anderen angezeigten Parameter. Diese sind nötig, damit der Benutzer **pi** den USB-Stick mounten kann und auch vollen Zugriff darauf hat. Beim vfat-Dateisystem ist es nicht möglich, einem Benutzer das Eigentum oder bestimmte Rechte zu übertragen.

```
proc            /proc        proc   defaults        0       0
/dev/mmcblk0p1  /boot        vfat   defaults        0       2
/dev/mmcblk0p2  /            ext4   defaults,noatime  0       1
UUID=8CA8-C35A  /media/usb1  vfat  defaults,umask=000,users  0
```

7 Starten Sie jetzt den Raspberry Pi neu. Der USB-Stick wird automatisch gemountet, und Sie können als Benutzer **pi** Daten über das Netzwerk darauf kopieren. Stecken Sie einen anderen USB-Stick an den Raspberry Pi, wird dieser nicht automatisch gemountet.

8 Natürlich lassen sich auch mehrere USB-Sticks über einen USB-Hub am Raspberry Pi betreiben. Diese werden auf die gleiche Weise in verschiedenen Verzeichnissen, z. B. **/media/usb2**, **/media/usb3** usw., gemountet.

Statusanzeige für mehrere USB-Sticks

Das im PDF **Statusanzeige.pdf** beschriebene Programm zeigt mit ein paar Erweiterungen die freie Kapazität der Speicherkarte und der drei angeschlossenen USB-Sticks an.

Drei USB-Sticks am Raspberry Pi mit Statusanzeige

Das Programm unterscheidet sich nur in wenigen Zeilen von den bisherigen Varianten.

```
HD_1 = "/media/usb1"
HD_2 = "/media/usb2"
HD_3 = "/media/usb3"
```

Im Definitionsbereich werden die drei Namen der angeschlossenen USB-Medien festgelegt.

```
    s = os.statvfs('/')
    hd1 = os.statvfs(HD_1)
    hd2 = os.statvfs(HD_2)
    hd3 = os.statvfs(HD_3)
```

Die Funktion **os.statvfs()** schreibt den aktuellen Zustand der drei USB-Medien in drei Variablen.

```
    zeile3 = "SD:" + str(s.f_bsize * s.f_bavail / 1048576).
rjust(4," ") + "MB "
    zeile3 += "U1:" + str(hd1.f_bsize * hd1.f_bavail / 1048576).
rjust(4," ") + "MB"
```

```
    zeile4 = "U2:" + str(hd2.f_bsize * hd2.f_bavail / 1048576).
rjust(4," ") + "MB "
    zeile4 += "U3:" + str(hd3.f_bsize * hd3.f_bavail /
1048576).rjust(4," ") + "MB"
```

In den Zeilen 3 und 4 der Anzeige wird der freie Speicherplatz auf der SD-Karte und den drei USB-Medien angezeigt. Für eine ansprechende Darstellung werden alle Zahlen mit der Stringmethode **rjust** auf eine Länge von 4 Stellen formatiert. Bei größeren USB-Medien müssen diese Zeilen entsprechend angepasst werden.

Optionen für den mount-Befehl

Der Linux-Befehl **mount** sowie auch die Datei **/etc/fstab** kennen noch diverse Optionen für Spezialaufgaben. Diese werden hinter dem Parameter **-o** oder in der vierten Spalte der Datei, nach dem Dateisystem, angegeben.

async	Asynchrone Ein- und Ausgaben auf dem Dateisystem
atime	Zugriffszeit wird bei jeder Datei im Inode protokolliert
auto	Automatisches Mounten
defaults	Standardeinstellungen übernehmen (**rw**, **suid**, **dev**, **exec**, **auto**, **nouser**, **async**)
dev	Character- oder Blockgeräte als Gerät interpretieren
exec	Ausführen von Programmen und Skripten erlaubt
remount	Erneutes Mounten eines schon gemounteten Dateisystems
ro	Nur Leseberechtigung
rw	Lese- und Schreibberechtigung
suid	Set-User-Identifier-Bits übernehmen
sync	Synchrone Ein- und Ausgaben auf dem Dateisystem
umask	Oktale Angabe einer Bitmaske für nicht verfügbare Rechte
users	Jeder Benutzer darf das Dateisystem mounten.

Viele der Optionen lassen sich durch ein vorangestelltes **no** explizit verbieten: **noatime**, **noauto**, **nodev**, **noexec**...

DATEN-TRANSPORT

Ob man nun seine Daten vom Raspberry Pi sicherheitshalber auf den PC kopieren oder Bilder und andere Daten auf die Speicherkarte des Raspberry Pi oder eine extern angeschlossene Festplatte übertragen möchte – die Geräte müssen miteinander verbunden werden. Die Dateiübertragung gelingt mit einem SFTP-Server.

Installation

Das Datenübertragungsprotokoll SFTP (SSH File Transfer Protocol) läuft im Gegensatz zum klassischen FTP innerhalb einer SSH-Verbindung und benötigt keine zusätzliche Software. SFTP ist auch nicht – wie man leicht vermutet – eine Erweiterung von FTP, sondern ein eigenständiges Protokoll. Die serverseitige Installation ist mit der Aktivierung des SSH-Servers auf dem Raspberry Pi auch schon abgeschlossen. Der größere Einrichtungsaufwand entfällt auf den PC.

1

Der Raspberry Pi arbeitet als SFTP-Server, der vom PC, dem Client, gesteuert wird. Jetzt brauchen Sie auf dem PC nur noch ein geeignetes Tool zur Verbindung und Datenübertragung. Wer unter Windows lediglich den Explorer und keinen besonderen Dateimanager nutzt, bekommt mit WinSCP (`www.winscp.net/de`) ein komfortables Übertragungsprogramm für SCP-Verbindungen, wie sie auf dem Raspberry Pi verwendet werden.

2

Bei der Installation fragt WinSCP, ob bestehende Verbindungen aus PuTTY übernommen werden sollen. In diesem Fall brauchen Sie nicht einmal IP-Adresse und Zugangsdaten neu einzutragen.

Verbindungsziele können einschließlich der verwendeten Zugangsdaten aus PuTTY importiert werden.

10 Minuten / 8 Schritte

SCHWIERIGKEIT

Das braucht es

VORWISSEN

1 Routerkonfiguration, S. 25

2 IP-Adressen, S. 20

3 Festplatte, S. 43

KONFIGURATION

Portweiterleitungen 1

SFTP 22

SSH-Verbindung zum Raspberry Pi

Feste oder dynamische IP-Adresse im Internet 2

Optional: USB-Stick/Festplatte zur Datenspeicherung 3

SOFTWARE

–

WWWCODE SFTP-Server

Warnungen beim Verbindungsaufbau

Alle Sicherheitswarnungen beim Verbindungsaufbau können Sie einfach bestätigen. Sie brauchen hier keine Sicherheitsschlüssel, die Verbindung ist sicher. Sie läuft im lokalen Netzwerk und nicht über das Internet.

3 Der Raspberry Pi arbeitet als SFTP-Server, der vom PC, dem Client, gesteuert wird. Jetzt brauchen Sie auf dem PC nur noch ein geeignetes Tool zur Verbindung und Datenübertragung. Wer unter Windows lediglich den Explorer und keinen besonderen Dateimanager nutzt, bekommt mit WinSCP (`www.winscp.net/de`) ein komfortables Übertragungsprogramm für SCP-Verbindungen, wie sie auf dem Raspberry Pi verwendet werden.

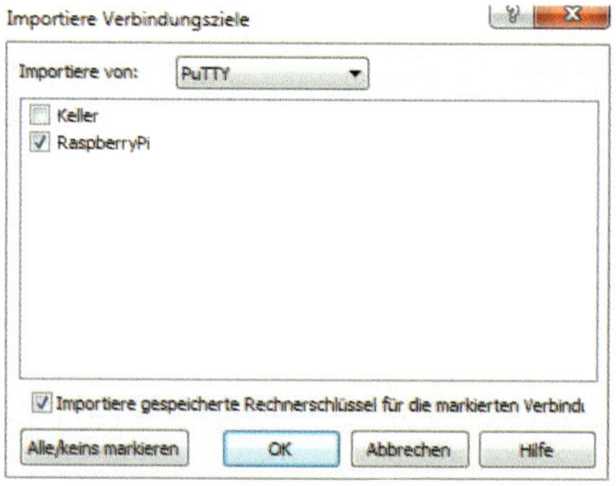

Verbindungsziele können einschließlich der verwendeten Zugangsdaten aus PuTTY importiert werden.

4 Bei der Installation fragt WinSCP, ob bestehende Verbindungen aus PuTTY übernommen werden sollen. In diesem Fall brauchen Sie nicht einmal IP-Adresse und Zugangsdaten neu einzutragen.

5 Andernfalls wählen Sie im WinSCP-Anmeldungsdialog bei Übertragungsprotokoll **SFTP** aus, tragen bei **Rechnername** die IP-Adresse des Raspberry Pi ein und lassen bei **Portnummer** die voreingestellte `22` stehen. Geben Sie dann `pi` im Feld **Benutzername** ein und `raspberry` im Feld **Kennwort**.

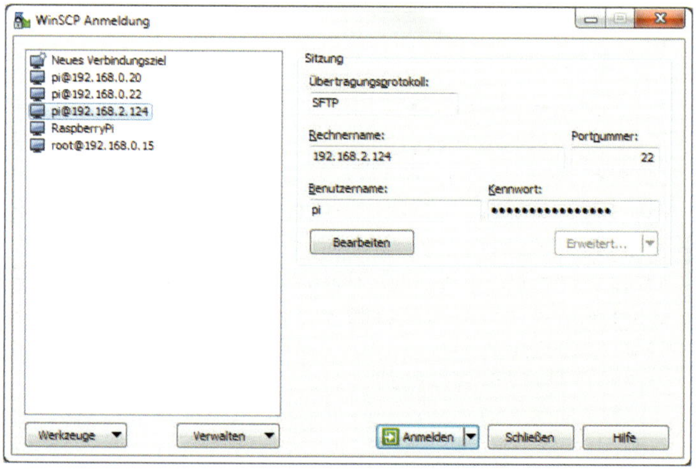

In WinSCP können außer dem Raspberry Pi auch noch weitere Verbindungsziele gespeichert werden.

Verzeichnisstruktur beachten

Obwohl WinSCP den Zugriff auf andere Verzeichnisse ermöglichen würde, kopieren Sie eigene Dateien auf den Raspberry Pi nur in das Verzeichnis `/home/pi` und darunterliegende Verzeichnisse.

6 Aktivieren Sie bei der Eingabe der Zugangsdaten den Schalter **Passwort speichern**, obwohl WinSCP dies nicht empfiehlt. Hier gibt es aber keine Sicherheitsbedenken, da sowieso jeder das Passwort für den Raspberry Pi kennt.

7 Klicken Sie jetzt auf **Anmelden**, stellt WinSCP eine Verbindung her und zeigt nach wenigen Sekunden einen eigenen Dateimanager in übersichtlicher Zwei-Fenster-Gestaltung.

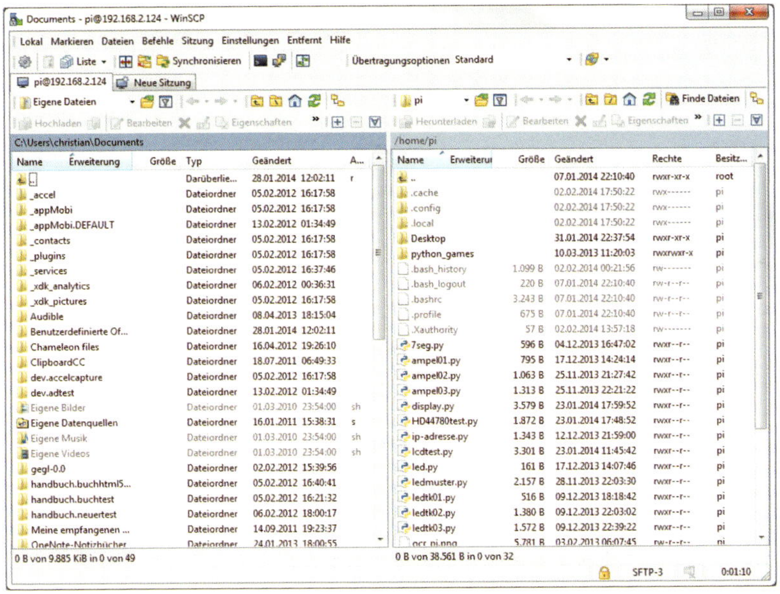

WinSCP ermöglicht die komfortable Datenübertragung zwischen PC und Raspberry Pi

8 Das rechte Fenster zeigt das Home-Verzeichnis des Raspberry Pi, das linke die lokale Festplatte des PCs. Jetzt können Sie hier in beide Richtungen Dateien kopieren. Der Dateimanager bietet komfortable Funktionen, um Verzeichnisse zu vergleichen oder zu synchronisieren, und zeigt auf dem Raspberry Pi in leichtem Grau auch die Dateien an, die Linux normalerweise versteckt. WinSCP verwendet übrigens die gleichen Tastenkombinationen wie der alte Norton Commander, den viele noch aus DOS-Zeiten kennen werden.

Groß- und Kleinschreibung in Linux

Linux unterscheidet im Gegensatz zu Windows bei Dateinamen zwischen Groß- und Kleinschreibung. Üblicherweise werden in Linux alle Dateinamen klein geschrieben. Benennen Sie lokale Dateien auf dem PC am besten in Kleinbuchstaben um, bevor Sie sie auf den Raspberry Pi übertragen. Dazu können Sie direkt in WinSCP die Taste F2 verwenden.

SFTP in Zahlen

Jährlich generierte Datenmenge weltweit in Exabyte* im Jahr 2012:

2.800 EB

Jährlich generierte Datenmenge weltweit in Exabyte* im Jahr 2020 (geschätzt):

40.000 EB

* 1 Exabyte (EB) = 10^{18} Byte = eine Milliarde Gigabyte

IN DER PRAXIS

Datenübertragung mit dem Total Commander

Viele Windows-Nutzer sind mit dem vorinstallierten Explorer unzufrieden und längst auf einen komfortableren Dateimanager umgestiegen. Eines der beliebtesten derartigen Tools ist der Total Commander (`www.totalcommander.de`). Dieser kann auch zur Datenübertragung mit dem Raspberry Pi verwendet werden, man braucht nur ein SFTP-Plug-in.

1 Laden Sie bei `www.ghisler.com/dplugins.htm` das SFTP-Plug-in herunter und installieren Sie es im Total Commander. Zusätzlich sind einige DLL-Dateien erforderlich, deren Downloadlinks für 32-Bit-Windows und 64-Bit-Windows auf der Seite mit angegeben sind. Kopieren Sie diese in das Plug-in-Verzeichnis des Total Commander.

2 Richten Sie nun die Verbindung ein. Schalten Sie dazu eines der Fenster des Total Commander (im Beispiel das rechte) auf **Netzwerkumgebung**. Hier erscheint ein neuer Eintrag **Secure FTP**. Drücken Sie jetzt die Taste [F7]. Damit wird in diesem Fall kein neues Verzeichnis, sondern eine Verbindung angelegt. Geben Sie dieser einen Namen, z. B. **RaspberryPi**.

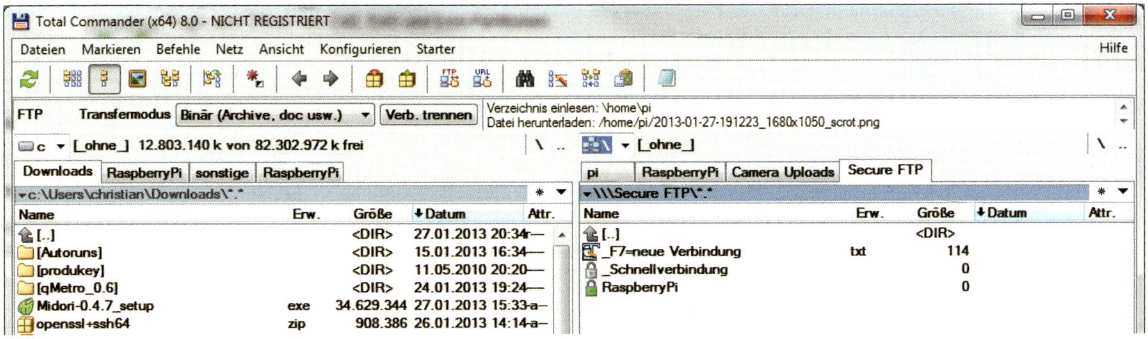

Mit dem SecureFTP-Plug-in ermöglicht auch der Total Commander den Zugriff auf das Dateisystem des Raspberry Pi.

3 Geben Sie im nächsten Dialogfeld IP-Adresse, Benutzernamen und Kennwort des Raspberry Pi ein. Wählen Sie oben rechts **IPv4** aus und aktivieren Sie im unteren Bereich den Schalter **Benutze SCP für Transfers**. Schließen Sie dieses Dialogfeld anschließend mit **OK**.

4 Jetzt können Sie per Doppelklick die Verbindung aufbauen. Wechseln Sie auf dem Raspberry Pi in das Verzeichnis `/home/pi`, und Sie können Dateien wie im Total Commander gewohnt kopieren, umbenennen, verschieben und auch neue Verzeichnisse anlegen.

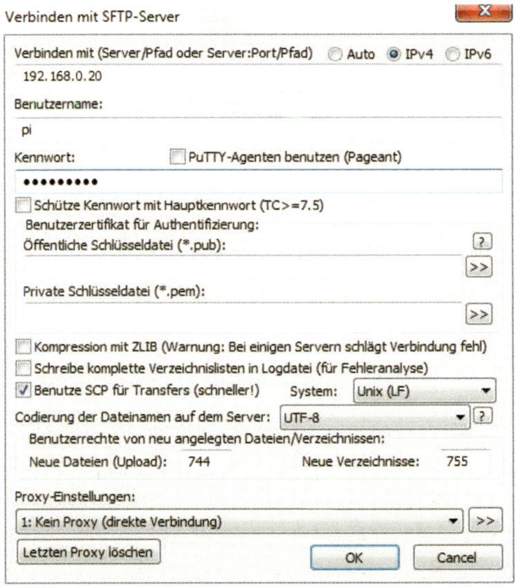

Verbindung zum Raspberry Pi im Total Commander einrichten.

Datei- und Verzeichnisattribute ändern

Dateien und Verzeichnisse benötigen häufig bestimmte Berechtigungen unter Linux. Diese vergeben Sie normalerweise mit Hilfe von Kommandozeilenbefehlen. Wenn Sie den Total Commander nutzen, können Sie direkt über den Menüpunkt **Dateien/Dateiattribute ändern** die Berechtigungen von einer oder mehreren Dateien und Verzeichnissen auf dem Raspberry Pi ändern. Dabei können Sie entweder bestimmte Rechte ein- bzw. ausschalten oder Sie geben wie auf der Kommandozeile die neuen Berechtigungen in Form einer dreistelligen Oktalzahl an.

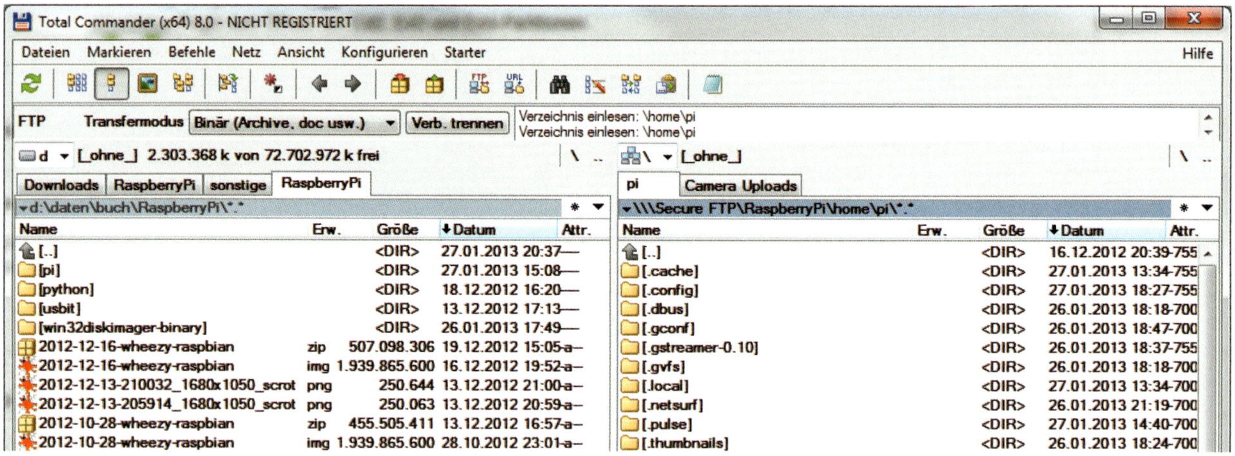

Der Total Commander zeigt den Raspberry Pi ähnlich wie ein Netzwerklaufwerk an.

Daten des Raspberry Pi sichern

Im Laufe der Zeit sammeln sich auf dem Raspberry Pi wie auf jedem PC jede Menge persönliche Daten an, die man nicht verlieren möchte, wenn die Speicherkarte auf einmal den Geist aufgibt – und das passiert bei Speicherkarten öfter als bei Festplatten.

Um alle persönlichen Daten des Raspberry Pi auf dem PC zu sichern, kopieren Sie einfach das komplette Verzeichnis `/home/pi` per SFTP in ein neues Verzeichnis auf der Festplatte Ihres PCs.

Komplettsicherung der SD-Karte

Beim Kopieren des Home-Verzeichnisses werden nur die Daten gesichert, nicht aber das Betriebssystem selbst. Sollte die Speicherkarte versagen, müssen Sie Betriebssystem und zuvor installierte Programme wieder neu installieren. Um dem vorzubeugen, hilft nur eine Komplettsicherung der Speicherkarte in eine Image-Datei. Ein einfaches Kopieren aller Daten kopiert den Bootblock nicht mit.

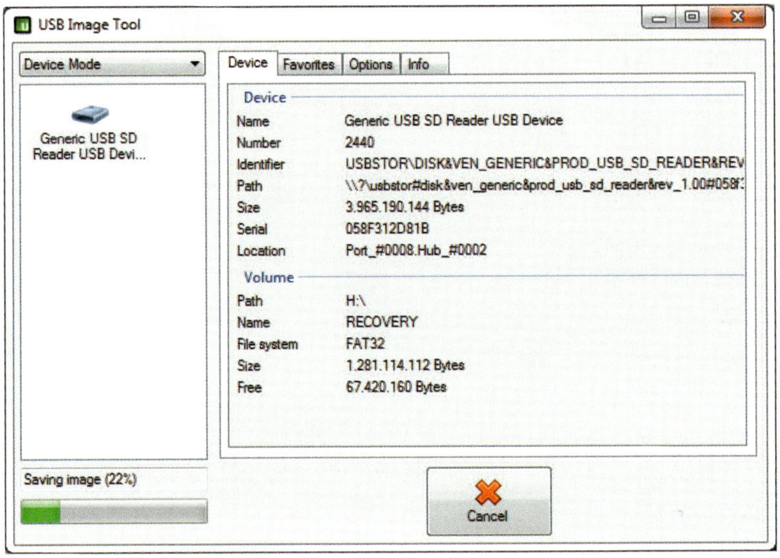

Mit dem USB Image Tool lässt sich die SD-Karte des Raspberry Pi auf dem PC komplett sichern.

Das weiter oben beschriebene USB Image Tool von **www.alexpage.de** kopiert mit dem **Backup**-Button auf einem Windows-PC eine Speicherkarte unabhängig von ihrem Betriebssystem in eine komprimierte Image-Datei, aus der die Speicherkarte später wiederhergestellt werden kann. Auf diese Weise lassen sich auch fertig installierte SD-Karten für den Raspberry Pi einfach kopieren.

Zutaten:
200 g Baiser
500 g gefrorene Himbeeren
2 Becher Sahne

Zubereitung:
Baiser in kleine Stücke schneiden, Sahne leicht anschlagen. Alles schichtweise in eine Glasschüssel geben, beginnend mit dem Baiser, Himbeeren, Sahne, nochmals Baiser, Himbeeren und nochmals Sahne. Anschließend zwei Stunden in den Kühlschrank stellen.

Quelle: chefkoch.de

FENSTER AUF

Das Betriebssystem Raspbian bietet nicht nur Programme für die Kommandozeilen, sondern hat auch Tools mit grafischer Oberfläche. Diese funktionieren aber nicht auf der Konsole: Um gpicview, pcmanfm oder auch leafpad zu starten, ist ein X11-Server notwendig.

Installation

Der Raspberry Pi verwendet eine X11-Benutzeroberfläche zur grafischen Darstellung von Fenstern. SSH kann diese X11-Daten auf einen anderen Computer übertragen. Allerdings muss dort ein X11-Server installiert sein, was auf Windows-PCs möglich ist. Über das X11-Forwarding werden die X11-Befehle direkt per SSH übertragen, was bedeutet, dass auf dem Raspberry Pi die grafische Oberfläche nicht einmal laufen muss. Sie kann, wie im Serverbetrieb üblich, in **raspi-config** abgeschaltet bleiben. Das X11-Forwarding hat gegenüber VNC den Vorteil, dass es auf dem Raspberry Pi deutlich weniger Ressourcen verbraucht.

Grafische Anwendungen vom Raspberry Pi auf dem PC nutzen

1 Stellen Sie als Erstes sicher, dass auf dem Raspberry Pi das X11-Forwarding eingeschaltet ist. Solange Sie (oder ein Programm) an der Standardkonfiguration von Raspbian nichts geändert haben, sollte das der Fall sein. Öffnen Sie dazu mit dem nano-Editor die Datei **/etc/ssh/sshd_config**.

```
sudo nano /etc/ssh/sshd_config
```

2 Sollte das X11-Forwarding ausgeschaltet sein, ändern Sie den Parameter in der Datei und starten den Raspberry Pi neu. Auch das ist direkt in PuTTY möglich. Nach dem Neustart müssen Sie sich erneut verbinden und anmelden.

```
sudo reboot
```

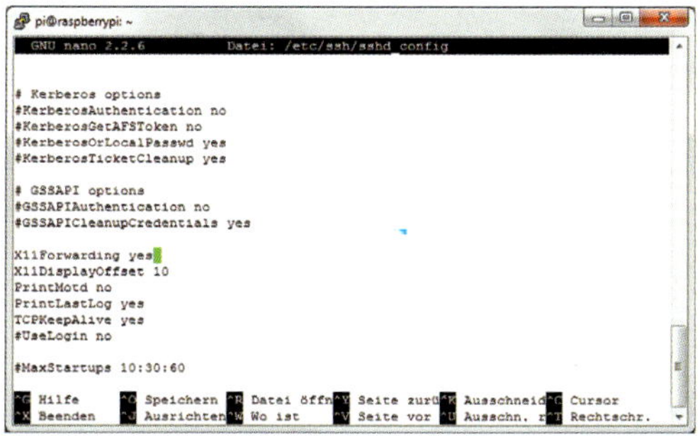

In der Datei **/etc/ssh/sshd_config** muss das X11-Forwarding auf **yes** stehen.

20 Minuten / 10 Schritte

SCHWIERIGKEIT

Das braucht es

VORWISSEN

IP-Adressen, S. 20

KONFIGURATION

SSH-Verbindung im LAN 1

Grafische Oberfläche auf dem Raspberry Pi

WWWCODE X11-Server

3 Installieren Sie als Nächstes auf dem Windows-PC den X-Server Xming von **sourceforge.net/projects/xming**.

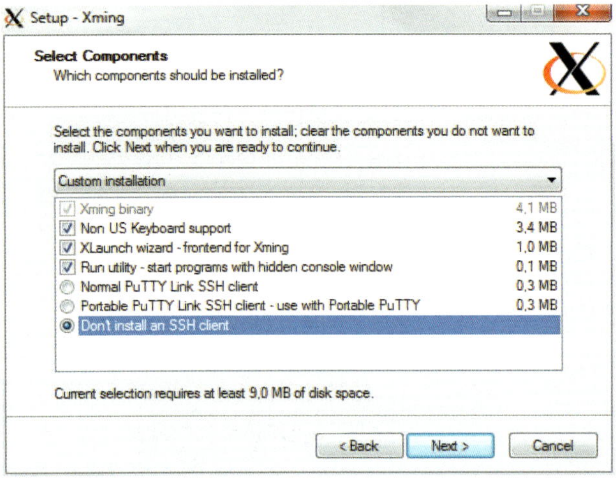

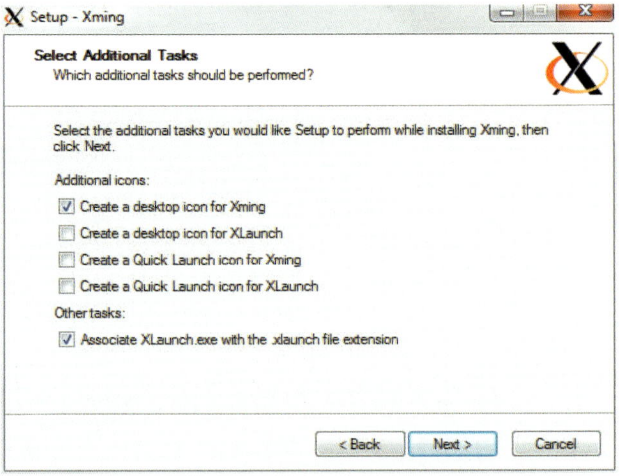

Wenn PuTTY bereits läuft, schalten Sie die Installation eines SSH-Clients aus. Achten Sie aber darauf, dass **Non US Keyboard support** eingeschaltet ist.

4 Starten Sie am Ende der Installation den X-Server automatisch. Außer einem neuen Icon im Infobereich der Taskleiste merken Sie davon nichts. Allerdings wird sich je nach Einstellung die Firewall melden.

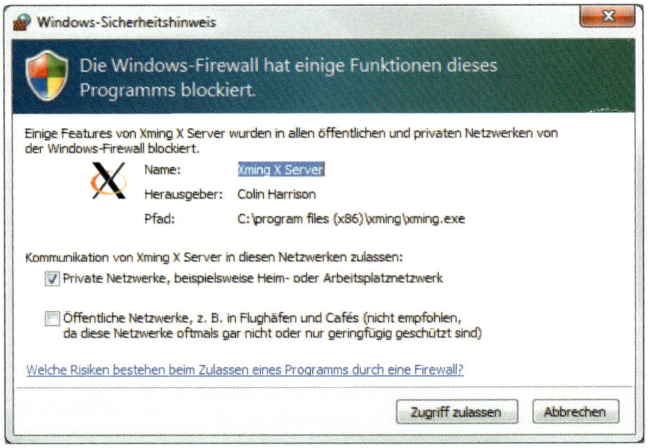

Lassen Sie in der Firewall den Zugriff für Xming im lokalen Netzwerk zu. Andernfalls können Sie sich nicht mit dem Raspberry Pi verbinden.

5 Beenden Sie die SSH-Verbindung und starten Sie PuTTY neu. Öffnen Sie den Konfigurationsdialog über den Menüpunkt **Change Settings** und laden Sie unter **Session** Ihre gespeicherte Verbindung mit dem Raspberry Pi.

6 Gehen Sie links im Feld **Category** auf **Connection/SSH/X11** und schalten Sie dort **Enable X11 forwarding** ein.

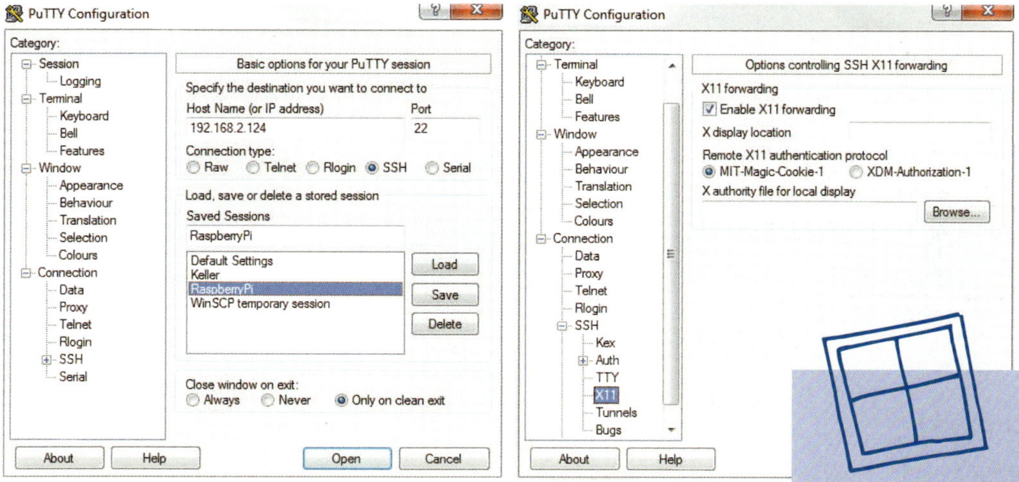

X11-Forwarding muss in PuTTY aktiviert sein.

7 Speichern Sie jetzt die Verbindung ganz oben im Bereich **Session** wieder und starten Sie dann erneut.

8 Öffnen Sie jetzt im PuTTY-Kommandozeilenfenster ein Programm auf dem Raspberry Pi, das eine grafische Oberfläche nutzt, wie z. B. den Bildbetrachter `gpicview` oder `pcmanfm`.

X11 in Zahlen

Größe der kompletten X11-Distribution in den frühen 90er-Jahren (MB):

50

Erscheinungsdatum der ersten grafischen X-Oberfläche:

JUNI 1984

Erscheinungsdatum von Windows 1.0:

20.11.1985

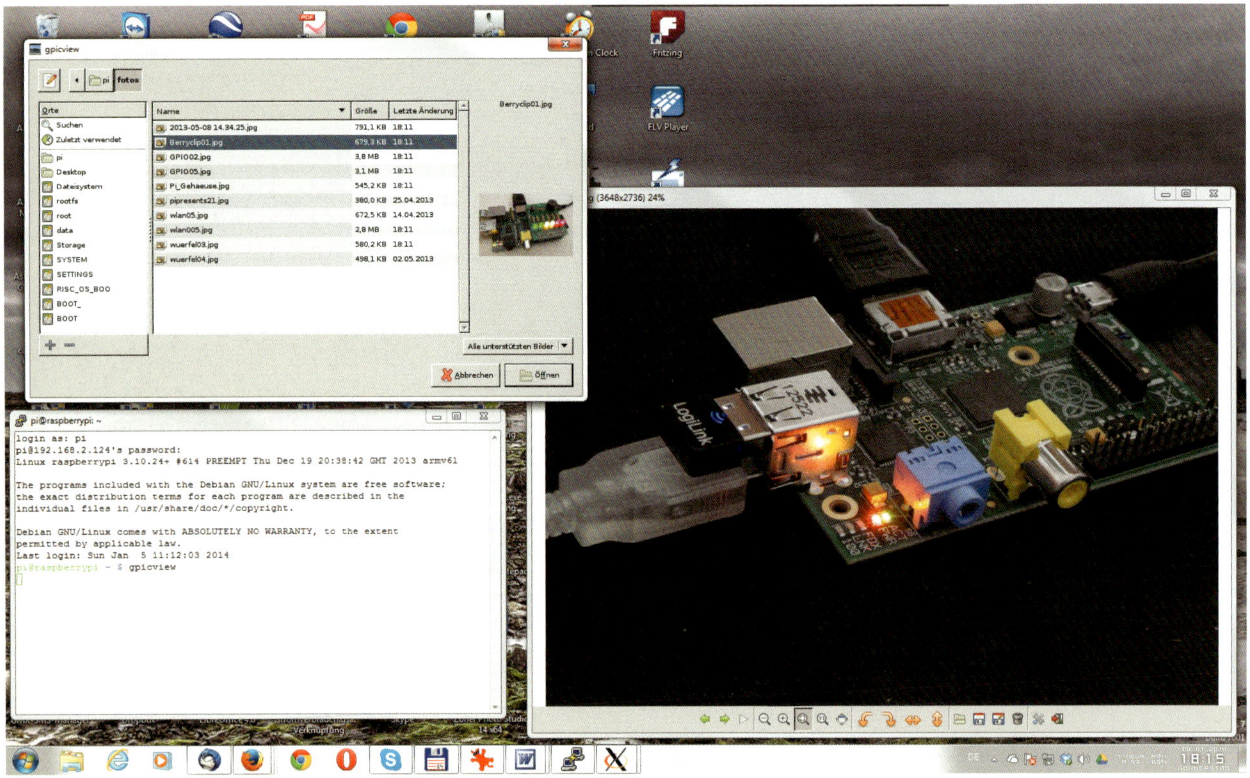

X11-Fenster werden als eigene Fenster auf dem Windows-PC geöffnet.

9 Auf diese Weise können Sie auch den Pi Store nutzen, um aus der Ferne über das Netzwerk Programme zu installieren, ohne direkt auf dem Raspberry Pi per Tastatur, Maus und Bildschirm angemeldet sein zu müssen.

10 Möchten Sie das PuTTY-Konsolenfenster weiterhin zur Verfügung haben, während ein grafisches Programm läuft, starten Sie dieses im Hintergrund mit einem **&**-Zeichen:

```
pistore-desktop &
```

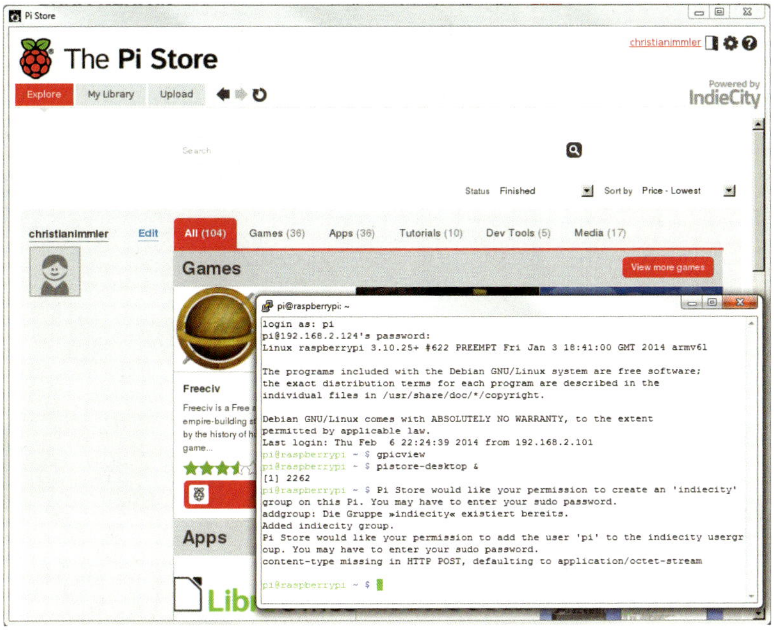

Programme aus dem Pi Store lassen sich über X11-Forwarding remote auf dem Raspberry Pi installieren.

Hannahs Bratäpfel mit Himbeersoße

Zutaten:
4 Äpfel

Für die Füllung:
50 g Himbeeren
50 g Marzipan-Rohmasse
3 EL Kokosraspel
3 EL Mandelsplitter

Für die Soße:
200 g Himbeeren
100 ml Orangensaft
1 Pck. Vanillezucker
Butter

Zubereitung:
Äpfel gründlich waschen. Stiel und Blütenansatz entfernen. Kerngehäuse entfernen. Himbeeren mit zerkrümeltem Marzipan und Koksraspeln mischen. Mandeln in einer Pfanne mit Butter anrösten. Zu den anderen Zutaten geben. Füllung in die Äpfel geben. Diese in eine gefettete Form geben, im Ofen bei 225 Grad 35 Minuten backen.

Soße: Himbeeren pürieren und mit Orangensaft und Vanillezucker verrühren. Warm oder kalt zu den Äpfeln servieren.

Quelle: chefkoch.de

ZUHAUSE IST ÜBERALL

Mit VNC kann der komplette Desktop eines Computers übertragen und dann darauf gearbeitet werden. Bei mehr als einem Raspberry im Haus hat das viele Vorteile. Schnell also den VNC-Server installieren und Maus, Monitor und Tastatur am Raspberry abschalten.

Installation

VNC benötigt zwei Komponenten: einen VNC-Server auf dem Raspberry Pi sowie einen VNC-Viewer auf dem PC. VNC-Viewer gibt es diverse, für alle wichtigen Betriebssystemplattformen.

1 Installieren Sie auf dem Raspberry Pi den VNC-Server **X11VNC** in einem LXTerminal-Fenster oder über eine SSH-Verbindung vom PC **X11VNC.** Er bietet gegenüber dem einfachen – häufig in irgendwelchen Foren erwähnten – Modul **vncserver** den Vorteil, dass er sich auch zur Zusammenarbeit zweier Personen auf einem Desktop eignet. Der Benutzer direkt am Raspberry Pi sieht, was der Benutzer in der Ferne tut, und kann auch selbst eingreifen.

```
sudo apt-get update
sudo apt-get install x11vnc
```

2 Legen Sie jetzt mit folgendem Befehl auf dem Raspberry Pi ein Passwort für den VNC-Server, das zur Anmeldung benötigt wird, fest (es sollte ein anderes sein, als das zur Anmeldung am Raspberry Pi verwendete):

```
x11vnc -storepasswd
```

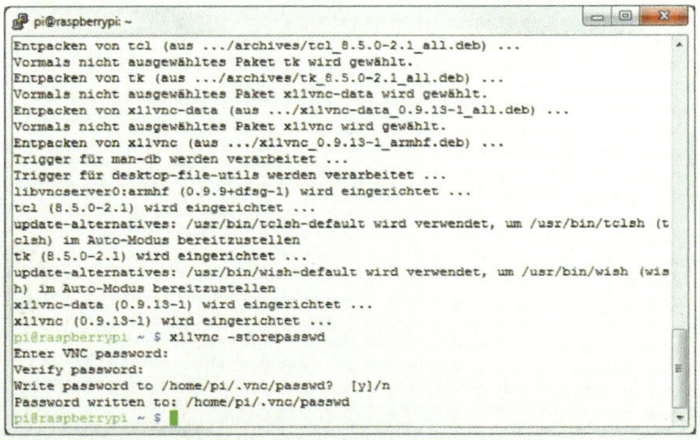

VNC-Server auf dem Raspberry Pi installieren und starten

3 Starten Sie jetzt den VNC-Server auf dem Raspberry Pi:

```
x11vnc –forever –usepw –geometry 1072x600 –ultrafilexfer
```

20 Minuten / 10 Schritte

SCHWIERIGKEIT

Das braucht es:

VORWISSEN

1 Routerkonfiguration, S. 25

2 IP-Adressen, S. 20

KONFIGURATION

Grafische Oberfläche auf dem Raspberry Pi (LXDE)

SOFTWARE

X11VNC

WWWCODE VNC-Server

4 Bei erfolgreichem Start werden einige Meldungen angezeigt, die aber, solange keine auffälligen Fehler auftauchen, nicht beachtet werden müssen. Die Parameter haben folgende Bedeutungen:

- **`-forever`** lässt den VNC-Server weiterlaufen, wenn eine VNC-Verbindung beendet wurde. So steht er für weitere Verbindungen bereit. Ohne diesen Parameter wird der VNC-Server beendet, sobald der Benutzer aus der Ferne seine Verbindung trennt.
- **`-usepw`** verwendet das zuvor mit **`-storepasswd`** gespeicherte Passwort.
- **`-geometry`** gibt die Bildschirmauflösung des virtuellen Bildschirms auf dem VNC-Viewer an. Die angegebene Größe **`1072x600`** sollte in den meisten Fällen auf 16:9-Monitoren funktionieren. Bei ganz kleinen Bildschirmen, z. B. von Netbooks, müssen Sie eventuell eine kleinere Auflösung nehmen. Haben Sie am Raspberry Pi einen 4:3-Monitor, verwenden Sie **`-geometry 1024x768`**. Der VNC-Viewer übernimmt die Auflösung des Raspberry Pi und würde das Bild sonst verzerrt anzeigen.
- **`-ultrafilexfer`** unterstützt die Dateitransferfunktionen von UltraVNC.

5 Installieren Sie auf dem PC einen VNC-Viewer. Gut bewährt hat sich **UltraVNC** von **`www.uvnc.com`**. Bei der Installation können Sie den UltraVNC-Server ausschalten. Für die Verbindung mit dem Raspberry Pi wird nur der UltraVNC-Viewer benötigt.

6 Starten Sie jetzt den UltraVNC-Viewer, tragen Sie oben im Feld **VNC Server** die IP-Adresse des Raspberry Pi ein und mit einem Doppelpunkt dahinter den Port **`:5900`**.

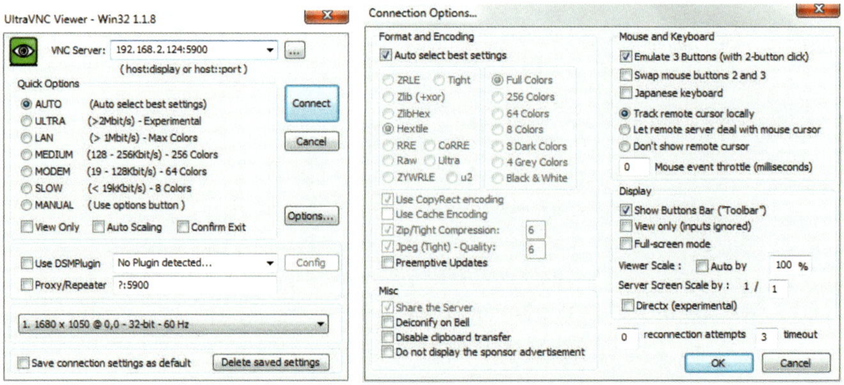

Lassen Sie die Verbindungsoptionen auf den Vorgabeeinstellungen stehen, diese funktionieren gut mit dem Raspberry Pi.

7 Bei erfolgreicher Verbindung erscheint noch eine Passwortabfrage, in der Sie das zuvor auf dem Raspberry Pi festgelegte Passwort eingeben. Danach sehen Sie in einem neuen Fenster auf dem Windows-PC den LXDE-Desktop des Raspberry Pi und können diesen mit Maus und Tastatur steuern.

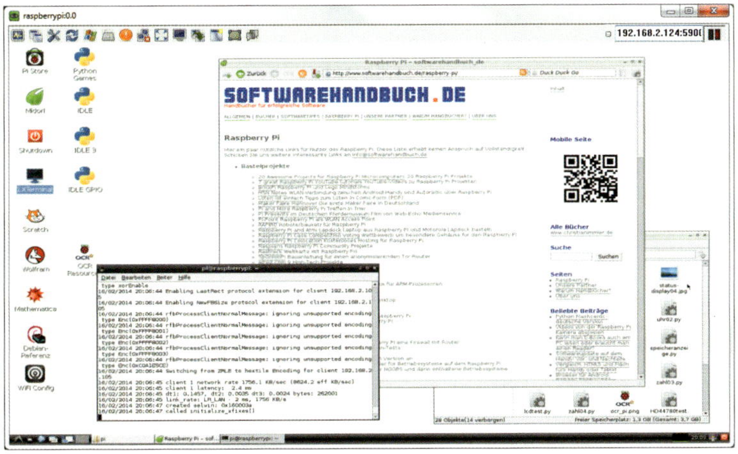

Der virtuelle Desktop im VNC-Viewer lässt sich wie der echte Raspberry Pi bedienen.

8 Eine Symbolleiste am oberen Bildschirmrand bietet die Möglichkeit, spezielle Befehle an den VNC-Server zu senden. Hier können Sie den Raspberry-Pi-Desktop auch in den Vollbildmodus auf dem PC schalten. Tooltipps erklären die Symbole beim Überfahren mit der Maus. Weitere spezielle, selten benötigte Funktionen finden Sie im Menü mit einem Klick auf das UltraVNC-Logo links oben in der Fenstertitelzeile.

9 UltraVNC bietet eine Funktion zum Dateitransfer zwischen VNC-Client und -Server. Dies gehört nicht zum Standardfunktionsumfang von VNC und muss daher von beiden beteiligten Softwarekomponenten unterstützt werden. In Kombination mit `x11vnc -ultrafilexfer` ist eine Dateiübertragung möglich. Klicken Sie dazu auf das Symbol **open File transfer** in der Symbolleiste oben.

10 UltraVNC wurde zunächst für PC-Verbindungen entwickelt. Daher sieht die Verzeichnisstruktur im rechten Fenster beim Start nach Windows aus und zeigt keine wirklichen Linux-Verzeichnisse auf dem Raspberry Pi. Klicken Sie einmal auf das Symbol **** oben rechts, um das Hauptverzeichnis anzuzeigen. Darunter finden Sie wie gewohnt alle Verzeichnisse auf dem Raspberry Pi. Wie in einem Dateimanager können Sie Dateien zwischen beiden Geräten hin- und herkopieren sowie auf dem Raspberry Pi auch Dateien löschen, umbenennen oder neue Verzeichnisse anlegen.

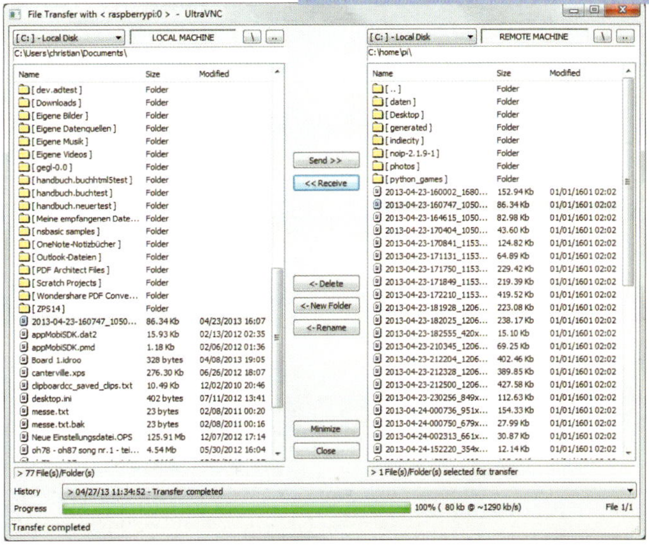

Links ist das Dateisystem des lokalen PCs, rechts das des Raspberry Pi zu sehen.

VNC in Zahlen

AT&T kaufte das Olivetti Research Laboratory, welches das VNC-Protokoll entwickelte:

1999

AT&T schloss das erworbene Olivetti Research Laboratory. Eine Reihe von Entwicklern gründete darauf die Firma RealVNC Ltd., zur kommerziellen Nutzung von VNC:

2002

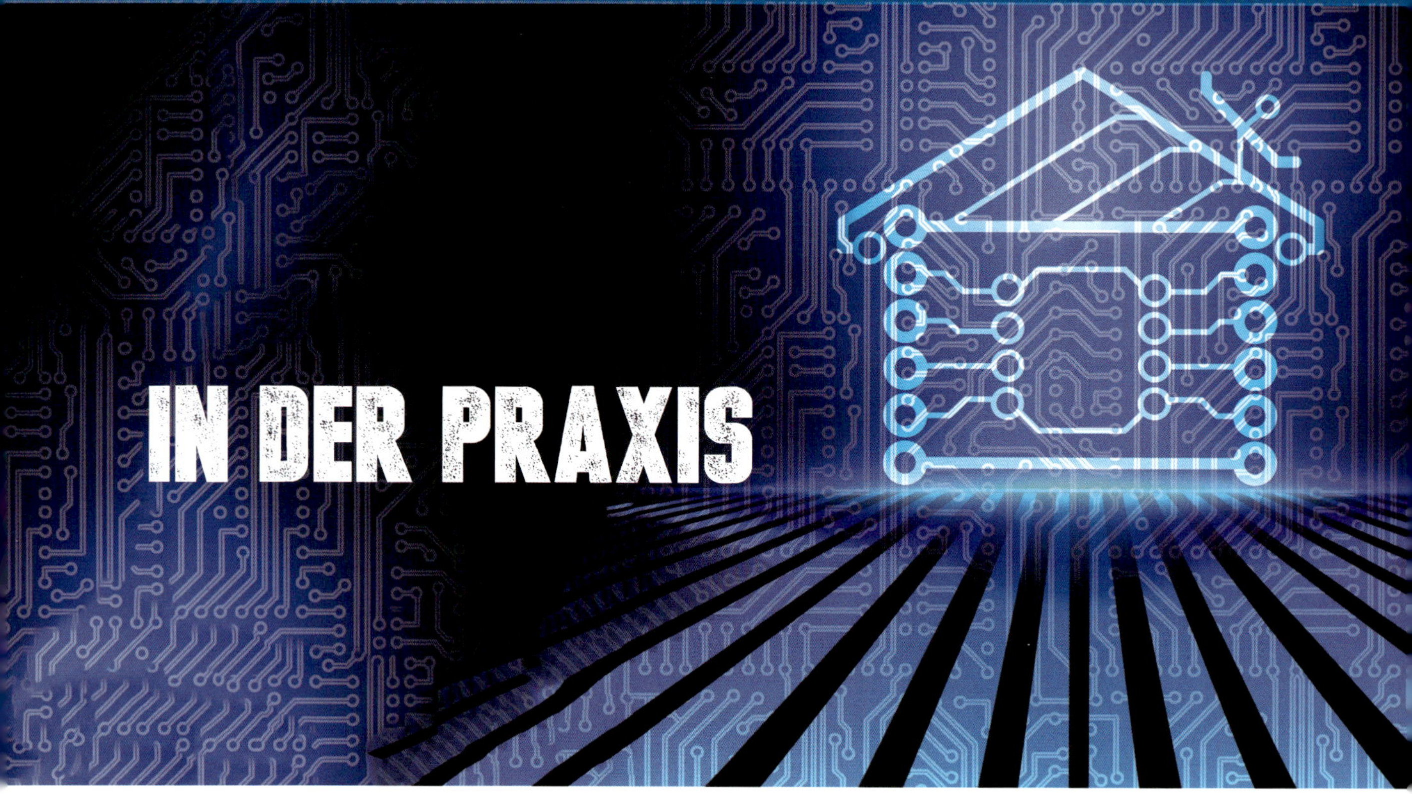

VNC-Server beim Booten automatisch starten

Möchten Sie einen Raspberry Pi ohne Monitor und Tastatur ausschließlich per VNC betreiben, muss der VNC-Server beim Booten, aber nach dem Start der X11-Oberfläche, automatisch mit gestartet werden. Gehen Sie dazu folgendermaßen vor:

1. Legen Sie über `sudo raspi-config` fest, dass der Raspberry Pi beim Booten die grafische Oberfläche startet. Diese Einstellung finden Sie unter **Enable Boot to Desktop... / Desktop Log in as...**.

2. Legen Sie im Dateimanager das Verzeichnis `/home/pi/.config/autostart` an. Das Verzeichnis `.config` ist bereits vorhanden. Es ist aber wie alle Linux-Verzeichnisse, deren Name mit einem Punkt beginnt, nur sichtbar, wenn im Menü des Dateimanagers unter **Ansicht** der Schalter **Verborgene Dateien anzeigen** eingeschaltet ist.

3. Erstellen Sie in diesem Ordner eine Textdatei mit Namen `vncboot.desktop`, die die Einträge zum Start des VNC-Servers enthält. Stellen Sie dabei den Parameter `–geometry` auf einen zur verwendeten Hardware passenden Wert ein.

```
[Desktop Entry]
Encoding=UTF-8
Type=Application
Name=X11VNC
Exec=x11vnc -forever -usepw -geometry 1072x600 -ultrafilexfer
StartupNotify=false
Terminal=false
Hidden=false
```

4 Starten Sie jetzt den Raspberry Pi neu. Dazu muss weder ein Monitor noch eine Tastatur angeschlossen sein. Nach dem Booten können Sie sich per VNC von einem anderen Computer aus anmelden.

VNC mit einem Android-Tablet

Android-Tablets können ebenfalls zur Steuerung eines Raspberry Pi über VNC verwendet werden. Theoretisch lassen sich auch Smartphones nutzen. Hier sind aber die Bildschirme so klein, dass sich ein Linux-Desktop darauf per Toucheingabe ohne echte Maus nicht mehr wirklich nutzen lässt.

1 Installieren Sie auf dem Tablet die kostenlose App **PocketCloud Remote RDP/VNC**.

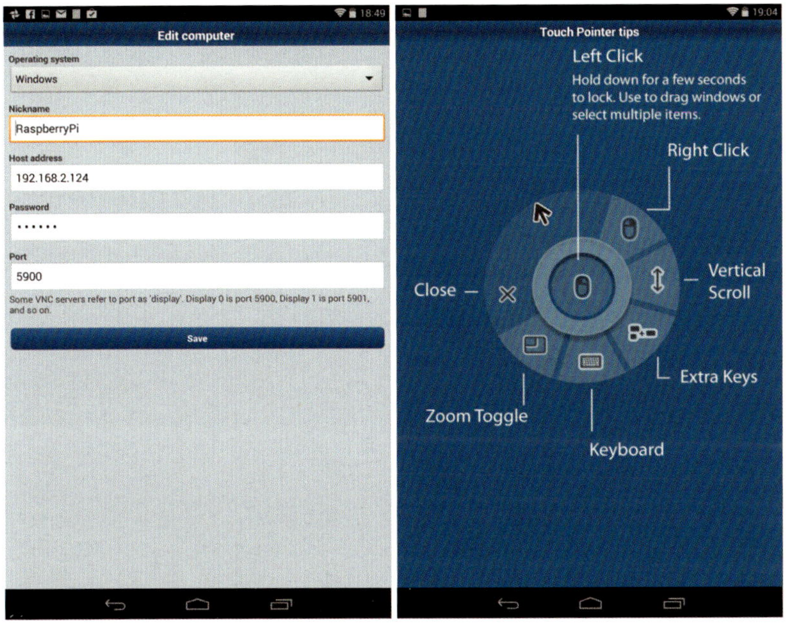

PocketCloud unterstützt neben VNC auch andere Verbindungsarten.

2 Wählen Sie nach der Installation auf dem ersten Bildschirm die Option **Skip Wizard**. Auf den nächsten beiden Bildschirmen wählen Sie nacheinander **Manual connection** und **VNC**.

3 Geben Sie im Feld **New Computer** der Verbindung einen beliebigen Namen. Wichtig sind die IP-Adresse des Raspberry Pi, das Passwort für den VNC-Server sowie Port 5901.

4 Speichern Sie diese Einstellungen mit **Save** und klicken Sie auf dem nächsten Bildschirm auf **Connect**. Jetzt erscheint der LXDE-Desktop des Raspberry Pi auf dem Tablet.

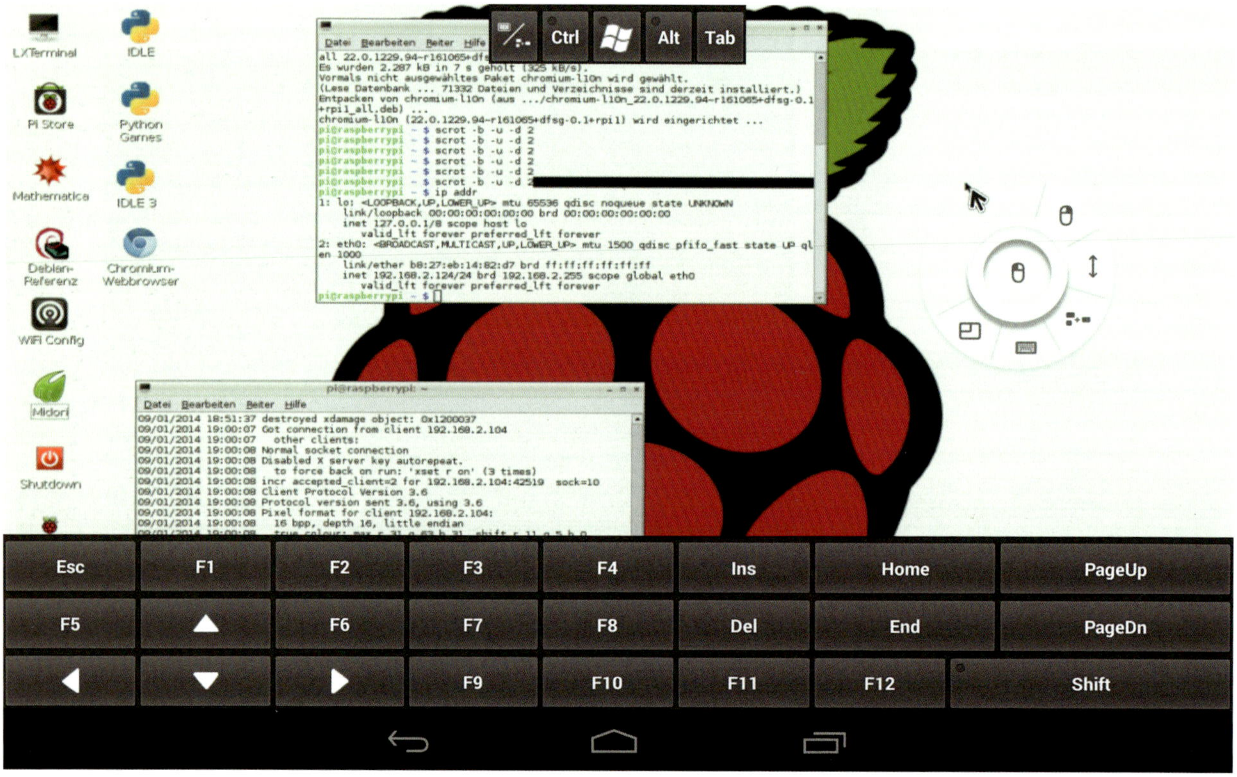

Ein spezieller Mauszeiger und eine Sondertastatur erleichtern die Bedienung auf dem Tablet.

5 Die Touchscreenbedienung eines Tablets ist auf einem Linux- oder Windows-Desktop nicht einfach umzusetzen. Deshalb bietet PocketCloud einen speziellen Mauszeiger, der neben dem einfachen Antippen, was einem Mausklick entspricht, noch weitere Funktionen ermöglicht. Diese erreichen Sie, indem Sie auf eines der Symbole im äußeren Kreis tippen:

- Rechtsklick
- Vertikales Scrollen
- Sondertastatur mit Funktions- und Cursortasten
- Normale Bildschirmtastatur
- Zoom

6 Um die Verbindung später wieder zu trennen, tippen Sie auf die Zurück-Taste von Android in der unteren Symbolleiste.

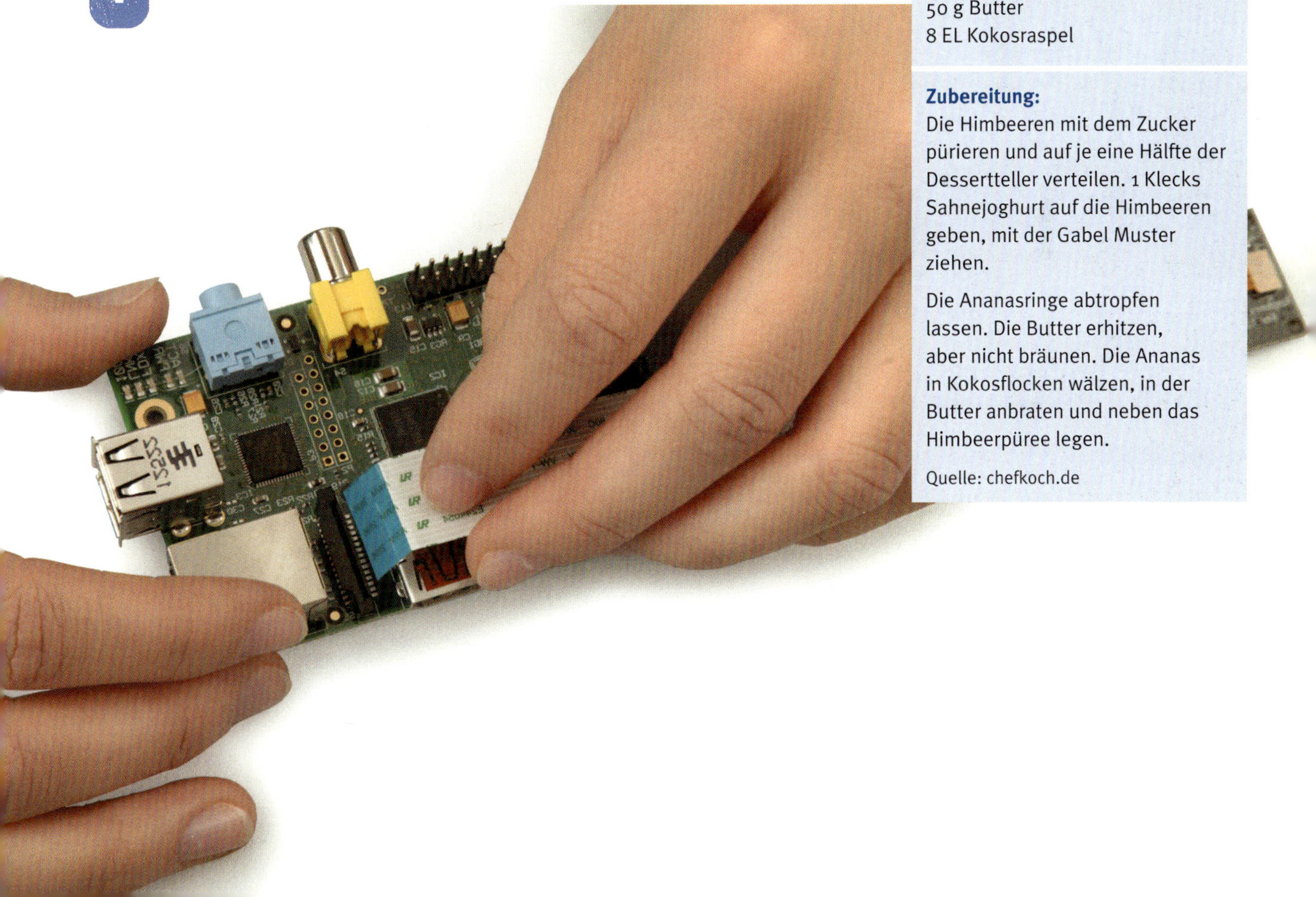

Himbeer-Kokos-Ringe

Zutaten:
150 g Himbeeren
1 Dose Ananas (580 g)
1 EL Zucker
2 EL Sahnejoghurt
50 g Butter
8 EL Kokosraspel

Zubereitung:
Die Himbeeren mit dem Zucker pürieren und auf je eine Hälfte der Dessertteller verteilen. 1 Klecks Sahnejoghurt auf die Himbeeren geben, mit der Gabel Muster ziehen.

Die Ananasringe abtropfen lassen. Die Butter erhitzen, aber nicht bräunen. Die Ananas in Kokosflocken wälzen, in der Butter anbraten und neben das Himbeerpüree legen.

Quelle: chefkoch.de

TANZE SAMBA MIT MIR

Ein Raspberry Pi mit einer angeschlossenen Festplatte oder auch nur einem größeren USB-Stick eignet sich ideal als zentrales Laufwerk, auf dem Nutzer in einem Windows-Netzwerk Daten austauschen können. Mit dem Samba-Server gelingt die Einbindung ins Netzwerk.

Installation

1 Zuerst müssen zwei Pakete installiert werden:

```
sudo apt-get update
sudo apt-get install samba samba-common-bin
```

2 Bei der Installation wird der Samba-Dienst automatisch in **/etc/init.d** eingetragen, damit er in Zukunft beim Start gestartet wird.

3 Legen Sie nach abgeschlossener Installation einen Samba-Benutzer für den Linux-Benutzer **pi** an.

```
sudo smbpasswd -a pi
```

4 Dabei muss ein Passwort festgelegt werden, das später zur Anmeldung auf den Windows-PCs benötigt wird. Hier können Sie das Standardpasswort **raspberry** verwenden, da man es sich leicht merkt, oder aber auch ein neues Passwort vergeben.

5 Jetzt kommt der entscheidende Schritt, in dem Sie das Verzeichnis für die gemeinsam genutzten Daten freigeben. Im Kapitel Festplatte erfahren Sie, wie Sie einen USB-Stick oder eine externe Festplatte am Raspberry Pi anmelden und dem Standardbenutzer **pi** zur Verfügung stellen. Alternativ können Sie auch ein Unterverzeichnis von **/home/pi** auf der Speicherkarte im Netzwerk freigeben.

```
sudo nano /etc/samba/smb.conf
```

20 Minuten / 8 Schritte

SCHWIERIGKEIT

Das braucht es:

VORWISSEN

1 Festplatte, S. 43

KONFIGURATION

Windows-Netzwerk auf Arbeitsgruppen-Basis (kein Windows Domänencontroller nötig)

SSH-Verbindung zum Raspberry Pi

Optional: USB-Stick/Festplatte zur Datenspeicherung 1

SOFTWARE

Samba

WWWCODE Samba-Server

6

Öffnen Sie die Konfigurationsdatei von Samba mit dem nano-Editor und fügen Sie folgenden Textblock am Ende hinzu:

```
[RaspberryPi]
path = /media/usb1
writable = yes
```

- Der Titel in eckigen Klammern, hier `[RaspberryPi]`, gibt den Namen der Freigabe im Windows-Netzwerk an.
- Der Eintrag `path`, hier `/media/usb1`, gibt das freigegebene Verzeichnis auf dem Raspberry Pi an.
- Der Parameter `writable` legt fest, dass Benutzer aus dem Netzwerk Daten auf dem Raspberry Pi schreiben dürfen.

Arbeitsgruppennamen herausfinden

Den Namen der Arbeitsgruppe finden Sie auf einem Windows-PC in der Systemsteuerung unter System. Dieses Fenster können Sie ganz schnell mit der Tastenkombination Win + Pause aufrufen.

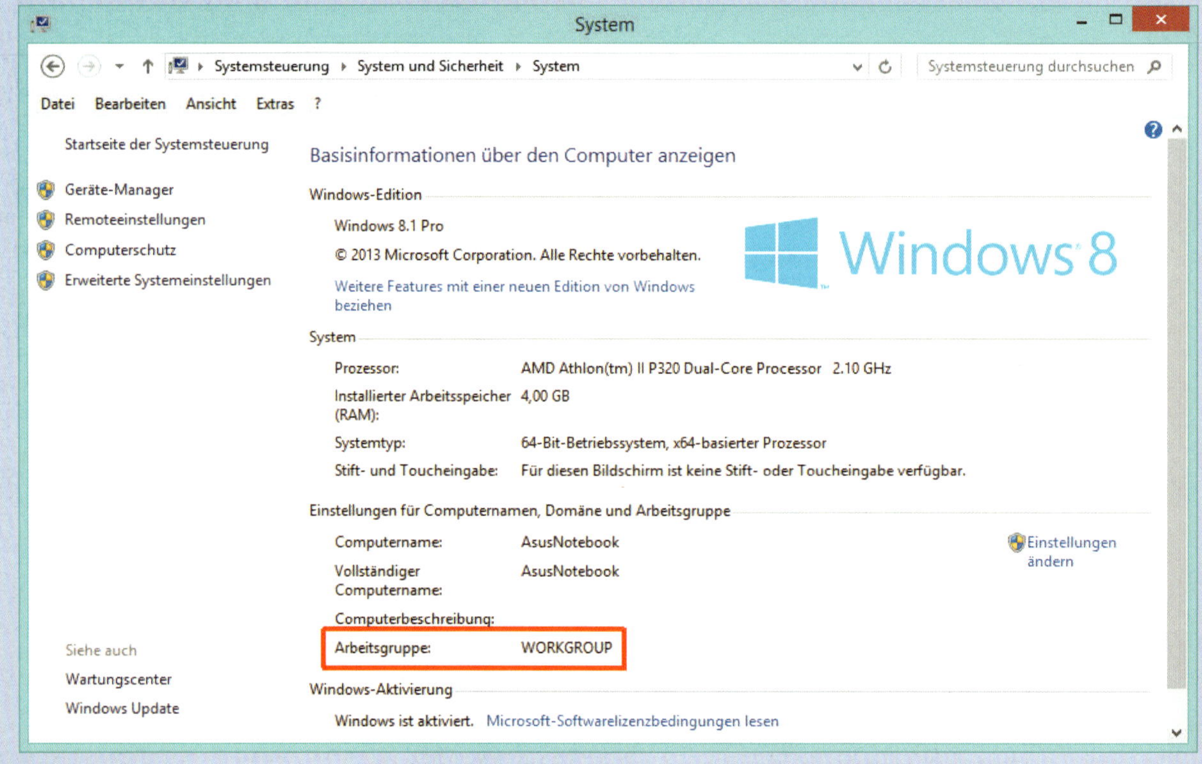

7 Sollten Sie in Ihrem Windows-Netzwerk eine andere Arbeitsgruppe als den Standard **WORKGROUP** verwenden, tragen Sie den Namen Ihrer Arbeitsgruppe in der vorgegebenen Zeile `workgroup =` in der Datei `smb.conf` ein.

8 Starten Sie jetzt den Samba-Server neu, um die geänderte Konfiguration zu übernehmen.

```
sudo /etc/init.d/samba restart
```

Arbeitsgruppe nicht mit Heimnetzgruppe verwechseln!

Windows-Arbeitsgruppen dürfen nicht mit Heimnetzgruppen verwechselt werden. Arbeitsgruppen sind seit Windows 3.11 für Workgroups vorhanden und nutzen das standardisierte SMB-Protokoll. Heimnetzgruppen kamen in Windows 7 neu hinzu und verwenden ein eigenes Protokoll, das von keinem anderen Betriebssystem unterstützt wird.

Samba in Zahlen

Samba wurde erstmals veröffentlicht:

1992

Microsoft-Mitarbeiter beteiligen sich erstmals an der Weiterentwicklung von Samba:

2011

Anzahl der Kernentwickler:

20

IN DER PRAXIS

Von Windows-PCs auf das freigegebene Laufwerk zugreifen

Wenn Sie bereits ein Windows-Netzwerk mit mehreren PCs und freigegebenen Verzeichnissen nutzen, werden Ihnen die folgenden Schritte bekannt vorkommen.

1 Gehen Sie im Explorer auf den Ordner **Netzwerk**. Hier werden alle Freigaben angezeigt, die im Netzwerk gefunden wurden. Im Navigationsbereich des Explorers finden Sie alle Freigaben, geordnet nach Computernamen. In Windows XP hieß der gleiche Bereich noch **Netzwerkumgebung**.

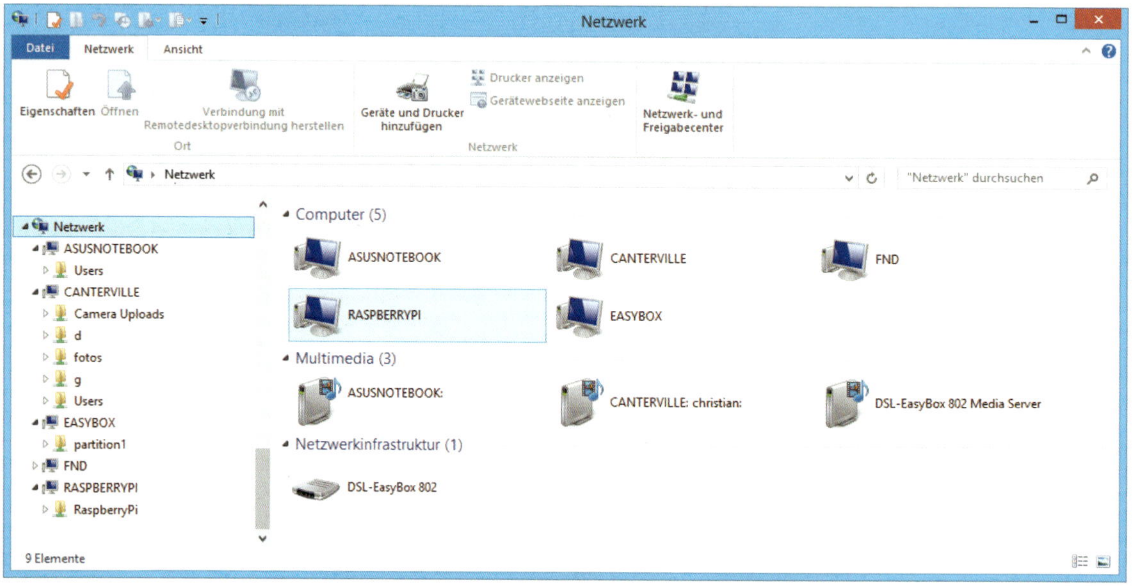

Der Raspberry Pi taucht unter den freigegebenen Laufwerken auf.

2 Falls Sie mit diesem Windows-PC noch nie Netzwerkfreigaben genutzt haben, erscheint je nach Windows-Version im oberen Bereich des Explorer-Fensters eine Leiste, dass Netzwerkerkennung und Dateifreigabe möglicherweise ausgeschaltet sind. Diese müssen Sie nur einschalten, wenn Sie auf dem PC selbst Verzeichnisse freigeben möchten.

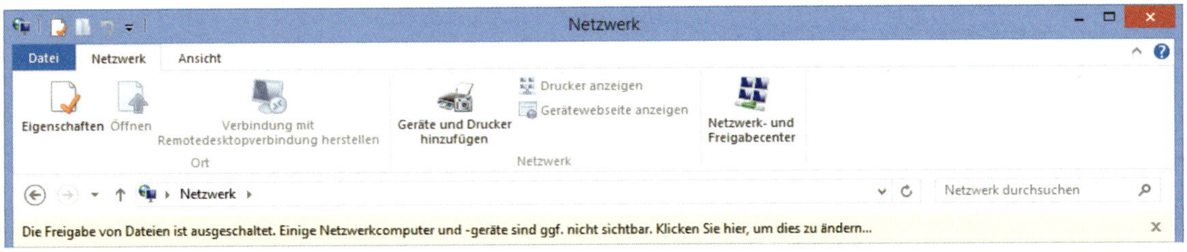

Zum Zugriff auf den Samba-Server ist die Dateifreigabe auf dem Windows-PC nicht nötig.

3 Über den Ordner **Netzwerk** können Sie auf das freigegebene Verzeichnis auf dem Samba-Server genauso zugreifen wie auf lokale Ordner. Um sich die mühsame Navigation durch die verzweigten Äste zu ersparen, weisen Sie dem Samba-Server einen Laufwerkbuchstaben zu.

4 Klicken Sie im Explorer mit der rechten Maustaste auf die Netzwerkfreigabe und wählen Sie im Kontextmenü **Netzlaufwerk verbinden**. Die Freigabe mit Namen **RaspberryPi** finden Sie nach einem Doppelklick auf den Computer **RASPBERRYPI** im Bereich **Netzwerk**.

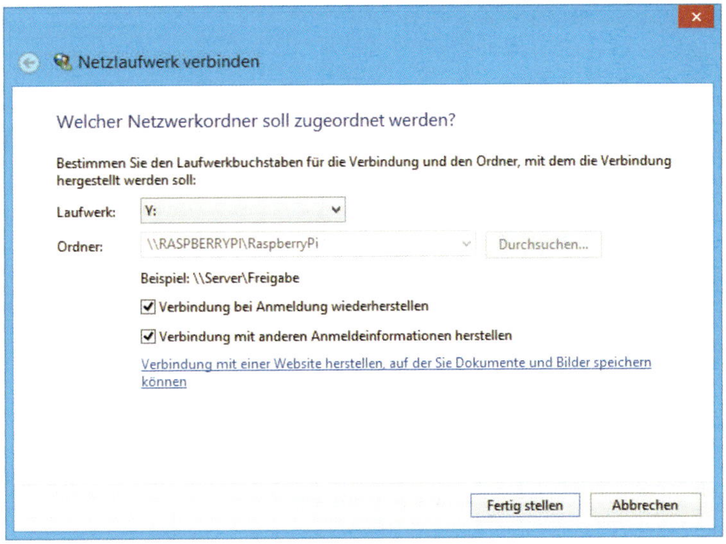

Laufwerkbuchstaben für das Netzlaufwerk festlegen.

5 Im Dialogfeld **Netzlaufwerk verbinden** wählen Sie einen Laufwerkbuchstaben, unter dem das Samba-Serververzeichnis erscheinen soll. Die Auswahlliste zeigt nur die Laufwerkbuchstaben, die noch nicht mit vorhandenen Laufwerken belegt sind.

6 Aktivieren Sie das Kontrollkästchen **Verbindung bei Anmeldung wiederherstellen**, damit der Laufwerkbuchstabe automatisch beim nächsten Windows-Start auch wieder zugewiesen wird.

7

Da Ihr Windows-Benutzername auf dem Samba-Server nicht existiert, melden Sie sich dort mit einem anderen Namen an, um Zugriff auf das freigegebene Laufwerk zu bekommen. Schalten Sie das Kontrollkästchen **Verbindung mit anderen Anmeldeinformationen herstellen** ein und geben Sie nach einem Klick auf **Fertig stellen** den Benutzernamen `pi` und das in der Samba-Konfiguration festgelegte Passwort ein. Wenn Sie hier die Anmeldedaten speichern, brauchen Sie sie nicht bei jeder Netzwerkverbindung neu einzugeben.

8

Das Samba-Netzlaufwerk wird im Explorer unter **Computer** bei den Laufwerken angezeigt. Hier können Sie es wie ein lokales Laufwerk nutzen.

Den Benutzernamen für die Netzwerkanmeldung auf dem Samba-Server angeben

Netzlaufwerk wieder trennen

Möchten Sie ein solches Netzlaufwerk nicht mehr ständig anzeigen, weil Sie zum Beispiel den Laufwerkbuchstaben für ein anderes Laufwerk brauchen oder weil der Samba-Server im Netzwerk nicht mehr zur Verfügung steht, klicken Sie mit der rechten Maustaste darauf und wählen im Kontextmenü **Trennen**. Die gleiche Funktion finden Sie auch im Menüband mit einem Klick auf den kleinen Pfeil unter dem Symbol **Netzlaufwerk verbinden**.

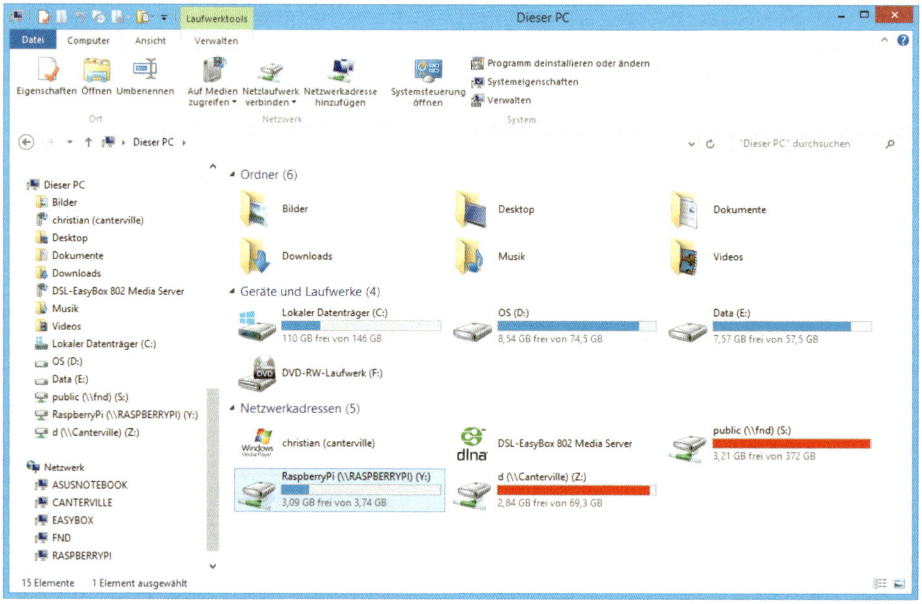

Das Netzlaufwerk in der Anzeige Computer im Explorer

Statusanzeige auf dem Samba-Server

Das webbasierte Tool swat zeigt den aktuellen Status des Samba-Servers auf einem beliebigen Computer innerhalb des lokalen Netzwerks an.

1 Installieren Sie als Erstes das Paket swat.

```
sudo apt-get update
sudo apt-get install swat
```

2 Gehen Sie dann mit dem Browser auf einem der PCs im lokalen Netzwerk auf die Seite `192.168.2.124:901`. Ersetzen Sie die hier angegebene IP-Adresse durch die Adresse Ihres Raspberry Pi im Netzwerk.

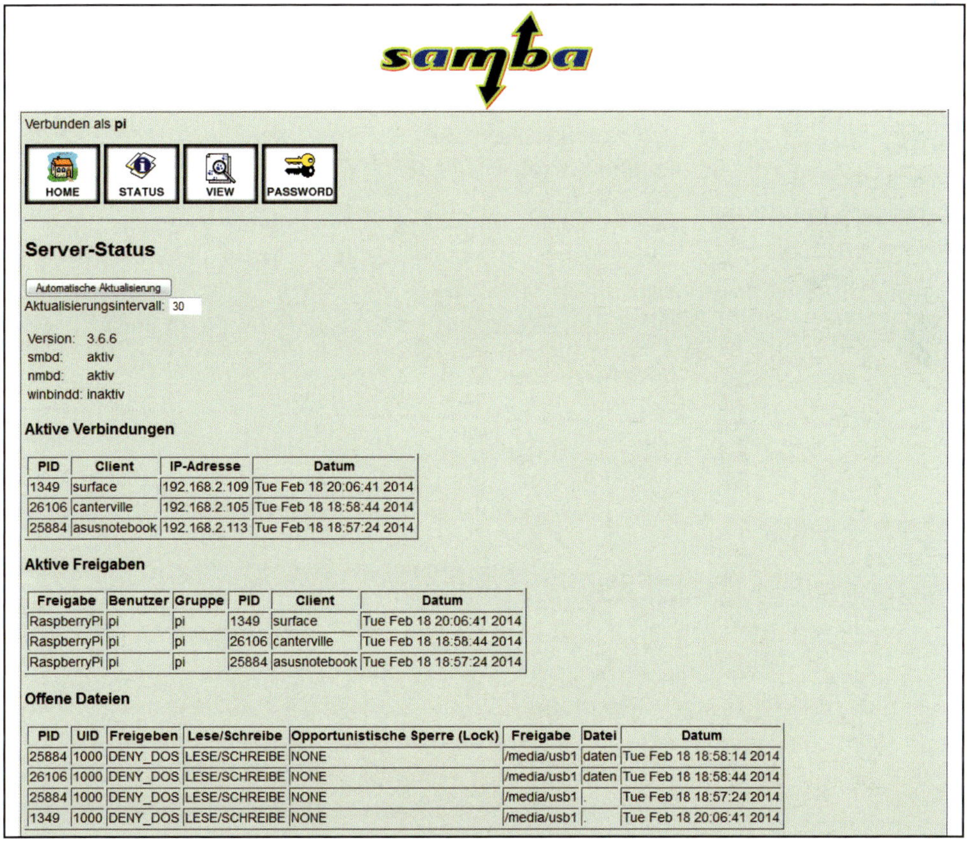

swat zeigt den Status eines Samba-Servers im Browser an.

3

Die Startseite von **swat** liefert Links zu zahlreichen Hilfetexten rund um die Samba-Konfiguration. Interessant sind die Buttons ganz oben.

- **Status** zeigt alle aktiven Verbindungen von Computern im Netzwerk mit dem Samba-Server.
- **View** liefert eine Konfigurationsdatei des Servers. Dabei wird nicht die vorhandene `smb.conf` dargestellt, sondern eine neue Ansicht anhand der aktuell laufenden Einstellungen generiert.
- **Password** bietet die Möglichkeit, das eigene Passwort zum Zugriff auf den Samba-Server zu ändern.

Komfortable Samba-Konfiguration mit Gadmin-Samba

Vorsicht!

Beim ersten Start von Gadmin-Samba erscheint eine Meldung, dass die Konfigurationsdatei unvollständig ist und Gadmin-Samba sie mit Standardvorgaben überschreiben möchte. Lassen Sie dies NICHT zu. Sie kommen sonst nicht mehr auf Ihren Samba-Server.

Die Administration eines Samba-Servers über die Konfigurationsdatei `/etc/samba/smb.conf` ist nicht immer ganz übersichtlich. Wesentlich komfortabler lässt sich der Samba-Server mit der grafischen Oberfläche Gadmin-Samba verwalten.

Gadmin-Samba kann entweder direkt auf dem Raspberry Pi oder über eine VNC-Verbindung gestartet werden. In jedem Fall ist auf dem Raspberry Pi die grafische LXDE-Oberfläche erforderlich. Über X11-Forwarding läuft Gadmin-Samba leider nicht.

1

Installieren Sie als Erstes das Paket Gadmin-Samba.

```
sudo apt-get update
sudo apt-get install gadmin-samba
```

2

Das Tool erscheint nach der Installation automatisch im Menü unter **Systemwerkzeuge** auf dem LXDE-Desktop.

3

Im Bereich **Users** können Sie neue Benutzer für den Samba-Server anlegen und unter **Shares** neue Freigaben. Diese Freigaben lassen sich bei Bedarf sogar auf bestimmte Benutzer oder unter **Machines** auf bestimmte Computer im Netzwerk beschränken. Die Seite **Connections** zeigt alle verbundenen PCs im Netzwerk an.

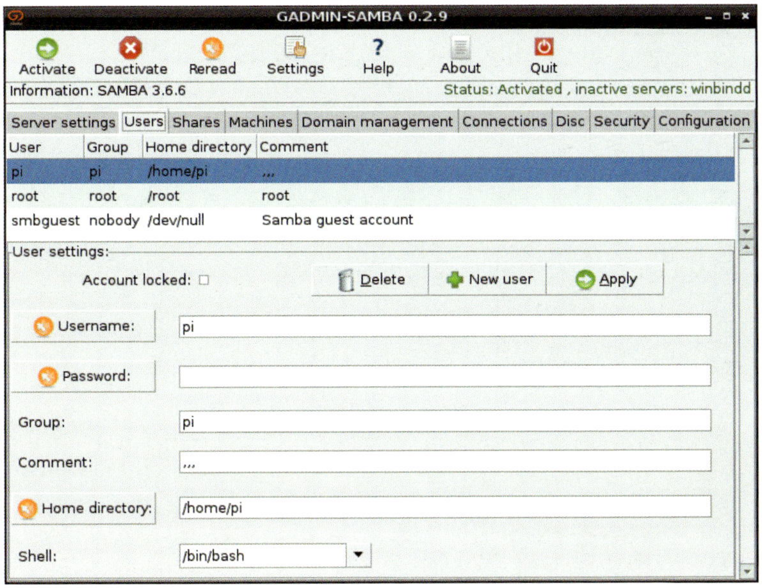

Gadmin-Samba zur übersichtlichen Konfiguration eines Samba-Servers – aber nur mit LXDE-Oberfläche

Zutaten:
100 g Himbeeren
150 g fettarmer Joghurt
1/2 TL Vanillezucker

Zubereitung:
Himbeeren waschen und putzen. Die Hälfte der Himbeeren mit Joghurt im Mixer fein pürieren, mit Vanillezucker abschmecken und in ein Glas füllen. Die restlichen Himbeeren leicht zerdrücken und unter den Joghurt ziehen.

Quelle: chefkoch.de

LEICHT-GEWICHT

Statische HTML-Dateien kann man einfach auf dem PC entwickeln und testen, für interaktive Seiten, Fotogalerien, Blogs oder Content Management Systeme benötigt man einen Webserver, den nicht jeder unbedingt zu Hause hat. Der Pi erledigt das sogar geräuschlos und stromsparend.

Installation

1 Legen Sie als Erstes ein Basisverzeichnis für den Webserver an, in dem sich später die Dateien der eigenen Webseite befinden. Fast alle Webserver verwenden hierfür das Verzeichnis `/var/www`. Möglicherweise ist dies von einer früheren Softwareinstallation auf Ihrem Raspberry Pi bereits vorhanden, sonst legen Sie es neu an.

```
sudo mkdir /var/www
```

2 Als Nächstes brauchen die meisten Webserver einen speziellen Benutzer **`www-data`**, der in einer eigenen gleichnamigen Benutzergruppe enthalten ist. Dieser Benutzer ist in aktuellen Raspbian-Versionen bereits vorhanden. Falls Sie eine Linux-Version verwenden, die den Benutzer **`www-data`** noch nicht vordefiniert hat, legen Sie zunächst die Gruppe an.

```
sudo addgroup www-data
```

3 Jetzt legen Sie noch einen Benutzer **`www-data`** an, der von Anfang an Mitglied dieser Gruppe sein soll. Sollten Benutzer und Gruppe bereits vorhanden sein, zeigen die Befehle eine entsprechende Meldung an.

```
sudo adduser --ingroup www-data www-data
```

4 Als nächstes machen Sie den neuen Benutzer zum Eigentümer des Verzeichnisses `/var/www`.

```
sudo chown -R www-data:www-data /var/www
```

5 Jetzt geht es an die eigentliche Installation des Webservers und der dazu passenden php-Erweiterung.

```
sudo apt-get update
sudo apt-get install lighttpd php5-cgi
```

20 Minuten / 9 Schritte

SCHWIERIGKEIT

Das braucht es

VORWISSEN

1 Routerkonfiguration, S. 25

2 IP-Adressen, S. 20

3 Festplatte, S. 43

KONFIGURATION

Portweiterleitungen 1

HTTP 80

SSH-Verbindung zum Raspberry Pi

Feste oder dynamische IP-Adresse im Internet 2

USB-Stick/Festplatte zur Datenspeicherung 3

SOFTWARE

Lighttpd, **www.lighttpd.net**

WWWCODE Webserver

6 Ein Update der Paketlisten sollte man vor einer Installation immer durchführen, wenn man länger nichts installiert hat. Die Installation kann einige Minuten dauern, der Webserver belegt etwa 17 MB. Am Ende wird der Webserver **lighttpd** automatisch gestartet. Sollte dies nicht funktionieren, weil bereits ein anderer Webserver auf dem Raspberry Pi läuft, wird eine Fehlermeldung ausgegeben. Eventuell auftauchende Warnungen können Sie ignorieren. Bei der Installation wird automatisch ein Startskript angelegt, das den Webserver beim Start des Raspberry Pi jedes Mal mit startet.

7 Der Webserver steht sogleich auch im lokalen Netzwerk zur Verfügung. Wenn Sie auf einem PC die IP-Adresse des Raspberry Pi im Browser eingeben, z. B. **`http://192.168.2.124`**, erscheint die Startseite des Webservers.

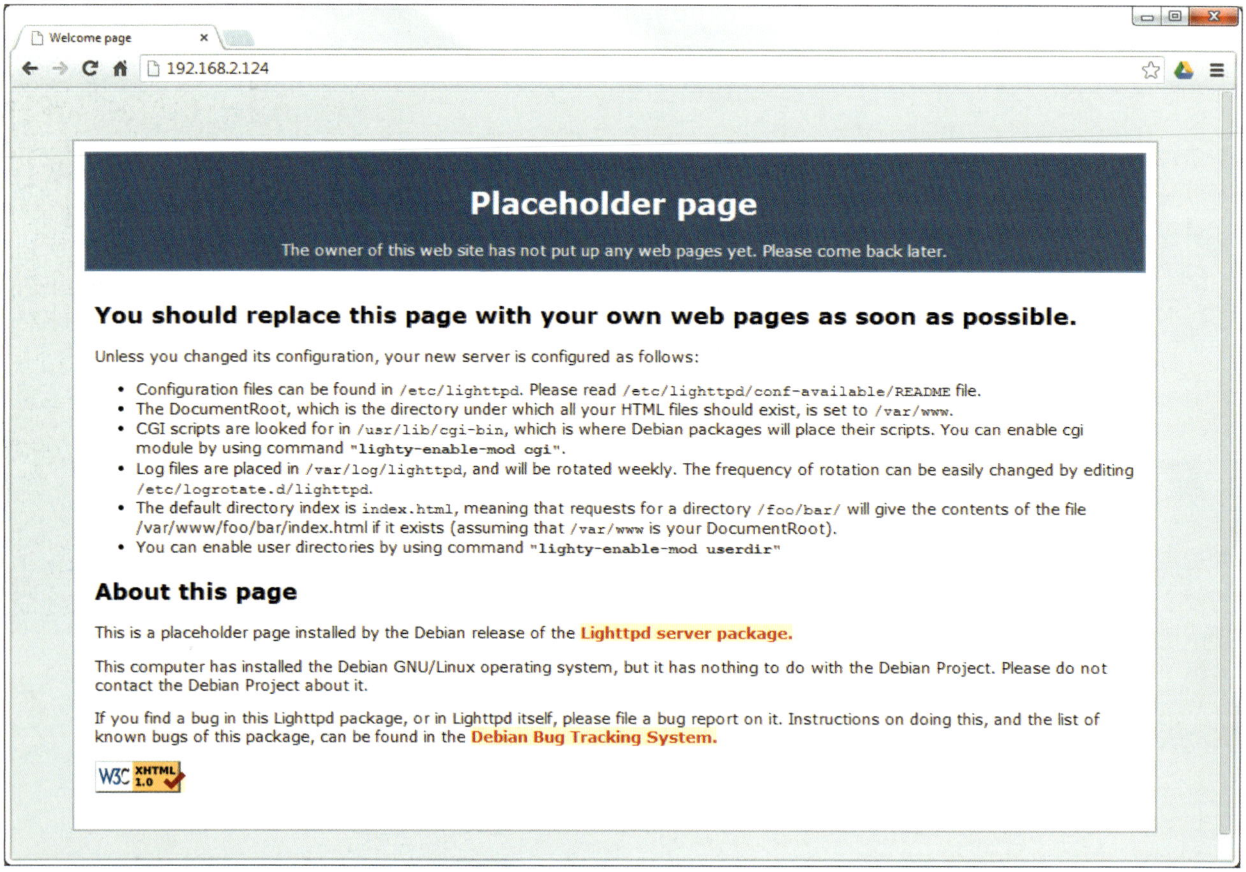

Die Startseite des Webservers zeigt ein paar Konfigurationstipps.

8 Um PHP-Seiten wie z. B. eine Fotogalerie oder ein CMS auf dem Webserver zu nutzen, muss das fastcgi-Modul aktiviert werden.

```
sudo lighty-enable-mod fastcgi
sudo lighty-enable-mod fastcgi-php
```

9 Laden Sie danach, wie angegeben, die veränderte Webserver-Konfiguration neu.

```
sudo /etc/init.d/lighttpd force-reload
```

In Zukunft startet der Webserver bei jedem Start des Raspberry Pi automatisch. Sie brauchen sich um nichts weiter zu kümmern.

Webserver in Zahlen

Weltweiter Marktanteil von Apache im Mai 2014

37,56 %

Anzahl der Webseiten im Jahr 1999

3.177.453

Anzahl der Webseiten im Jahr 2013

672.985.183

Anzahl der mit lighttpd betriebenen Webseiten (April 2007):

1.380.000

USB-Stick oder Festplatte für Webserver nutzen

Der Speicherplatz auf der Speicherkarte des Raspberry Pi ist begrenzt. Wesentlich mehr Platz erhalten Sie, wenn Sie eine externe Festplatte oder einen USB-Stick für den Webserver zur Verfügung stellen. Im folgenden Beispiel gehen wir davon aus, dass ein USB-Stick unter `/media/usb1` gemountet ist.

1 Verschieben Sie das `www`-Verzeichnis des Webservers auf den USB-Stick.

```
sudo mv /var/www /media/usb1
```

2 Legen Sie jetzt eine symbolische Verknüpfung für das Verzeichnis auf dem USB-Stick an.

```
sudo ln -s /media/usb1/www /var/www
```

Der Webserver greift jetzt auf den USB-Stick zu, als wenn es sich um das Standardverzeichnis `/var/www` auf der Speicherkarte handeln würde.

Parameter für besondere Aufgaben

Für besondere Anwendungsfälle kann **lighttpd** mit zusätzlichen Parametern gestartet werden.

Parameter	Funktion
`-f <Dateiname>`	Dateiname der Konfigurationsdatei. Standard: `/etc/lighttpd/lighttpd.conf`
`-m <Verzeichnis>`	Modulverzeichnis: Standard: `/usr/lib/lighttpd`
`-p`	Konfigurationsdatei im internen Format anzeigen
`-t`	Konfigurationsdatei testen
`-D`	Webserver läuft nicht im Hintergrund
`-v`	Versionsnummer anzeigen
`-V`	Besondere Funktionen zeigen, die in der aktuellen Version mit kompiliert sind
`-h`	Kurze Hilfe anzeigen

Statusanzeige für Webserver

Das im PDF statusanzeige.pdf beschriebene Programm zeigt mit ein paar Erweiterungen die freie Kapazität der Speicherkarte und des Webserververzeichnisses. Liegt dieses physikalisch auf einem externen Speichermedium, wird der Pfad ebenfalls angezeigt.

Das Programm `serverstatus-www.py` ähnelt dem ab Seite 54 beschriebenen Programm zur Anzeige der Speicherkapazität von USB-Sticks, enthält aber noch einige zusätzliche Zeilen, um das Verzeichnis des Webservers aus einer symbolischen Verknüpfung zu ermitteln und anzuzeigen.

Statusanzeige des Webservers mit angeschlossenem USB-Stick auf einem LC-Display

```
try:
  while True:
    s = os.statvfs('/')
    v1 = subprocess.check_output(["ls","-l","/var"]).split()
    if v1[v1.index('www')-8][0] == "l":
      v2 = v1[v1.index('www')+2]
    else:
      v2 = "/var/www"
    hd1 = os.statvfs(v2)
    zeile1 = time.asctime()[0:16]
    zeile2 = "IP:" + subprocess.check_output(["hostname","-I"])[:-2]
    zeile3 = "SD:" + str(s.f_bsize * s.f_bavail / 1048576).rjust
(4," ") + "MB "
    zeile3 += "www:" + str(hd1.f_bsize * hd1.f_bavail / 1048576).
rjust(4," ") + "MB"
    zeile4 = v2
    lcd_anzeige()
```

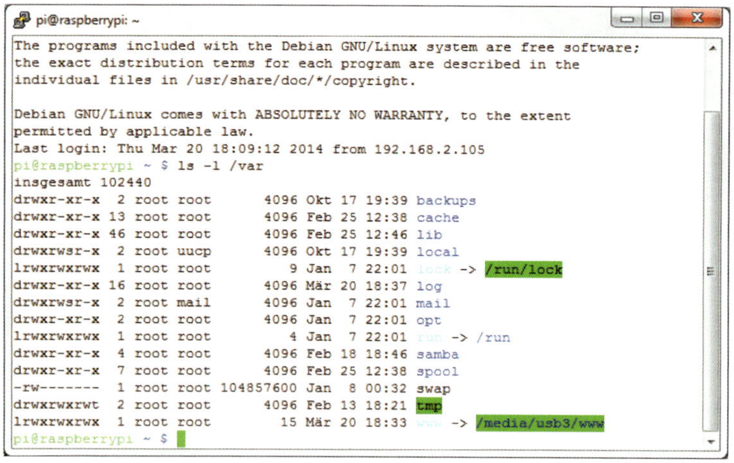

Die Ausgabe des Linux-Befehls ls -l /var

Innerhalb der Endlosschleife des Programms tauchen neue Elemente auf.

```
s = os.statvfs('/')
```

Die Funktion **os.statvfs()** schreibt den aktuellen Zustand des Dateisystems in die Variable **s**. Daraus wird später die freie Kapazität der Speicherkarte ermittelt.

```
v1 = subprocess.check_
output(["ls","-l","/var"]).split()
```

Diese Zeile schreibt eine Liste aller Dateien und Verzeichnisse unterhalb des Verzeichnisses **/var** in die Variable **v1**. Dazu wird der Linux-Befehl **ls -l** verwendet.

Die Ausgabe dieses Befehls wird in eine Zeichenkette geschrieben und über die **split()**-Methode in eine Liste einzelner Elemente zerlegt.

```
['insgesamt', '102440', 'drwxr-xr-x', '2', 'root', 'root',
'4096', 'Okt', '17', '19:39', 'backups', 'drwxr-xr-x', '13',
'root', 'root', '4096', 'Feb', '25', '12:38', 'cache',
'drwxr-xr-x', '46', 'root', 'root', '4096', 'Feb', '25',
'12:46', 'lib', 'drwxrwsr-x', '2', 'root', 'uucp', '4096',
'Okt', '17', '19:39', 'local', 'lrwxrwxrwx', '1', 'root',
'root', '9', 'Jan', '7', '22:01', 'lock', '->', '/run/
lock', 'drwxr-xr-x', '16', 'root', 'root', '4096', 'M\xc3\
xa4r', '20', '18:37', 'log', 'drwxrwsr-x', '2', 'root',
'mail', '4096', 'Jan', '7', '22:01', 'mail', 'drwxr-xr-x',
'2', 'root', 'root', '4096', 'Jan', '7', '22:01', 'opt',
'lrwxrwxrwx', '1', 'root', 'root', '4', 'Jan', '7', '22:01',
'run', '->', '/run', 'drwxr-xr-x', '4', 'root', 'root',
'4096', 'Feb', '18', '18:46', 'samba', 'drwxr-xr-x', '7',
'root', 'root', '4096', 'Feb', '25', '12:38', 'spool',
'-rw-------', '1', 'root', 'root', '104857600', 'Jan', '8',
'00:32', 'swap', 'drwxrwxrwt', '2', 'root', 'root', '4096',
'Feb', '13', '18:21', 'tmp', 'lrwxrwxrwx', '1', 'root',
'root', '15', 'M\xc3\xa4r', '20', '18:33', 'www', '->', '/
media/usb3/www']
```

In dieser Liste sind die Namen der Dateien und Unterverzeichnisse zu erkennen, bei symbolischen Verknüpfungen sieht man auch das Verknüpfungsziel wie im Beispiel `/media/usb3/www`.

```
    if v1[v1.index('www')-8][0] == "l":
```

Die `index()`-Methode sucht in dieser Liste ein Element `'www'`. Die if-Abfrage prüft, ob das erste Zeichen des Listenelements acht Elemente weiter vorn in der Liste ein `l` ist. In diesem Fall handelt es sich bei `www` um eine symbolische Verknüpfung.

```
      v2 = v1[v1.index('www')+2]
```

Ist dies der Fall, steht der Pfad des verknüpften Verzeichnisses zwei Elemente weiter hinten in der Liste und wird in der Variablen `v2` als Zeichenkette abgelegt.

```
    else:
      v2 = "/var/www"
```

Handelt es sich bei `www` nicht um eine Verknüpfung, sondern um ein wirkliches Verzeichnis, wird die Zeichenkette `"/var/www"` in der Variablen `v2` abgelegt.

Danach wird die Anzeige ähnlich wie in den anderen Programmen zusammengesetzt:

```
    zeile1 = time.asctime()[0:16]
    zeile2 = "IP:" + subprocess.check_output(["hostname","-I"])[:-2]
    zeile3 = "SD:" + str(s.f_bsize * s.f_bavail / 1048576).rjust
(4," ") + "MB "
    zeile3 += "www:" + str(hd1.f_bsize * hd1.f_bavail / 1048576).
rjust(4," ") + "MB"
    zeile4 = v2
```

`zeile1` zeigt die aktuelle Uhrzeit und das Datum, `zeile2` die IP-Adresse. In `zeile3` wird der freie Speicherplatz auf der Speicherkarte und im Verzeichnis `/var/www` ermittelt. Liegt dieses nicht auf einem externen Speichermedium, sind beide Werte gleich. `zeile4` zeigt den Verzeichnispfad, der in der Variablen `v2` gespeichert ist.

Hannahs Apfel-Himbeer-Grütze

Zutaten:
500 g Himbeeren
2 kg Äpfel
700 ml naturtrüber Apfelsaft
100 g Zucker
2 Pck. Puddingpulver Vanille

Zubereitung:
Äpfel schälen und klein schneiden. Mit Apfelsaft und Zucker aufkochen und ein bisschen kochen lassen. Puddingpulver mit etwas Wasser anrühren und in die Äpfel einrühren. Einmal kurz aufkochen lassen. Die gefrorenen Himbeeren untermischen. Durch die gefrorenen Beeren kühlt die Grütze schnell und die Beeren zerfallen nicht.

Kalt stellen, bis die Grütze fest geworden ist.

Quelle: chefkoch.de

DIA-ABEND MIT HIMBEEREN

Online-Fotogalerien im Internet gibt es viele, wie zum Beispiel Flickr oder Picasa. Mit einem Raspberry Pi und der Software Photoshow bauen Sie so etwas zu Hause selbst. Dabei gibt es keinerlei Einschränkungen in Bezug auf die Datenmenge der Bilder, keine Werbung und Sie können selbst bestimmen, wer die Fotos sehen oder selbst Fotos hochladen darf.

Installation

1 Die Installation ist in wenigen Schritten erledigt. Laden Sie sich die Programmdateien aus dem Github des Entwicklers herunter.

```
git clone git://github.com/thibaud-rohmer/
PhotoShow.git
```

2 Verschieben Sie anschließend das neu angelegte Verzeichnis einschließlich aller Unterverzeichnisse in das Verzeichnis des Webservers.

```
sudo mv ./PhotoShow-master /var/www/photoshow
```

3 Weisen Sie das **photoshow**-Verzeichnis einschließlich aller Dateien und Unterverzeichnisse dem Benutzer **www-data** als Eigentümer zu, damit der Webserver vollen Zugriff darauf hat.

```
sudo chown -R www-data:www-data /var/www/photoshow
```

4 Legen Sie im Home-Verzeichnis **/home/pi** zwei neue Unterverzeichnisse **photos** und **generated** an.

```
mkdir ./photos
mkdir ./generated
```

5 Diese müssen außer für den Benutzer **pi** auch für den Benutzer **www-data** lesbar und schreibbar sein. Geben Sie dazu dem Benutzer **www-data** das Eigentum an beiden Verzeichnissen.

```
sudo chown -R www-data:www-data ./photos
sudo chown -R www-data:www-data ./generated
```

20 Minuten / 9 Schritte

SCHWIERIGKEIT

Das braucht es

VORWISSEN

1 Routerkonfiguration, S. 25

2 IP-Adressen, S. 20

3 Festplatte, S. 43

4 Webserver, S. 88

KONFIGURATION

Portweiterleitungen 1

HTTP 80

SSH-Verbindung zum Raspberry Pi

Feste oder dynamische IP-Adresse im Internet 2

Webserver (z. B.: lighttpd): keine Datenbank nötig 4

Optional: USB-Stick/Festplatte zur Datenspeicherung 3

SOFTWARE

PhotoShow, **www.photoshow-gallery.com**

WWWCODE Fotoserver

6 Geben Sie dann der gesamten Gruppe des Eigentümers volle Zugriffsrechte auf die Verzeichnisse.

```
sudo chmod -R 775 ./photos
sudo chmod -R 775 ./generated
```

7 Nehmen Sie den Benutzer **pi** in die Gruppe **www-data** auf, damit nicht nur der Webserver, sondern auch Sie selbst Fotos in die Verzeichnisse kopieren können.

```
sudo adduser pi www-data
```

8 Tragen Sie mit dem nano-Editor die beiden Verzeichnisse in die Konfiguration von PhotoShow ein.

```
sudo nano /var/www/photoshow/config.php
```

9 Ändern Sie wie in der Abbildung die vorgegebenen Zeilen für **photos_dir** und **ps_generated**.

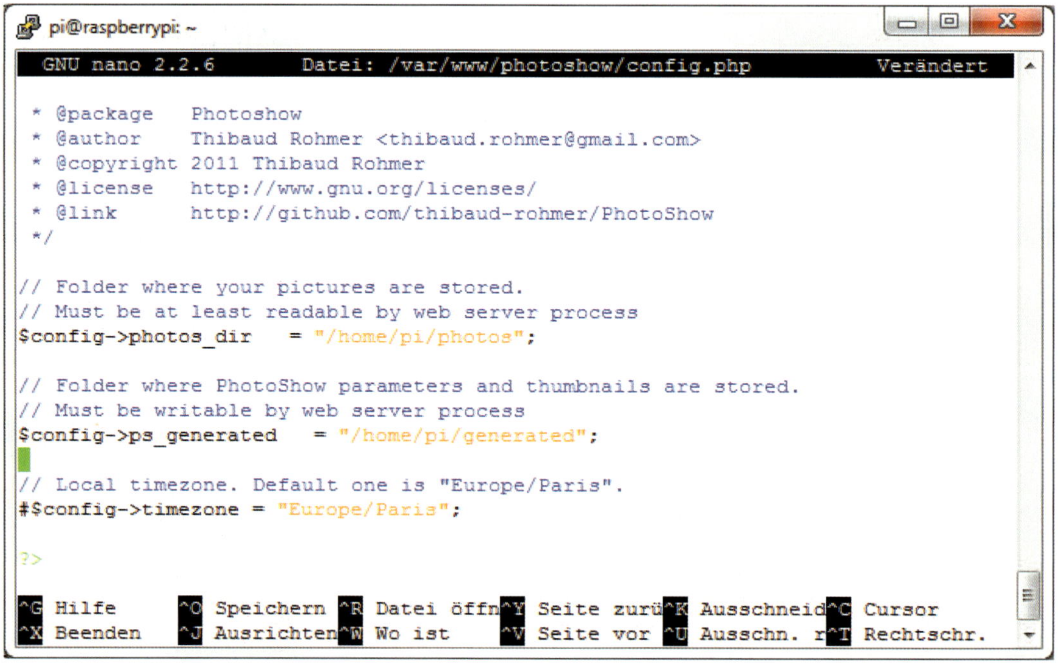

Die Verzeichnisse photos und generated müssen in der Konfigurationsdatei eingetragen werden.

Universitätsbibliothek Techn. Univ. Berlin
UB / TU Berlin ausgesondert am
25.11.25

Fotoserver in Zahlen

Auf Flickr hochgeladene Fotos pro Minute:

5.000

Anzahl verkaufter Digitalkameras 2013:

6,1 MILLIONEN

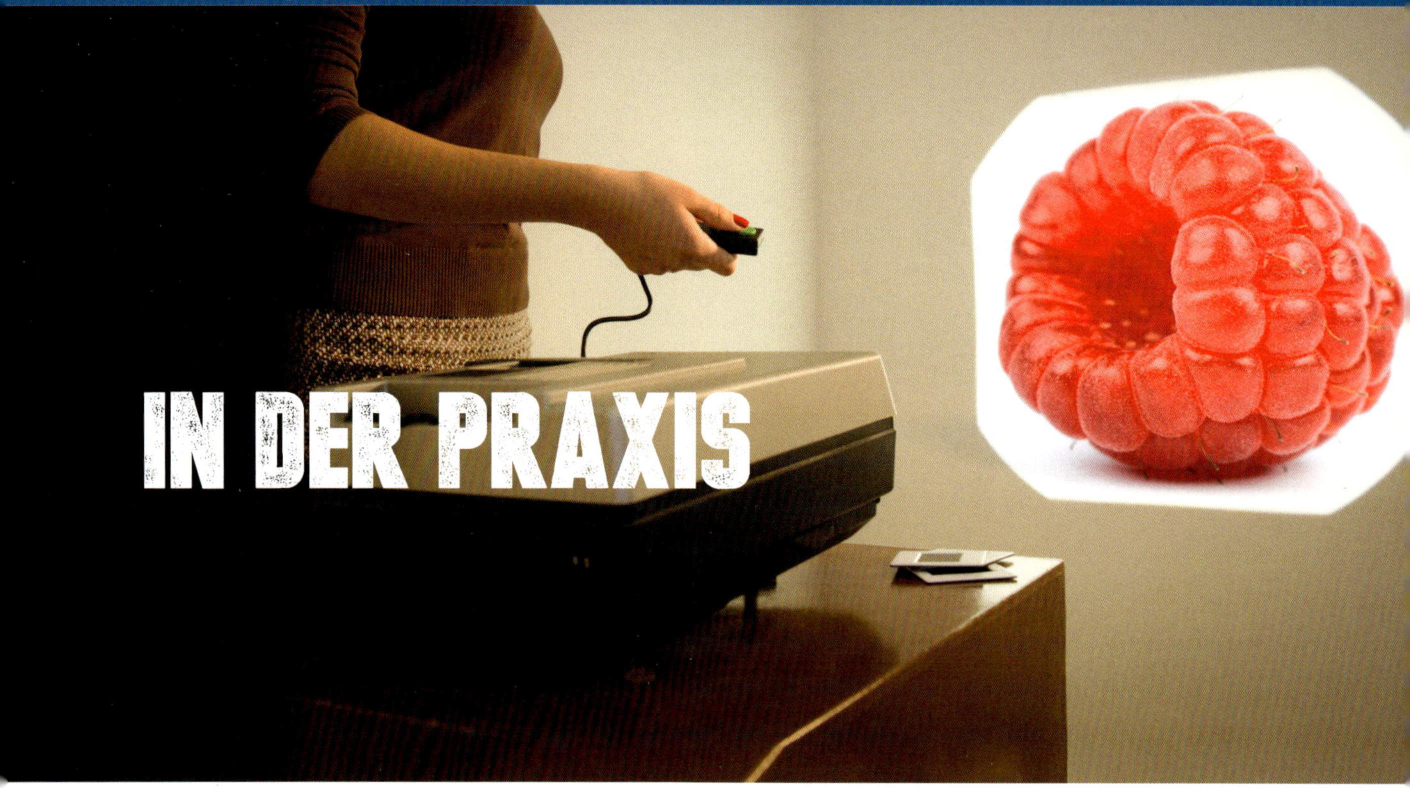

Der erste Start von PhotoShow

Jetzt können Sie die PhotoShow direkt im Browser aufrufen, indem Sie die IP-Adresse des Raspberry Pi im lokalen Netzwerk angeben.

Beim ersten Start erscheint ein Formular, in dem Sie das Hauptbenutzerkonto anlegen müssen. PhotoShow verwendet eine eigene, von Linux unabhängige Benutzerverwaltung. Hier können Sie später verschiedene Benutzer anlegen und ihnen Rechte zum Hochladen von Bildern geben. Besucher der Fotogalerie können sich auch selbst Benutzerkonten einrichten.

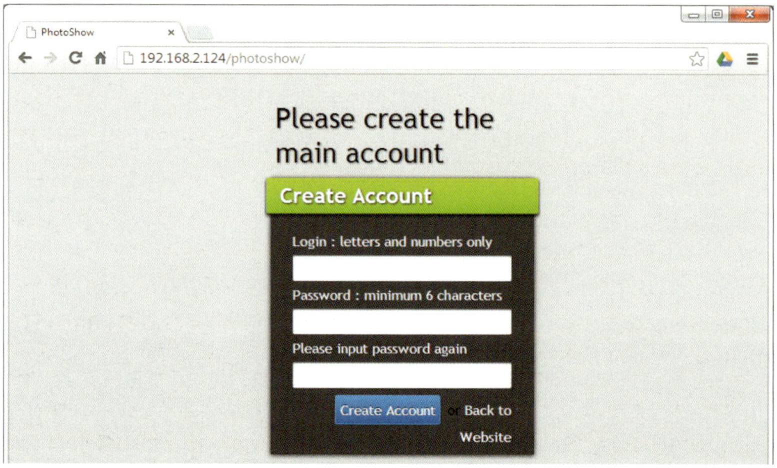

Legen Sie einen ersten Benutzer für PhotoShow an.

Nach der Anmeldung können Sie direkt damit beginnen, Alben anzulegen und Fotos hochzuladen. Nehmen Sie sich jedoch vorher die Zeit und klicken Sie einmal oben rechts auf **ADMIN**. Hier finden Sie diverse Konfigurationsmöglichkeiten sowie die Benutzerverwaltung. Schalten Sie in den globalen Einstellungen die Oberfläche auf Deutsch um.

Links im Menü kommen Sie zurück zur Webseite.

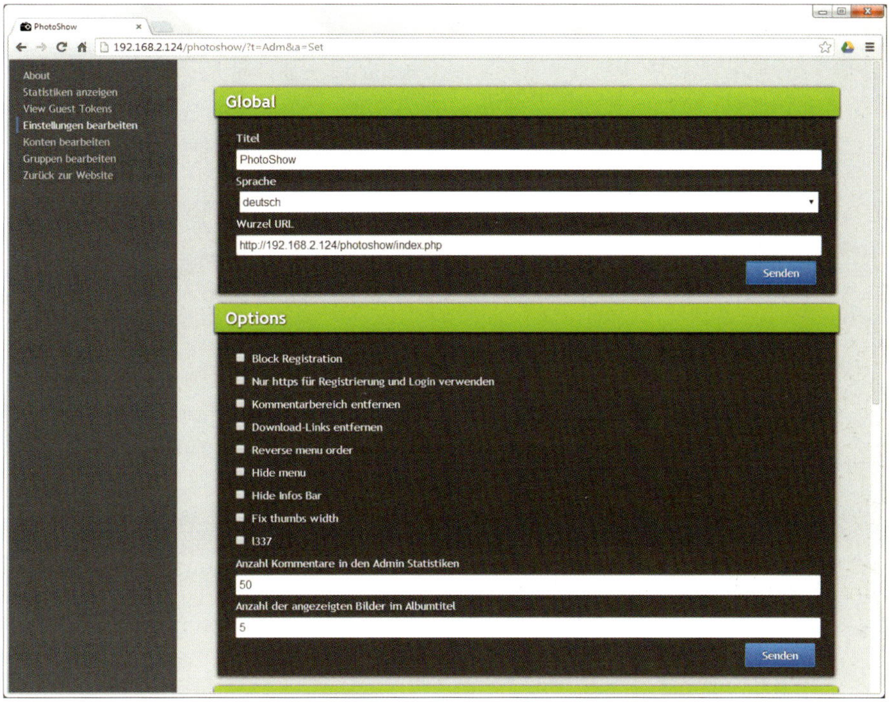

Hier stellen Sie die Sprache auf Deutsch. In der englischen Oberfläche heißt der Menüpunkt **Edit. Settings**.

Fotos hochladen und betrachten

Als angemeldeter Benutzer haben Sie jetzt die Möglichkeit, Ordner und Unterordner für Fotos anzulegen sowie Bilder hochzuladen. Um Bilder in die Galerie hochzuladen, legen Sie ein Album an, wechseln in das gewünschte Album und klicken dort auf **Bilder uploaden**. Alternativ können Sie Bilder aus dem Dateimanager auf dem PC per Drag & Drop auf das Feld **Bilder uploaden** ziehen.

Oben rechts können Sie bei jedem Album festlegen, ob es privat oder öffentlich sein soll. Öffentliche Alben können auch ohne Benutzeranmeldung betrachtet werden. Bilder hochladen dürfen nur angemeldete Benutzer, die dazu autorisiert sind.

Die Betrachtungsfunktionen stehen in öffentlichen Alben auch nicht angemeldeten Benutzern zur Verfügung. Bei jedem Album wird automatisch ein Vorschaubild angelegt. Ein Klick auf ein Album bringt eine Übersicht mit Vorschaubildern, die automatisch angeordnet werden. Klickt man auf ein Bild, wechselt PhotoShow in eine größere Ansicht dieses Fotos.

In der linken Spalte kann man schnell zu einem anderen Album wechseln, die rechte Spalte zeigt EXIF-Daten des Fotos an und bietet die Möglichkeit,

PhotoShow direkt auf dem Raspberry Pi nutzen

Natürlich können Sie auch direkt den Midori-Browser auf dem Raspberry Pi nutzen, wenn Sie die grafische Oberfläche dort laufen haben.

`http://localhost/photoshow`

Allerdings verhält sich PhotoShow auf dem Raspberry Pi etwas träge, was an der geringen Leistungsfähigkeit der grafischen Oberfläche liegt und nicht an der Leistungsfähigkeit des Webservers. Deutlich flüssiger lässt es sich auf einem anderen PC im Netzwerk bedienen, wenn der Raspberry Pi nur als Server läuft.

Kommentare abzugeben. Auf Wunsch können Sie als Administrator in den Einstellungen den Kommentarbereich entfernen.

Um das Bild größer zu sehen, klicken Sie auf die Trennlinien zwischen Bild und Verzeichnisstruktur bzw. zwischen Bild und Kommentarbereich. Die seitlichen Bereiche werden damit ausgeblendet, sodass mehr Platz für das Bild ist. Auf die gleiche Weise blenden Sie die Spalten wieder ein.

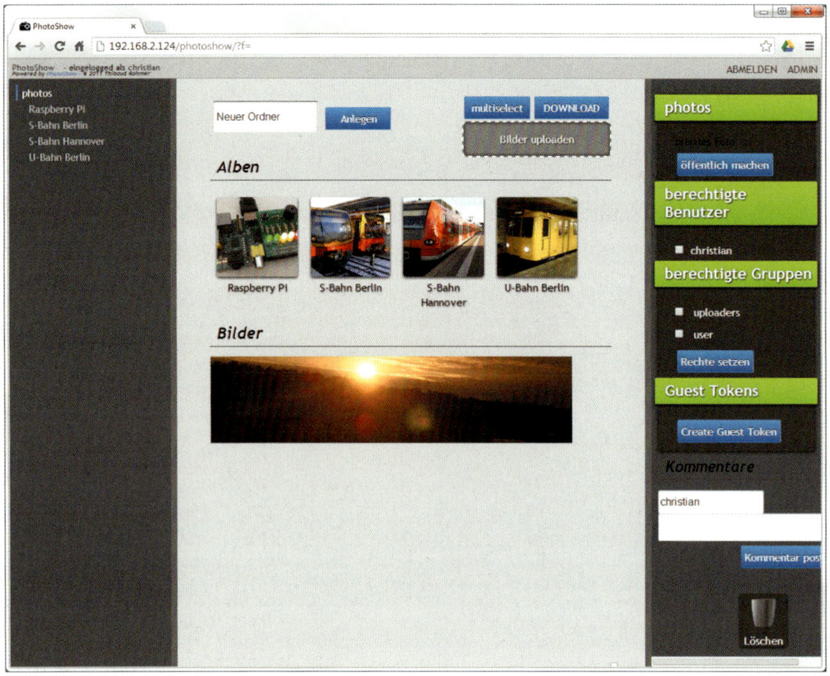

Angemeldete Benutzer finden in jedem Album oben Felder zum Anlegen neuer Alben und zum Hochladen von Fotos.

Fotos direkt ins Dateisystem kopieren

Die Bilder in PhotoShow müssen nicht unbedingt einzeln über das Uploadformular hochgeladen werden, sondern können auch direkt in Unterverzeichnisse des **`photos`**-Verzeichnisses kopiert werden. Auf diese Weise können Sie z. B. vom per SSH verbundenen PC oder von einem am Raspberry Pi angeschlossenen USB-Stick sehr einfach Fotos in die Fotogalerie übertragen. Die Vorschaubilder der Alben werden automatisch angelegt, Sie brauchen nur die Bilder in die gewünschten Albenverzeichnisse zu kopieren.

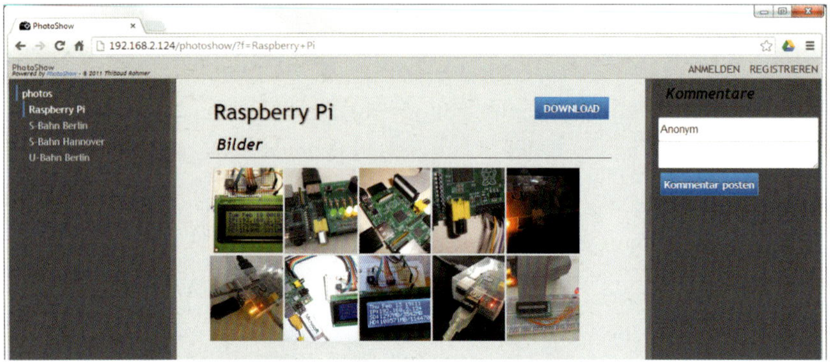

Aus der Sicht eines nicht angemeldeten Benutzers fehlen einige Schaltflächen auf der Oberfläche.

Theoretisch hört sich das ganz einfach an, wären da nicht die verschiedenen Linux-Benutzer mit ihren Rechten. Selbst ist man auf dem Raspberry Pi und auch per SSH als Benutzer **`pi`** angemeldet, der Webserver verwendet aber den Benutzer **`www-data`**.

Jetzt können Sie als Benutzer **`pi`** Fotos hinzufügen, die automatisch in der Fotogalerie erscheinen. Auch das Anlegen neuer Ordner ist möglich. Da diese neuen Ordner dem Benutzer **`pi`** gehören, lassen sie sich in der Webansicht der PhotoShow nicht interaktiv bearbeiten, nur betrachten. Um das Problem zu lösen, weisen Sie nach dem manuellen Anlegen neuer Ordner im Dateisystem wieder die gesamte Ordnerstruktur unterhalb von **./photos** dem Benutzer **www-data** und seiner Gruppe als Eigentümer zu.

```
sudo chown -R www-data:
www-data ./photos
```

Geben Sie außerdem der gesamten Gruppe Schreibrechte auf alle neu angelegten Unterverzeichnisse.

```
sudo chmod -R 0775 ./photos
```

Da die Gruppe Schreibrechte hat und der Benutzer **pi** dieser Gruppe zugeordnet wurde, können Sie weiterhin neue Fotos in diese Ordner kopieren.

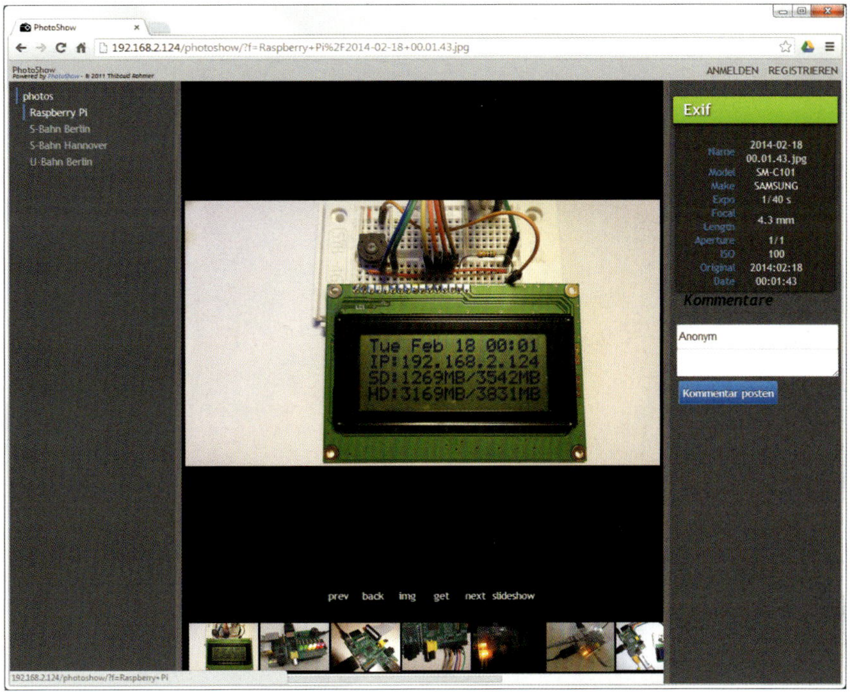

In der Großansicht blättert man mit den Schaltflächen unterhalb des Fotos durch das Album.

Die Benutzerverwaltung von PhotoShow

PhotoShow verwendet nach außen eine eigene Benutzerverwaltung, die unabhängig von den Linux-Benutzern ist. Ein anonymer Besucher der Fotogalerie kann sich oben rechts über den Button **Anmelden** ein eigenes Benutzerkonto anlegen. Das allein gibt ihm noch keinerlei Rechte, außer, dass er Kommentare jetzt mit seinem Namen schreibt und nicht mehr anonym.

Als Administrator können Sie diesem neu angemeldeten Benutzer jetzt verschiedene Rechte geben. Dazu sind unter **Gruppen bearbeiten** im **Admin**-Menü drei Benutzergruppen vordefiniert:

- **root** – Benutzer in dieser Gruppe haben Administratorberechtigung und dürfen alles: private Alben betrachten, Alben anlegen, Fotos hochladen, Einstellungen bearbeiten, Benutzer verwalten.
- **uploaders** – Benutzer in dieser Gruppe dürfen Fotos hochladen, aber nichts an den Einstellungen ändern.
- **user** – Benutzer in dieser Gruppe dürfen nur Fotos betrachten.

PhotoShow mit USB-Stick

Wenn Sie wie im Kapitel Festplatte beschrieben einen normalen FAT32-formatierten USB-Stick am Raspberry Pi einrichten und die beiden Verzeichnisse von PhotoShow auf diesen USB-Stick unterhalb von **/media/usb1** legen, dann haben Sie die Probleme mit den Zugriffsrechten nicht und können die Fotos auch direkt am PC auf den Server kopieren, indem Sie einfach den USB-Stick vom Raspberry Pi an den PC stecken und danach wieder zurück.

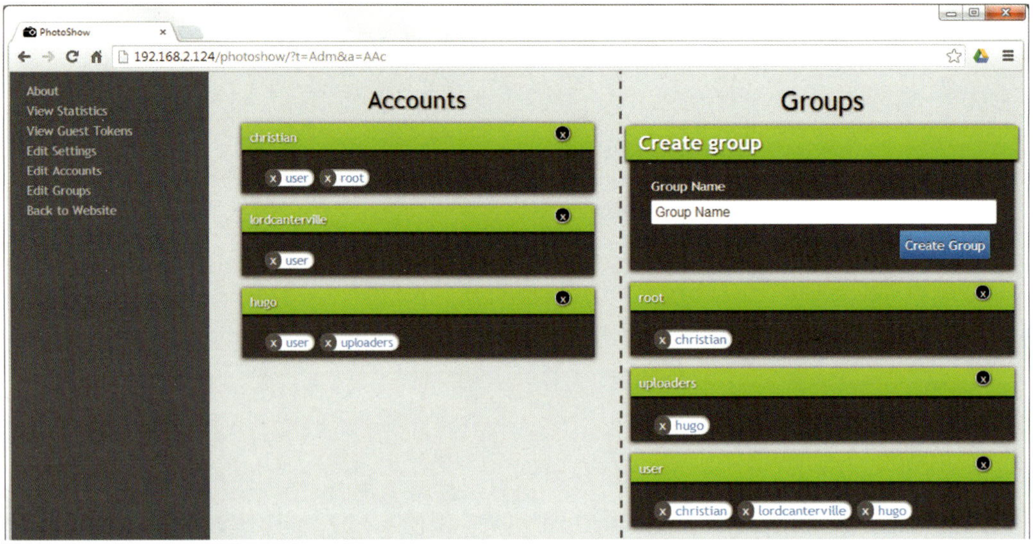

Übersichtliche Benutzer- und Gruppenverwaltung in PhotoShow.

Vorsicht!

Löschen Sie nie eine der drei vordefinierten Gruppen und auch nie den letzten Benutzer der Gruppe **root**. Damit würden Sie die Funktionalität von PhotoShow unwiderruflich beschädigen bzw. sich selbst die Administratorrechte wegnehmen.

Keine Guest Tokens im lokalen Netzwerk

Solange PhotoShow nur im lokalen Netzwerk läuft, können diese Guest Tokens nicht verwendet werden, da die Links immer auf die lokale IP-Adresse des Raspberry Pi verweisen und daher nur im lokalen Netzwerk gültig sind, nicht aber im Internet. Läuft PhotoShow auf einem Webserver im Internet, wird ein Link mit der echten Domain generiert.

Hier können Sie Benutzer einfach per Drag-and-drop in eine Gruppe ziehen und mit einem Klick auf das **x** links neben dem Benutzernamen auch wieder aus einer Gruppe herausnehmen. Das **x** oben rechts in dem grünen Balken löscht einen Benutzer ohne weitere Nachfrage.

Private Alben

Neben öffentlichen Alben können Sie auch bestimmte Alben als privat markieren und so nur bestimmten Nutzern sichtbar machen. Dazu müssen Sie als ein Benutzer mit Root-Rechten angemeldet sein. Klicken Sie dann im Album rechts oben auf **privat machen**.

Für private Alben können Sie als Administrator berechtigte Benutzer oder Gruppen festlegen, die dieses Album sehen dürfen. Zu diesem Zweck können Sie in der Gruppenverwaltung auch neue Gruppen einrichten, die zwar keine speziellen Rechte haben, aber es einfacher machen, bestimmte Alben mehreren Benutzern auf einmal zur Verfügung zu stellen.

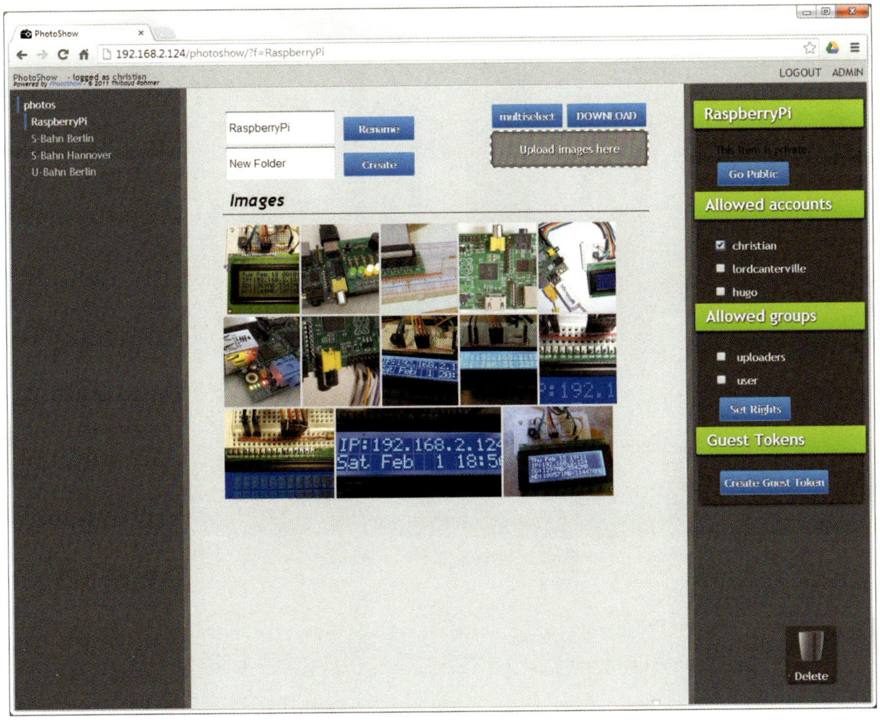

In privaten Alben erscheint rechts eine neue Leiste.

Möchten Sie ein privates Album bestimmten Personen zeigen, ohne dass diese ein Benutzerkonto einrichten müssen, erstellen Sie ein **Guest Token**. Dies ist ein spezieller Link mit einem langen Zahlenschlüssel, der per E-Mail verschickt werden kann. Jeder, der diesen Link kennt, kann das private Album ansehen. Alle gültigen Guest Tokens sind im Administratorbereich unter **View Guest Tokens** aufgelistet. Hier können Sie auch jederzeit einzelne löschen und damit ungültig machen.

Hannahs Himbeer-Dressing

Zutaten:

150 g Himbeeren
6 EL Balsamico
4 EL Öl (Erdnussöl)
Salz
Pfeffer
Parmesan

Zubereitung:

Die Himbeeren in einen großen Rührbecher geben und mit dem Stabmixer pürieren. Nun 6 EL Balsamico (ggf. etwas mehr), das Erdnussöl und Salz und Pfeffer hinzugeben. Dressing abschmecken. Über den Salat (am besten Rucola oder Feldsalat) geben und Parmesan drüberstreuen.

Quelle: chefkoch.de

FRAG DEN LÖWEN

Wer auf einem Webserver Informationen im eigenen Netz oder auch öffentlich im Internet anbieten möchte, braucht heute nicht mehr selbst HTML-Dateien zu basteln. Moderne Content Management Systeme (CMS) nehmen dem Benutzer die lästige Arbeit der HTML-Codierung ab. Mit LionWiki steht ein System zum Erstellen von Informationsseiten im Wikipedia-Stil bereit.

Installation

LionWiki verwendet weitgehend die gleiche Syntax wie Wikipedia und andere Wiki-Systeme und eignet sich besonders zum Aufbau vielfältig verlinkter Informationsangebote. Die grafischen und gestalterischen Möglichkeiten derartiger Systeme sind eher beschränkt.

1 Die Installation ist in wenigen Schritten erledigt. Laden Sie sich dafür das Programmarchiv herunter.

```
wget http://lionwiki.0o.cz/download/3.2.9/
lionwiki-3.2.9.tar.bz2
```

2 Entpacken Sie das Archiv in ein Unterverzeichnis des Webservers. Sollte es inzwischen eine neue Programmversion geben, heißt das Archiv entsprechend.

```
sudo tar xf lionwiki-3.2.9.tar.bz2 -C /var/www
```

3 Entfernen Sie die Versionsnummer aus dem Verzeichnisnamen.

```
sudo mv /var/www/lionwiki-3.2.9 /var/www/lionwiki
```

4 Das Unterverzeichnis **var** benötigt volle Schreibrechte, da die Inhalte des Wikis nicht in einer Datenbank, sondern in einzelnen Dateien liegen.

```
sudo chmod -R 777 /var/www/lionwiki/var
```

5 Rufen Sie jetzt die erste Seite im Webbrowser auf dem PC auf. Ersetzen Sie die IP-Adresse durch die Ihres Servers.

```
http://192.168.2.124/lionwiki
```

10 Minuten / 5 Schritte

SCHWIERIGKEIT

Das braucht es:

VORWISSEN

1 Festplatte, S. 43

2 Webserver, S. 88

KONFIGURATION

Webserver (z. B.: lighttpd): keine Datenbank nötig 1

Optional: USB-Stick/Festplatte zur Datenspeicherung 2

SOFTWARE

LionWiki,
www.lionwiki.0o.cz

WWWCODE Wiki-Server

IN DER PRAXIS

Die erste Seite in LionWiki erstellen

1 LionWiki startet mit einer einfachen Seite, auf der Sie als Erstes oben einen Seitentitel angeben müssen.

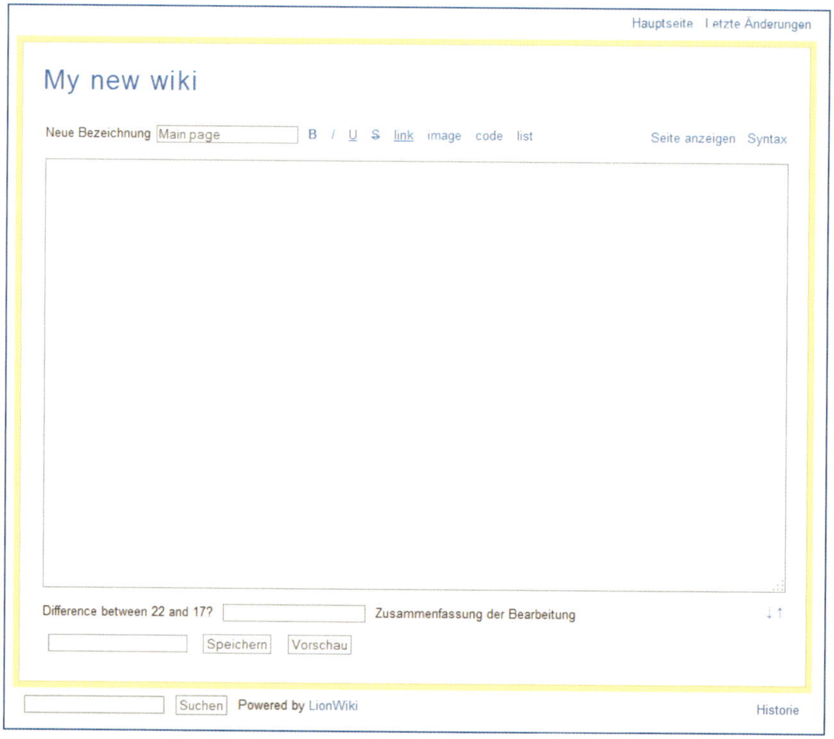

Die erste noch leere Seite im neuen Wiki

2 Schreiben Sie in das große Editorfeld den Text der neuen Seite. Oberhalb des Editorfeldes stehen Formatierungssymbole für fett, kursiv, unterstrichen und durchgestrichen zur Verfügung.

3 Zum Einfügen von internen und externen Links, Bildern, Programmcodes und Listenelementen klicken Sie auf das entsprechende Symbol, das den Wiki-Code einfügt. Sie brauchen dann nur noch die jeweiligen Texte zu ersetzen.

4 Bei der ersten Bearbeitung muss ganz unten eine einfache Rechenaufgabe beantwortet werden. Dies ist eine Sicherheitsabfrage, die automatisierte Spam-Kommentare verhindern soll. Sie erscheint immer mal wieder, aber nicht bei jeder Bearbeitung.

5 Nach dem Speichern ist die neue Seite über den Link **Seite anzeigen** oben rechts zu sehen.

Grundeinstellungen für das Wiki

Zwei wichtige Grundeinstellungen für das neue Wiki können nicht direkt über die Oberfläche vorgenommen werden. Öffnen Sie dazu die Konfigurationsdatei mit dem Editor.

```
nano /var/www/lionwiki/config.php
```

1 Tragen Sie in der Zeile `$WIKI_TITLE` einen Namen für das Wiki ein.

2 Anstelle des vorgegebenen gelb-weißen Templates **Dandelion** liefert LionWiki noch weitere Templates zur Auswahl. Diese finden Sie im Verzeichnis `templates` der LionWiki-Installation. Tragen Sie den Namen des gewünschten Templates in der Zeile `$TEMPLATE` ein.

LionWiki in Zahlen

Artikel in der deutschen Wikipedia (28.02.2014):

1.692.441

Anzahl der weltweit täglich erscheinenden Artikel auf Wikipedia:

7.000 - 25.000

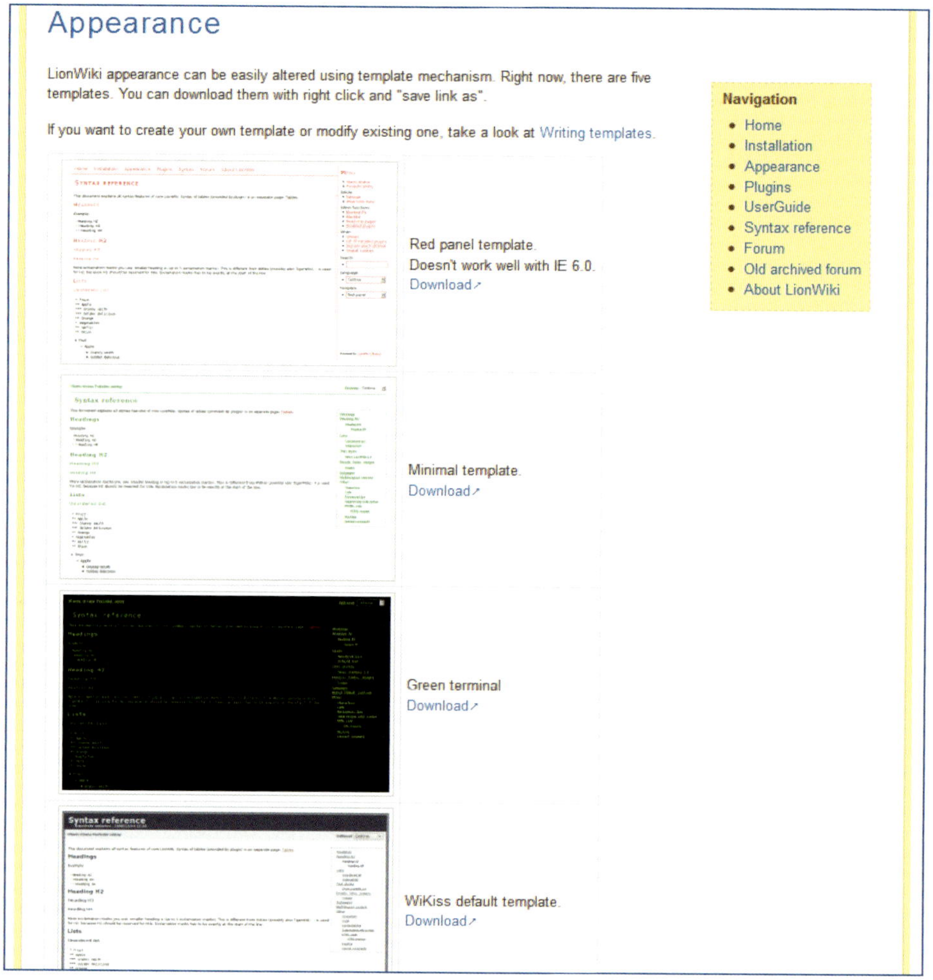

Vorschaubilder einiger wichtiger Templates sind auf der Seite **`lionwiki.0o.cz/index.php?page=Appearance`** zu sehen. Die Templates müssen nicht, wie auf der Seite beschrieben, heruntergeladen werden. Sie sind bei der LionWiki-Installation standardmäßig alle dabei.

Syntaxelemente der Wiki-Beschreibungssprache

LionWiki verwendet eine einfache Beschreibungssprache zur Formatierung der Texte sowie zum Einbinden von Links und Bildern. Die Sprache ist deutlich einfacher als HTML und entspricht weitgehend der Beschreibungssprache von Wikipedia.

Syntax	Bedeutung
!	Überschrift H2
!!	Überschrift H3
!!!	Überschrift H4
*	Liste 1.Ebene
**	Liste 2.Ebene
***	Liste 3.Ebene
#	Nummerierte Liste 1.Ebene
##	Nummerierte Liste 2.Ebene
###	Nummerierte Liste 3.Ebene
'''Text'''	Fett (3 Apostrophe)
''Text''	Kursiv (2 Apostrophe)
'''''Text'''''	Fett + kursiv (5 Apostrophe)
'--Text--'	Durchgestrichen (Apostroph und 2x -)
'__Text__'	Unterstrichen (Apostroph und 2x _)
{small}Text{/small}	Kleine Schrift
{sup}Text{/sup}	Hochgestellt (Exponent)
{sub}Text{/Sub}	Tiefgestellt (Index)
[Link]	Link auf andere Wiki-Seite. Externe Links werden automatisch erkannt
[Linktext|Link]	Text mit hinterlegtem Link auf andere Wiki-Seite

Eine ausführliche Beschreibung aller Syntaxelemente finden Sie auf der Seite: `lionwiki.0o.cz/?page=Syntax+reference`

Himbeer-Hotsauce

VORSICHT: scharf

Zutaten:

250 g Himbeeren
2 EL Zucker, braun
1 Knoblauchzehe, gepresst
1 EL Chilipulver
2 EL Balsamico
Abrieb von 1 unbehandelten Zitrone
1 EL Maismehl
Meersalz

Zubereitung:

Himbeeren pürieren und durch ein Sieb streichen. Himbeerpüree mit den übrigen Zutaten unter Rühren aufkochen. 1 bis 2 Minuten sprudelnd kochen lassen.

Himbeer-Hotsauce kochend heiß in vorgewärmte Gläser mit Schraubverschluss füllen und sofort verschließen.

Passt zu Rindfleisch-Hamburgern und besonders gut zu Grillfleisch.

Quelle: chefkoch.de

WOLKEN AM HIMMEL

Dropbox, SugarSync, Google Drive und Co. stehen stellvertretend für die Cloud. Daten bequem speichern und überall abrufen, ohne auch nur an Speicherplatz zu denken. Nur wer möchte die Daten unbedingt in den USA ablegen? Die eigene Cloud schafft hier Abhilfe.

Installation

ownCloud läuft auf einem Webserver, der PHP und MySQL unterstützen muss, wie z. B. der ab Seite 88 beschriebene Webserver **Lighttpd**.

1 ownCloud benötigt einige PHP-Zusatzmodule auf dem Webserver, die nicht immer bereits automatisch installiert sind. Installieren Sie diese Pakete.

```
sudo apt-get install php5-gd php5-curl php5-sqlite
php5-cgi
```

2 ownCloud hat sehr hohe Sicherheitsvorgaben und erfordert daher noch besondere Einschränkungen auf dem Webserver, damit das Datenverzeichnis ausschließlich über ownCloud ausgelesen werden kann. Öffnen Sie dazu die Konfigurationsdatei des Webservers mit dem nano-Editor.

```
sudo nano /etc/lighttpd/lighttpd.conf
```

3 Fügen Sie am Ende der Datei die folgenden Zeilen an und speichern danach die Datei:

```
$HTTP["url"] =~ "^/owncloud/data/" {
        url.access-deny = ("")
}
$HTTP["url"] =~ "^/owncloud($|/)" {
        dir-listing.activate = "disable"
}
```

4 Erhöhen Sie in der PHP-Konfiguration die maximale Dateigröße, um mit ownCloud auch Dateien, die größer als 2 MB sind, synchronisieren zu können.

```
sudo nano /etc/php5/cgi/php.ini
```

120 Minuten / 14 Schritte

SCHWIERIGKEIT

Das braucht es:

VORWISSEN

1 Routerkonfiguration, S. 25

2 IP-Adressen, S. 20

3 Festplatte, S. 43

4 Webserver, S. 88

KONFIGURATION

Portweiterleitungen 1

HTTP 80

SSH-Verbindung zum Raspberry Pi

Webserver auf dem Raspberry Pi 4

Feste oder dynamische IP-Adresse im Internet, nur bei Zugriff von außen notwendig 2

Optional: USB-Stick oder Festplatte zum Speichern der Daten 3

SOFTWARE

ownCloud, **www.owncloud.org**

WWWCODE Cloudserver

5 Suchen Sie in dieser sehr langen Datei mit der Tastenkombination Strg+W den Parameter **upload_max_filesize** und ändern Sie den Wert von **2M** auf **2G**. Suchen Sie dann noch **post_max_size** und ändern Sie hier den angezeigten Wert ebenfalls auf **2G**. Speichern Sie danach die Datei.

6 Laden Sie danach die veränderte Webserver-Konfiguration neu:

```
sudo lighttpd-enable-mod fastcgi-php
sudo /etc/init.d/lighttpd force-reload
```

7 Laden Sie sich nun den ownCloud-Webinstaller herunter. Die gesamte Befehlsfolge muss in einer Zeile eingegeben werden.

```
sudo wget -O /var/www/setup-owncloud.php https://download.
owncloud.com/download/community/setup-owncloud.php
```

8 Weisen Sie die heruntergeladene Datei dem Benutzer **www-data** zu.

```
sudo chown www-data:www-data /var/www/setup-owncloud.php
```

9 Rufen Sie jetzt im Browser den Setup-Assistenten von ownCloud auf. Ersetzen Sie die angegebene IP-Adresse durch die Ihres Raspberry Pi.

```
http://192.168.2.124/setup-owncloud.php
```

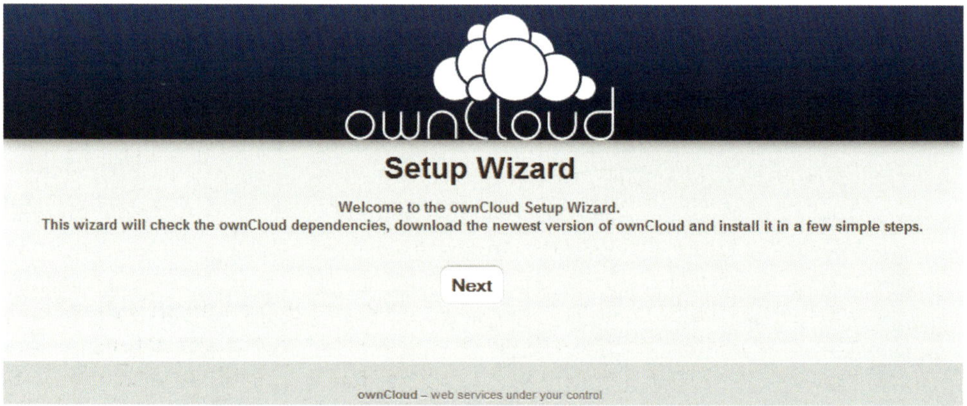

Starten Sie die ownCloud-Einrichtung mit einem Klick auf Next.

10 Bestätigen Sie im nächsten Bildschirm die Installation im Unterverzeichnis **owncloud**, das automatisch angelegt wird. Danach wird die aktuelle Version der ownCloud-Software auf den Webserver heruntergeladen.

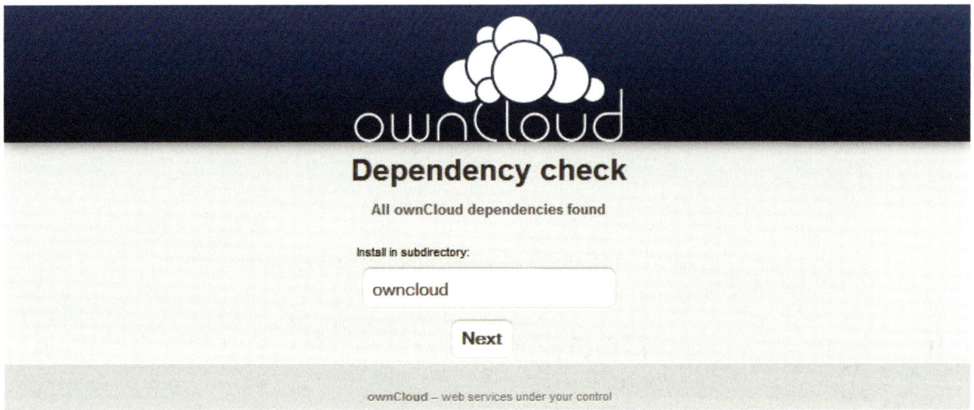

Das Installationsverzeichnis muss bestätigt werden.

11 Zeit für eine Kaffeepause – der Download dauert etwas. Danach erscheint eine Meldung, dass die Installation erfolgreich war.

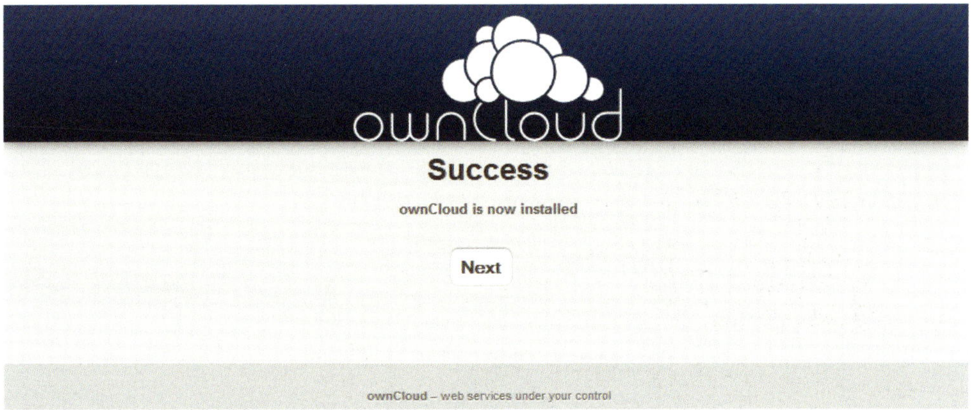

Bestätigen Sie diese Meldung mit einem Klick auf Next.

12 Legen Sie jetzt ein Administratorkonto für ownCloud an. Denken Sie sich dazu einen Benutzernamen und ein Passwort aus. Dieser Benutzer ist kein Linux-Benutzer, sondern gilt nur innerhalb von ownCloud. Später können Sie weitere Benutzer einrichten.

Benutzername und Passwort für den ersten ownCloud-Benutzer

13 Nach einem Klick auf **Installation abschließen** dauert es noch einige Sekunden, bis der Startbildschirm von ownCloud angezeigt wird.

Zusätzlichen Speicher für ownCloud freigeben

ownCloud benötigt viel Arbeitsspeicher, der auf dem Raspberry Pi knapp bemessen ist. Schalten Sie über `sudo raspi-config` die grafische Oberfläche auf dem Raspberry Pi ab, falls diese noch läuft.

USB-Stick oder Festplatte für ownCloud nutzen

Wer mehr Cloud-Speicher benötigt, als auf der Speicherplatte mit dem Betriebssystem noch vorhanden ist, kann für ownCloud eine eigene Festplatte oder einen größeren USB-Stick am Raspberry Pi nutzen. Wegen der strengen Rechteverwaltung von ownCloud ist es nicht möglich, einen normalen FAT32-formatierten USB-Stick zu verwenden, es muss ein mit dem Linux-Dateisystem ext3 oder ext4 formatiertes Speichermedium – am besten eine Festplatte – verwendet werden.

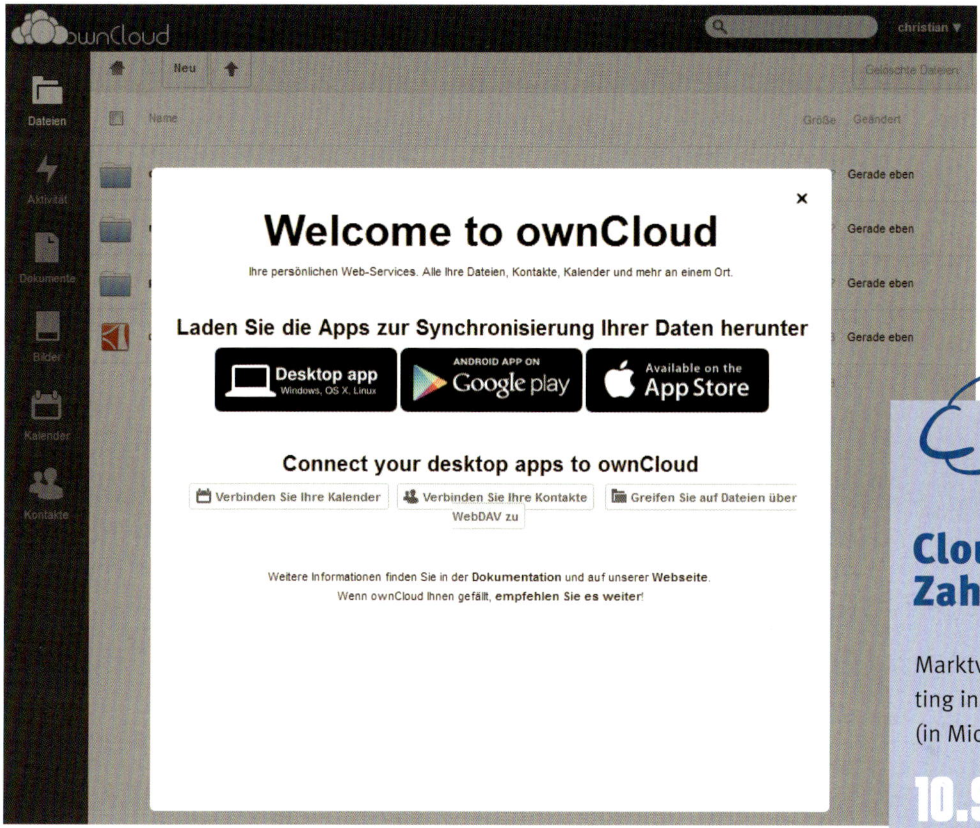

ownCloud erfolgreich gestartet

14 Die hier beworbenen ownCloud-Apps können auch noch später heruntergeladen werden. Klicken Sie das Willkommen-Fenster erst einmal weg.

Cloudserver in Zahlen

Marktvolumen von Cloud Computing in Deutschland im Jahr 2017 (in Mio. Euro):

10.919,6

Anzahl der Nutzer von Dropbox.com im Jahr 2013:

175.000.000

Anzahl der Deutschen, die für Online-Speicherdienste bezahlen (2013):

2.000.000

Anzahl der Nutzer von iCloud.com im Jahr 2012:

250.000.000

ownCloud im Browser nutzen

ownCloud ist über die Eingabe der IP-Adresse des Raspberry Pi von jedem Computer über den Browser nutzbar, ohne dass spezielle Software installiert werden muss. Die eigene ownCloud ist am Anfang noch fast leer, nur ein paar Standardverzeichnisse und ein Handbuch im PDF-Format sind standardmäßig bereits in der eigenen ownCloud abgelegt.

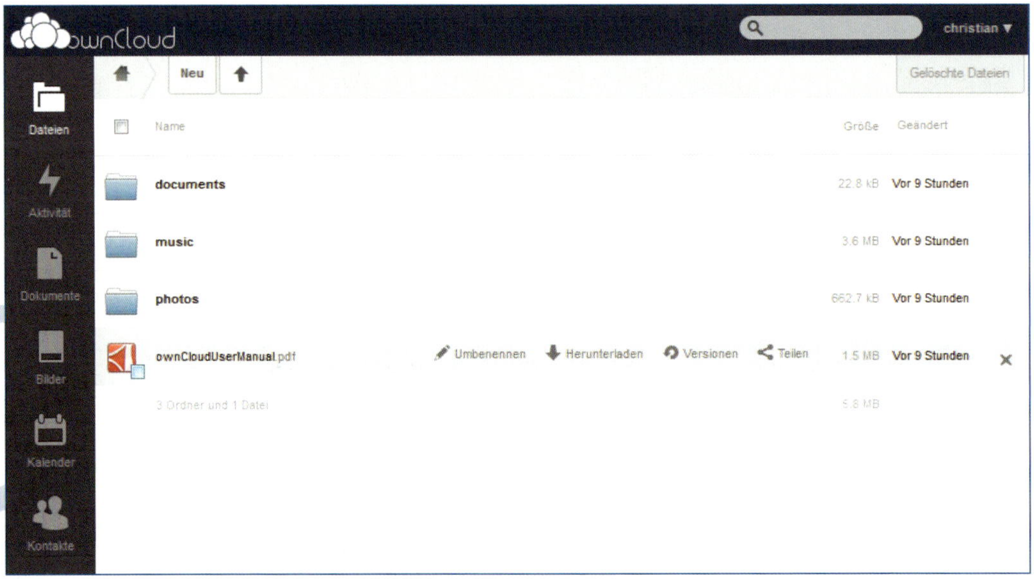

Der Online-Dateimanager von ownCloud

Klicken Sie auf den Pfeil oben links, um ein paar eigene Dateien hochzuladen.

Fahren Sie mit der Maus über eine Datei, erscheinen Symbole zum Umbenennen oder Herunterladen. Bilddateien können mit einem Klick direkt im Browser angezeigt werden. Das Gleiche gilt auch für Dokumente in den Formaten von OpenOffice und LibreOffice sowie für PDF-Dateien.

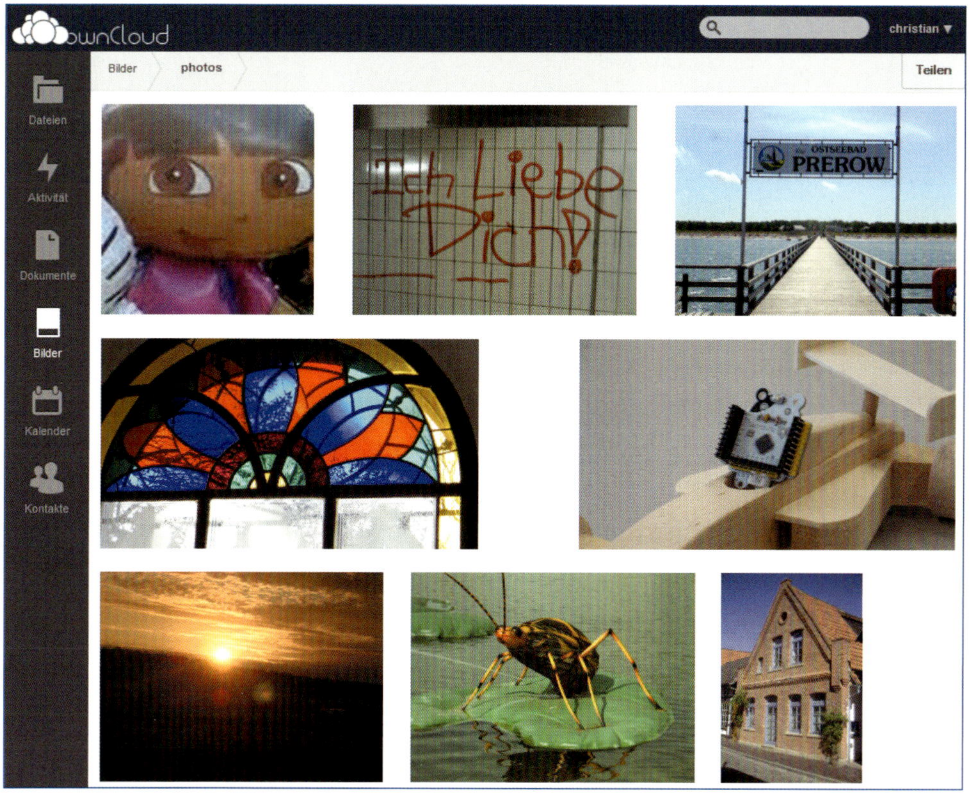

Bildergalerie in ownCloud

In der Fotogalerie öffnet ein Klick auf ein Bild dieses im Vollbildmodus. ownCloud bietet hier auch gleich eine Diashow-Funktion an.

Für Musik bietet ownCloud ebenfalls einen eigenen Player an, über den hochgeladene Musikdateien direkt im Browser abgespielt werden können. Zusätzliche ownCloud-Apps legen in der linken Navigationsleiste noch weitere Symbole an. Jede App präsentiert ihre Inhalte im Hauptfenster.

Über das Suchfeld oben rechts finden Sie Datei- und Verzeichnisnamen in Ihrer ownCloud. In der Dateiansicht finden Sie oben links eine Schaltfläche **Neu**, die ein kleines Menü öffnet.

Neue Ordner oder Textdateien anlegen

- **Textdatei** – Hier legen Sie eine neue Textdatei an. Textdateien lassen sich in ownCloud direkt anklicken und bearbeiten. ownCloud stellt dazu einen eigenen Editor innerhalb des Browserfensters zur Verfügung. Auf diese Weise schreiben Sie jederzeit im Browser einen Notizzettel, den Sie nach einer Synchronisation automatisch auf dem PC haben.
- **Ordner** – Hier legen Sie Ordner und Unterordner an, um den Überblick über Ihre Dateien auf ownCloud zu behalten. In welchem Ordner man sich gerade befindet, zeigt oben die Leiste neben der Schaltfläche **Neu**.
- **Von einem Link** – Laden Sie Dateien von einer Webseite direkt in Ihre ownCloud herunter. Auf diese Weise können Sie von jedem PC aus Downloads starten, die dann automatisch auf Ihrem PC zu Hause synchronisiert werden.

Eigene Dateien vom PC automatisch mit ownCloud synchronisieren

Dateien über den Browser hochzuladen, um sie jederzeit und überall zur Verfügung zu haben, mag ganz praktisch sein – um ownCloud aber wirklich effizient zu nutzen, installieren Sie sich die ownCloud-Anwendung auf dem Windows-PC.

1

Das Programm läuft im Hintergrund und synchronisiert ein Verzeichnis auf dem PC mit der persönlichen ownCloud. So haben Sie alle Dateien aus der ownCloud immer auch offline auf der eigenen Festplatte zur Verfügung. Und das Beste: Ändern Sie eine Datei in diesem Verzeichnis, wird die neue Version direkt wieder in die ownCloud hochgeladen.

Wählen Sie oben rechts im Benutzermenü den Menüpunkt **Persönlich**. Auf dieser Seite finden Sie ganz oben Downloadlinks für Apps zur Synchronisierung eigener Daten mit ownCloud und darunter eine Übersicht über den verbrauchten und verfügbaren Speicherplatz.

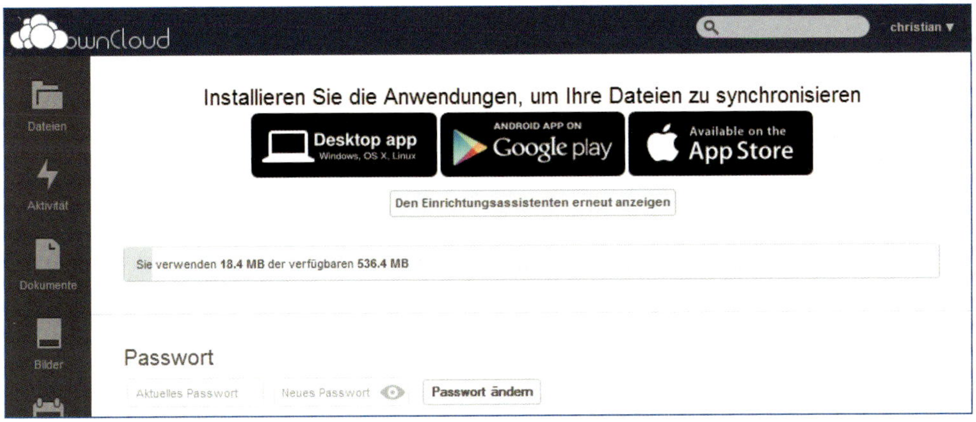

Auf der gleichen Seite können Sie auch Ihr persönliches Passwort und den Anzeigenamen ändern.

2 Laden Sie sich hier den ownCloud-Client für Windows herunter und installieren Sie das Programm auf dem PC. Je nach Einstellung muss bei der Installation unter Windows eine Abfrage der Benutzerkontensteuerung bestätigt werden. Wählen Sie den Standardinstallationstyp, damit ownCloud beim Start von Windows automatisch mitstartet, um die Daten aktuell halten zu können.

3 Nach der Installation startet der Verbindungsassistent. Geben Sie hier die Adresse Ihres ownCloud-Servers auf dem Raspberry Pi sowie Ihre ownCloud-Benutzerdaten ein.

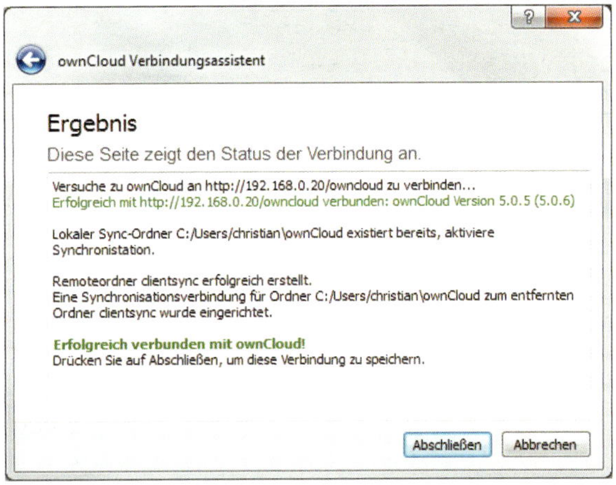

Solange die Meldungen grün sind, ist alles in Ordnung. Bei roten Meldungen überprüfen Sie Ihre Zugangsdaten.

4

ownCloud legt auf dem eigenen PC im lokalen Benutzerverzeichnis ein Unterverzeichnis **ownCloud** an und in der eigenen ownCloud ein Verzeichnis **clientsync**. Ob Sie diese Verzeichnisse später wirklich nutzen, bleibt Ihnen überlassen, kopieren Sie zum Ausprobieren auf dem PC einfach ein paar kleine Dateien in dieses Verzeichnis.

5

Nach kurzer Zeit sehen Sie diese Dateien im Browser in Ihrer ownCloud. Die Verzeichnisse werden automatisch miteinander synchronisiert. Den aktuellen Synchronisierungsstatus sehen Sie jederzeit am Symbol in der Taskleiste. Solange das ownCloud-Symbol in der Taskleiste blaue Synchronisationspfeile zeigt, werden noch Daten synchronisiert. Festplatte und ownCloud sind erst synchron, wenn hier ein grünes Häkchen erscheint. Ist keines der beiden Zusatzsymbole zu sehen, besteht keine Verbindung zur ownCloud.

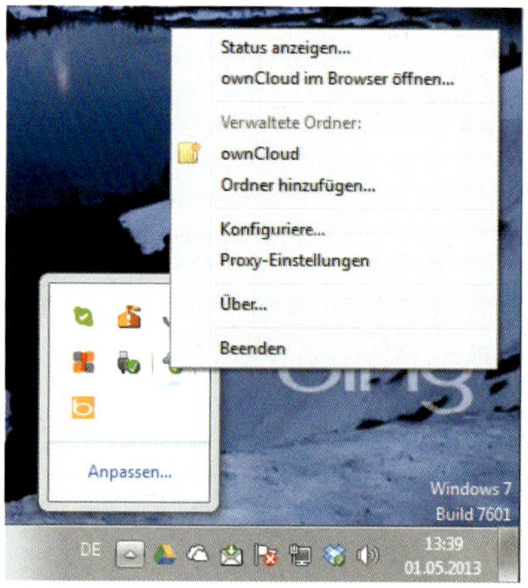

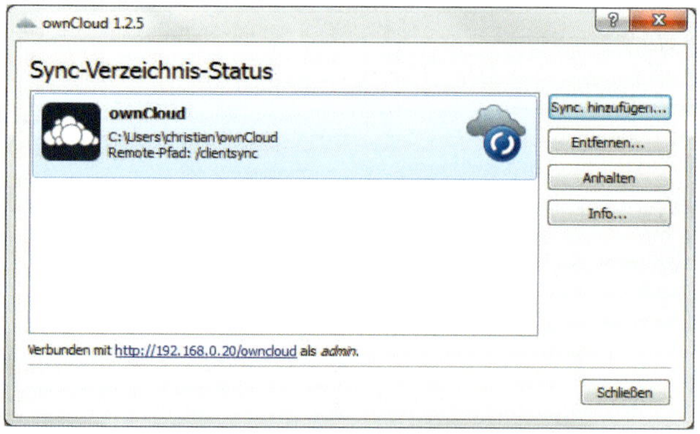

Ein Klick auf das ownCloud-Symbol in der Taskleiste zeigt den aktuellen Synchronisierungsstatus, ein Rechtsklick öffnet ein Menü mit weiteren ownCloud-Funktionen.

6

Möchten Sie das ownCloud-Symbol immer im Blick haben, klicken Sie auf den Link **Anpassen** im Feld mit den zusätzlichen Infobereichssymbolen und schalten bei ownCloud auf **Symbol und Benachrichtigungen anzeigen** um.

7

Das Menü des Taskleistensymbols zeigt unter **Verwaltete Ordner** bis jetzt nur den einen Ordner **ownCloud**. Klicken Sie darunter auf **Ordner hinzufügen**. Die Schaltfläche **Sync hinzufügen** im Statusfenster hat die gleiche Funktion.

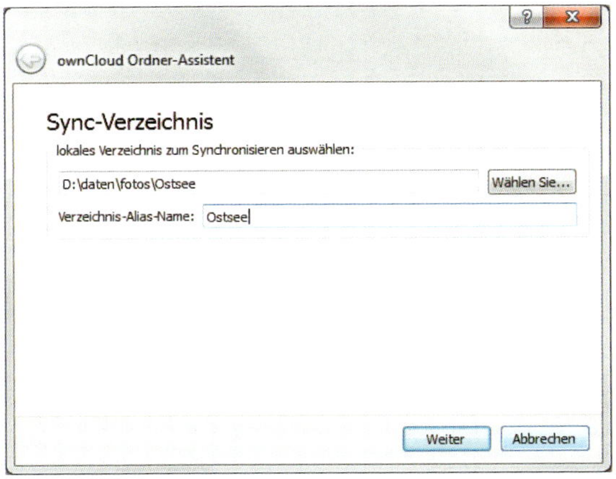

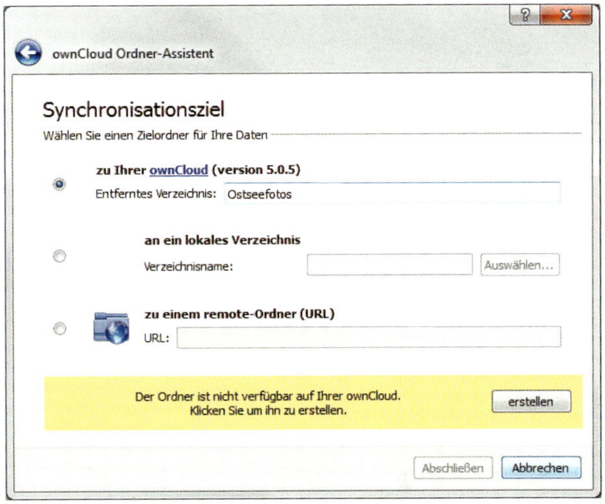

Die ownCloud ermöglicht beliebige Sync-Verzeichnisse. Diese müssen nicht (wie bei anderen Cloud-Speichern) alle in einem Unterverzeichnis liegen.

8 Wählen Sie ein lokales Verzeichnis aus – es kann auch auf einem Netzwerklaufwerk liegen – und geben Sie der Sync-Verbindung einen Namen. Dieser Name dient der besseren Übersicht, er hat keine technische Funktion und kann beliebig gewählt werden.

9 Im nächsten Fenster wählen Sie dann ein Verzeichnis in Ihrer ownCloud. Dieses muss noch nicht vorhanden sein, Sie können es direkt im Assistenten anlegen. Jetzt wird die Synchronisierung im Hintergrund automatisch gestartet.

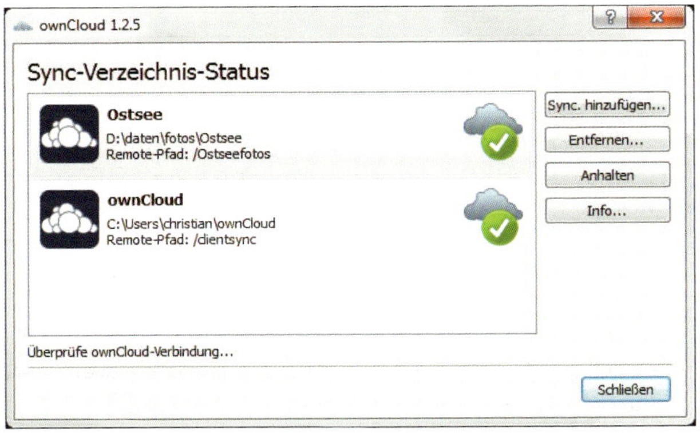

Die Synchronisation wird direkt nach dem Anlegen der Ordner gestartet. Im Sync-Statusfenster sind alle Sync-Verzeichnisse zu sehen.

Zutaten:

100 g Himbeeren
150 g Mango, gewürfelt
1 TL Zucker
2 EL Zitronensaft oder Limettensaft
250 ml Buttermilch

Zubereitung:

Alle Zutaten miteinander im Mixer pürieren, in hohe Gläser füllen und evtl. mit frischer Minze garnieren.

Quelle: chefkoch.de

POST AB!

Auch in Zeiten von WhatsApp, Threema & Co. ist die E-Mail wichtig. Wer E-Mails lieber bei sich als bei der NSA liegen hat, installiert einen eigenen E-Mail-Server auf seinem Raspberry Pi.

Installation

1 Da Citadel bei der Installation davon ausgeht, neben dem üblichen IPv4 auch das IPv6-Protokoll nutzen zu können und abbricht, wenn dies nicht verfügbar ist, schalten Sie das IPv6-Modul ein:

```
sudo modprobe ipv6
```

2 Legen Sie jetzt noch ein Konfigurationsverzeichnis für Citadel an. Das funktioniert leider im Installationsskript nicht automatisch und würde sonst während der Installation zu einer Fehlermeldung führen:

```
sudo mkdir -p /etc/citadel/netconfigs/7
```

3 Danach installieren Sie das Paket citadel-suite über die Debian-Paketverwaltung:

```
sudo apt-get update
sudo apt-get install citadel-suite
```

4 Nach dem Herunterladen der Pakete startet automatisch die dialoggeführte Ersteinrichtung. Bestätigen Sie hier im ersten Schritt die Vorgabe, dass Citadel auf allen Adressen auf Anfragen warten soll:

```
0.0.0.0
```

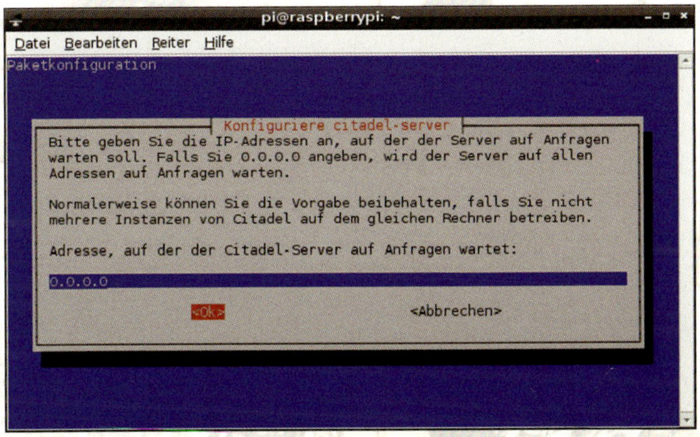

60 Minuten /10 Schritte

SCHWIERIGKEIT

Das braucht es:

VORWISSEN

1 Routerkonfiguration, S. 25
2 IP-Adressen, S. 20
3 Festplatte, S. 43

KONFIGURATION

Portweiterleitungen 1
- SMTP 25, 587
- IMAP 143, 993
- POP3 110, 995
- Webmail 80, 443, 504

Feste IP-Adresse im LAN 2

Feste oder dynamische IP-Adresse im Internet 3

Festplatte nur bei umfangreichen Mailkonten nötig 4

SOFTWARE

Citadel

WWWCODE E-Mail-Server

5 Als Authentifizierungsmethode für Benutzer verwenden Sie die interne Benutzerdatenbank von Citadel, die für kleine Mailserver die am einfachsten zu konfigurierende Lösung darstellt.

6 Im nächsten Schritt muss ein Administrator eingerichtet werden, der den Citadel-Server verwaltet. Die Benutzer des Mailservers sind unabhängig von den Linux-Systembenutzern auf dem Raspberry Pi. Legen sie einen Benutzer admin an und geben diesem ein Passwort, das zur Überprüfung nochmals bestätigt werden muss.

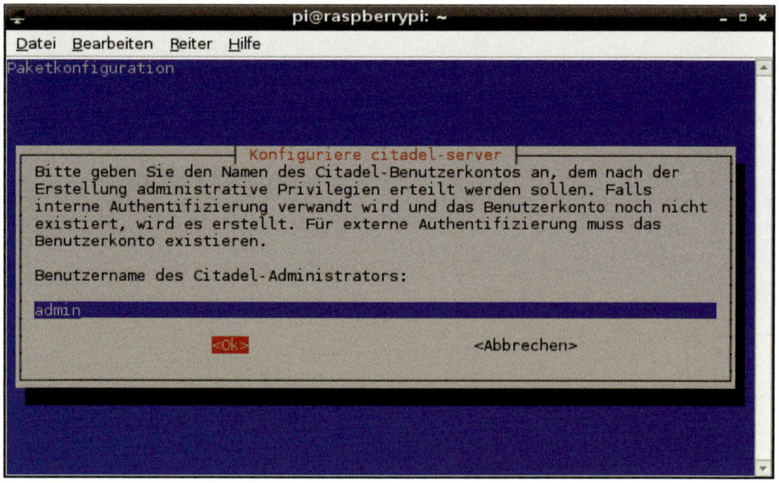

Der Administrator erhält die Privilegien zur Verwaltung des Mailservers.

7 Citadel beinhaltet eine eigene Webmail-Oberfläche und liefert dazu einen kleinen Webserver Webcit mit. Sollte auf Ihrem Server bereits ein Apache-Webserver laufen, was auf einem Raspberry Pi nur in den seltensten Fällen der Fall sein wird, kann Citadel diesen mit nutzen. Im Normalfall wählen Sie die Option Intern, um den eingebauten Webserver für die Webmail-Oberfläche von Citadel zu nutzen. Diese benötigt wie alle Webserver Portweiterleitungen für den Http-Port 80 und den Https-Port 443.

8 Wie Sie im letzten Konfigurationsschritt die Sprache der Benutzeroberfläche einstellen, spielt leider keine Rolle, da sich Citadel wegen eines Fehlers im aktuellen Installationspaket diese und noch ein paar weitere Einstellungen nicht merkt.

9 Wenn das Citadel-Installationspaket bis zum Erscheinen dieses Buchs nicht verbessert wurde, müssen Sie die Konfiguration noch einmal manuell starten:

```
sudo /usr/lib/citadel-server/setup
```

10 Geben sie hier im ersten Schritt wieder den Benutzernamen admin an, das Passwort ist bereits gespeichert. Belassen Sie den Linux-Benutzernamen citadel in der Vorgabeeinstellung und tragen Sie bei der Listening address wieder 0.0.0.0 ein. Die weiteren Einstellungen belassen Sie auf den gespeicherten Vorgabewerten. Danach wird der Citadel-Server automatisch neu gestartet.

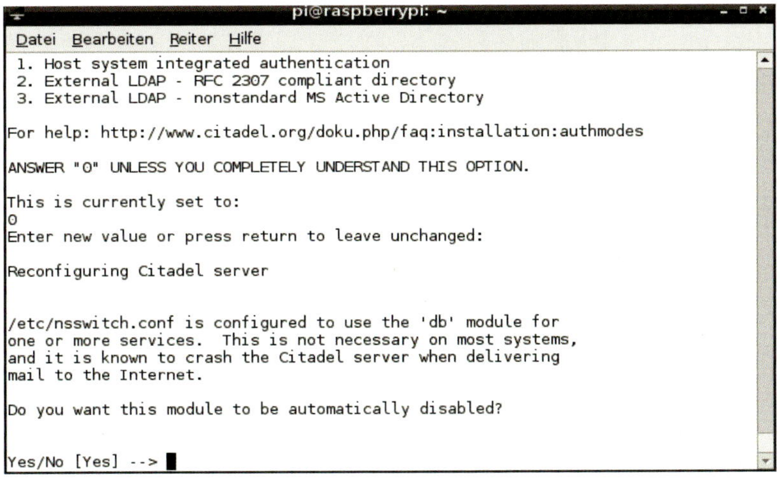

Wegen eines Fehlers im Installationspaket müssen einige Konfigurationsschritte manuell wiederholt werden.

Welt der E-Mails in Zahlen

Anteil der Internetnutzer weltweit, die private E-Mails auf einem Smartphone lesen:

91,4%

Anteil der Internetnutzer weltweit, die für Newsletter oder Absender, denen sie nicht trauen, getrennte E-Mailkonten verwenden:

49%

Weltweit versendete E-Mails pro Tag (ohne Spam):

144.000.000.000

(144 Milliarden)

Verbrauchte Energie für den Versand und Empfang von Spam pro Jahr:

33.000.000.000 KWH

(33 Milliarden)

IN DER PRAXIS

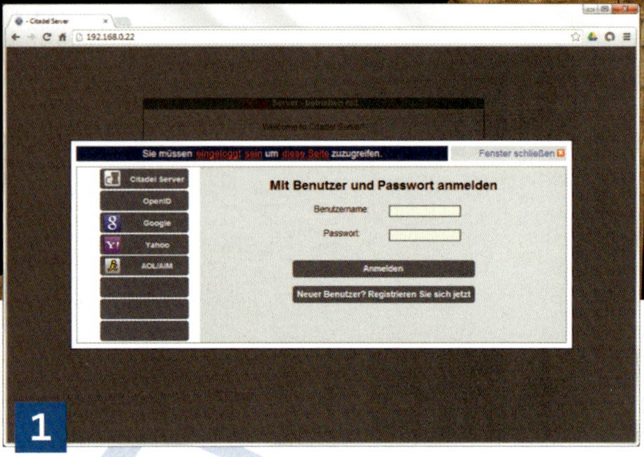

1

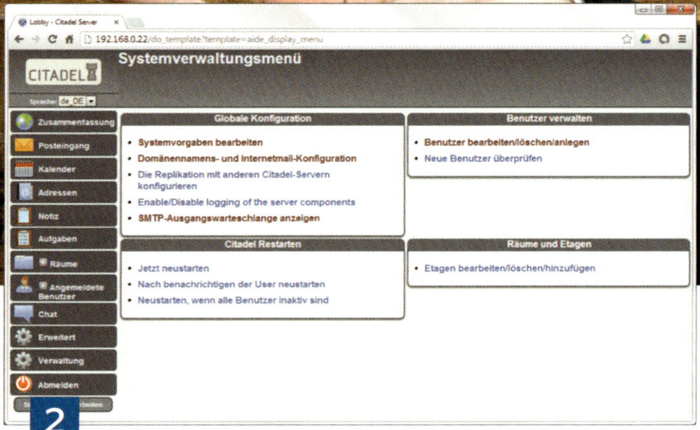

2

1 Dank der mitgelieferten Weboberfläche ist die Administration des Citadel-Servers von jedem PC über einen Browser möglich. Der auf dem Raspberry Pi vorinstallierte Midori-Browser wird von Citadel nicht unterstützt. Geben Sie auf einem PC im lokalen Netzwerk die netzinterne IP-Adresse des Raspberry Pi in der Adresszeile des Browsers ein, erscheint das Anmeldeformular auf dem Citadel-Server. Melden Sie sich hier als Benutzer admin mit dem bei der Konfiguration festgelegten Passwort an.

2 Schalten Sie links oben die Sprache der Benutzeroberfläche auf Deutsch um und wählen als erstes im Menü Verwaltung.

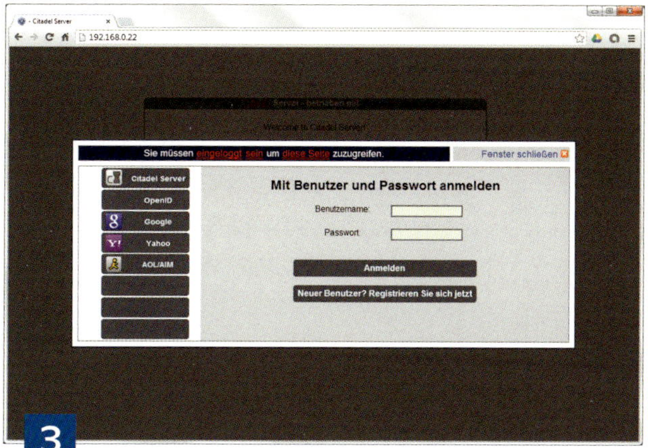

3

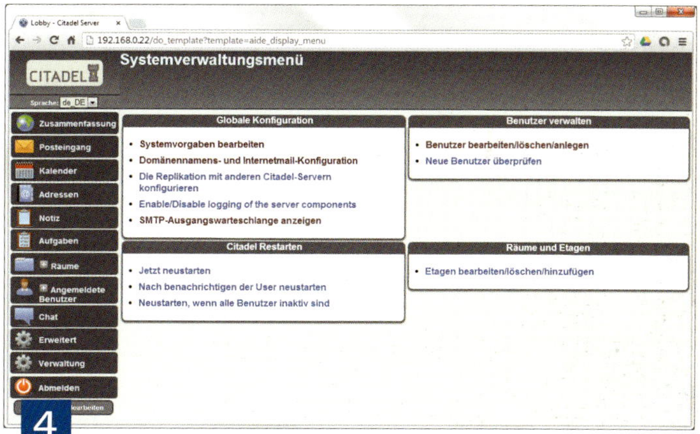

4

3 Wählen Sie im Systemverwaltungsmenü die Option Domänennamens- und Internetmail-Konfiguration. Hier tragen Sie ganz oben bei Aliase für diese Maschine Ihre Domain ein, deren Mailserver Sie gerade einrichten. Voraussetzung, dass die E-Mails auch wirklich zugestellt werden ist, dass der MX-Eintrag beim Domainverwalter funktioniert.

4 Wählen Sie danach im Bereich Benutzer verwalten die Option Benutzer bearbeiten/löschen/anlegen und legen dort einen neuen Benutzer an. Dessen E-Mail-Adresse ergibt sich aus dem gewählten Benutzernamen und dem Domainnamen. Geben Sie dem Benutzer ein Passwort und schalten den Schalter Erlaubnis Internet-Email zu senden ein.

Mailserver per Webmail nutzen

Citadel liefert eine eigene Webmail-Oberfläche mit, über die Sie von jedem PC per Browser auf Ihre E-Mails zugreifen können. Innerhalb des eigenen Netzwerkes geben Sie die IP-Adresse des Raspberry Pi in die Adresszeile eines Browser sein, außerhalb des eigenen Netzwerkes verwenden Sie die feste IP-Adresse oder den DDNS-Namen Ihres Routers. Dazu muss die Portweiterleitung auf den Raspberry Pi geschaltet sein.

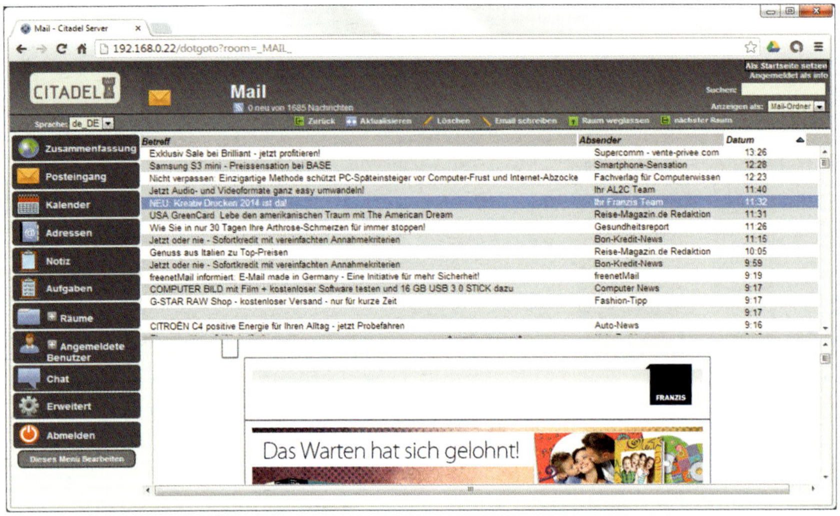

Citadel bietet eine Webmail-Oberfläche, über die der eigene Mailserver von jedem beliebigen PC genutzt werden kann.

Melden Sie sich jetzt mit einem der zuvor angelegten Benutzernamen an und schalten oben links die Sprache wieder auf Deutsch. Die Oberfläche sieht für »normale« Benutzer ähnlich aus, es stehen nur keine Verwaltungsfunktionen zur Verfügung. Klicken Sie auf **Posteingang,** sehen Sie direkt Ihre E-Mails, können diese lesen und auch beantworten.

Der Citadel-Mailserver kann auch dazu genutzt werden, E-Mails von anderen POP3-Servern abzuholen und bereitzustellen. Auf diese Weise lassen sich E-Mail-Adressen über Webmail nutzen, die sonst diese Möglichkeit nicht bieten.

Wählen Sie dazu im Bereich **Erweitert** die Option **Diesen Raum bearbeiten oder löschen** und klicken auf der nächsten Seite auf **Sammeldienste.** Hier tragen Sie POP3-Server und die entsprechenden Zugangsdaten ein, von denen E-Mails in regelmäßigen Abständen abgeholt werden sollen. Schalten Sie **Mails auf dem Server belassen** aus, werden die E-Mails auf dem Originalserver beim Abholen automatisch gelöscht. Damit umgehen Sie das Problem schnell überlaufender Postfächer bei kostenlosen Mailanbietern.

Mailkonto auf dem Smartphone einrichten

Unterwegs können Sie vom Smartphone auf Ihren Mailserver zu Hause zugreifen. Richten Sie dazu auf Android-Smartphones in der vorinstallierten E-Mail-App, nicht zu verwechseln mit der GMail-App, manuell ein neues Konto ein.

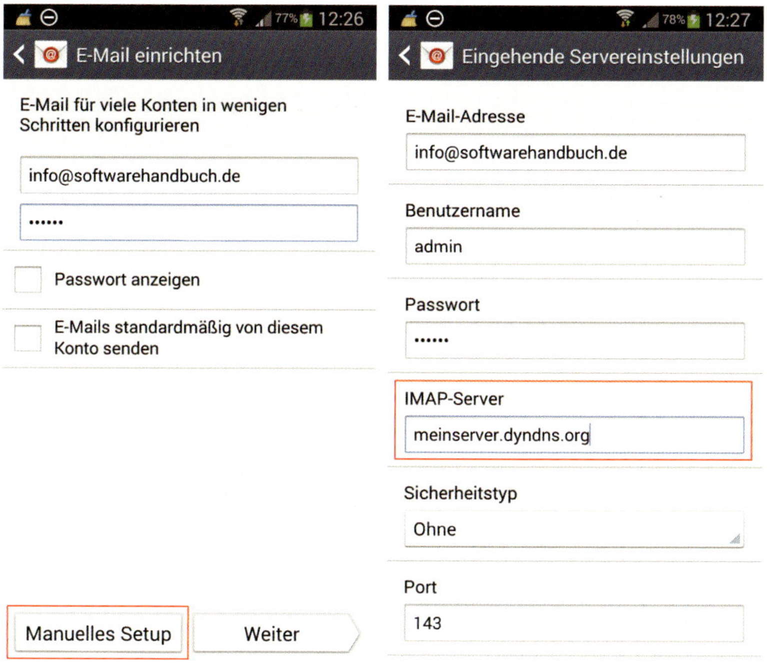

Auch auf Smartphones richten Sie das Mailkonto manuell ein. Die Automatik kann nicht verwendet werden.

Wählen Sie den Kontotyp IMAP und geben als Servernamen Ihre feste IP-Adresse zu Hause bzw. den DDNS-Namen ein. Durch die Verwendung von IMAP sehen Sie auf dem Smartphone die gleichen Mails wie auf den PCs im eigenen Netzwerk. Auf dem PC gelöschte Mails erscheinen auf dem Smartphone ebenfalls nicht mehr. Umgekehrt haben Sie von unterwegs gesendete E-Mails im IMAP-Ordner **Sent items** auch auf dem PC zur Verfügung.

Mailkonto auf dem PC einrichten

Citadel stellt einen vollwertigen IMAP-Server zur Verfügung, den Sie in E-Mail-Programmen wie z. B. Thunderbird auf PCs im lokalen Netzwerk nutzen können. Allerdings versagen die automatischen Einrichtungsassistenten für neue Konten. Sie müssen das E-Mailkonto also manuell anlegen. Geben Sie als IMAP-Servernamen die lokale IP-Adresse des Raspberry Pi und den Port 143 an, als Benutzernamen und Passwort verwenden Sie die Zugangsdaten, die Sie in Citadel festgelegt haben. Der SMTP-Server hat die gleiche IP-Adresse und nutzt auch die gleichen Zugangsdaten.

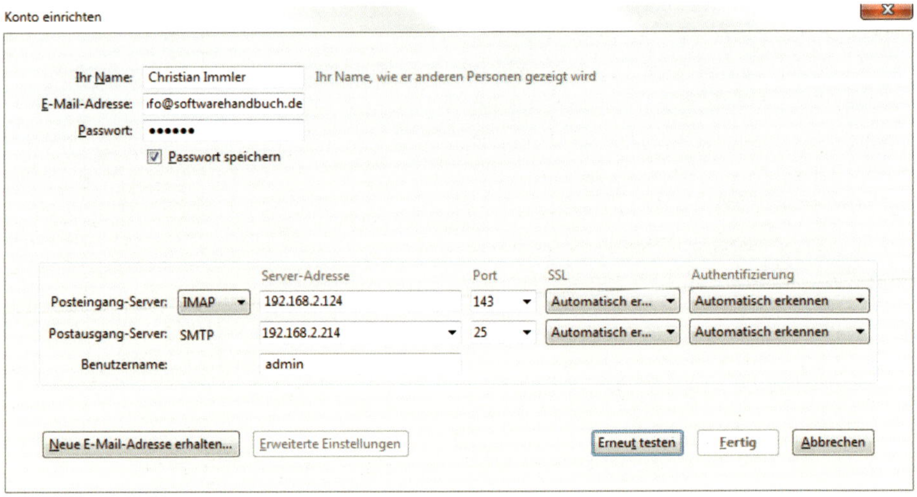

Auf den PCs müssen die Mailkonten des Citadel-Servers manuell eingerichtet werden.

Mailserver testen

Die Webseite `test.meinmail.info` bietet verschiedene Tests für die Qualität eines Mailservers bzw. dessen Konfiguration an. Nach kostenloser Freischaltung der eigenen E-Mail-Adresse schickt man eine Mail an einen Testserver, der eine entsprechende Auswertung anhand der in der E-Mail übertragenen Headerdaten als Antwort zurückliefert.

Das Spamfilter-Problem bei dynamischen IP-Adressen

Da mittlerweile ein sehr hoher Anteil aller E-Mails Spam ist, werden leider auch die Schutzmechanismen gegen Spam immer härter, was den Betreibern privater Mailserver oft zum Verhängnis wird. E-Mailserver, die keine feste IP-Adresse haben, gelten gegenüber den meisten anderen Mailservern als unseriös, was zur Folge hat, dass E-Mails, die von solchen privaten Servern verschickt werden, immer häufiger abgeblockt und nicht weitergeleitet werden. Selbst die Domainnamen der DDNS-Anbieter werden häufig nicht mehr als Absender-Domains akzeptiert. Auch MX-Einträge beim Domainverwalter helfen nicht immer weiter, denn viele Spamfilter gleichen die IP-Adresse des absendenden Servers mit der für die Domain registrierten Adresse ab und blockieren bei Unstimmigkeiten die Weiterleitung der E-Mails.

Online-Tool zum Test des Servers

Dabei wird mit Vorwärtsauflösung, DNS lookup (aus dem Namen wird die IP-Adresse ermittelt) sowie mit Rückwärtsauflösung Reverse DNS lookup (aus der IP-Adresse wird der Name ermittelt) gearbeitet. Das Sender Policy Framework (SPF) definiert zu jeder Domain einen IP-Adressbereich, aus dem E-Mails mit dieser Absenderdomain geschickt werden dürfen. Wenn dann auch noch die von den großen Internetprovidern dynamisch vergebenen IP-Adressbereiche auf den Negativlisten anderer Mailserver stehen, müssen Umwege gefunden werden, um den eigenen Mailserver zu Hause überhaupt noch nutzen zu können.

Die beste Lösung in solchen Fällen ist die Verwendung eines sogenannten Smarthosts. Hier verschickt der eigene Mailserver die E-Mails nicht direkt, sondern leitet sie an den Mailserver des Internetproviders weiter. Fast alle großen Internetprovider bieten SMTP-Server an, die als Relay-Server genutzt werden können. Das bedeutet, diese Mailserver können E-Mails mit anderen Absenderadressen weiterleiten, verschicken aber einen korrekten Mailheader mit, damit die Mails nicht als Spam eingestuft werden. Auch Gmail lässt sich als Relay-Server verwenden, wenn man in der Konfiguration des eigenen Gmail-Kontos seine andere E-Mail-Adresse als weiteren Absender einträgt.

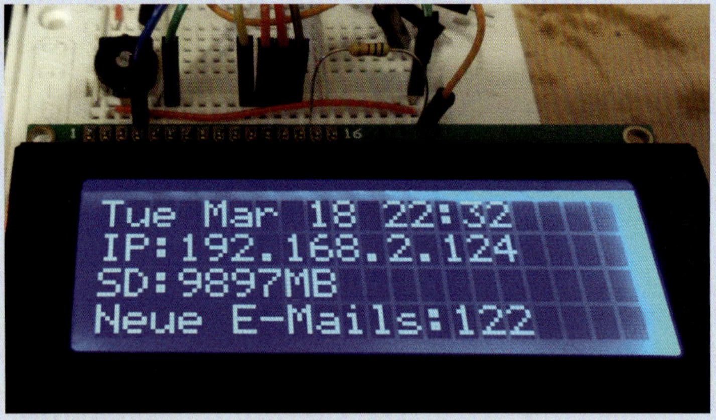

Auch die Anzahl der neuen E-Mails kann auf dem LCD angezeigt werden.

Statusanzeige

Das im PDF **statusanzeige.pdf** beschriebene Programm zeigt mit ein paar Erweiterungen den freien Speicherplatz auf der Speicherkarte sowie die Anzahl neuer, ungelesener E-Mails auf dem Mailserver an.

Sie finden das fertige Programm als **serversta-tus-mail.py** auf **www.buch.cd.**

Gegenüber den anderen Programmen zur Statusanzeige wurden einige Zeilen verändert:

```
import poplib
```

Am Anfang des Programms wird ein zusätzliches Python-Modul importiert.

```
w = 20
```

Im Bereich mit den Variablendeklarationen wird die Wartezeit für die Aktualisierung der Anzeige auf 20 Sekunden gesetzt, da Mailserver oft zu Fehlern neigen, wenn POP-Abfragen innerhalb weniger Sekunden gestellt werden.

Entscheidend sind drei Codezeilen, die per POP3 auf den Mailserver zugreifen:

```
    mailserver = poplib.POP3_SSL("192.168.1.124", 995)
    mailserver.user("testusername")
    mailserver.pass_("testpw")
```

Das Objekt **mailserver** erhält über die Bibliotheksfunktion **poplib.POP3_SSL()** die aktuellen Daten des Mailservers. Ersetzen Sie im Beispiel die IP-Adresse durch die lokale IP-Adresse Ihres Raspberry Pi im Netzwerk. Anstelle von **testusername** und **testpw** geben Sie Benutzernamen und Passwort des Mailserverbenutzers an, dessen E-Mails überprüft werden sollen.

```
zeile4 = "Neue E-Mails:" + str(len(mailserver.list()[1]))
```

Die Zeile 4 auf der Anzeige zeigt jetzt die Anzahl ungelesener E-Mails an. Diese wird über die Länge der Liste **mailserver.list()** ermittelt.

Kommandozeilentools

Zur Steuerung des Citadel-Servers über Skripte werden zusätzliche Kommandozeilentools bei der Installation mitgeliefert.

`aidepost [-rTargetRoom] [-aAuthor] [-sSubject] [remotehost [remoteport]]`	Verbindet mit dem angegebenen Server, und sendet eine Nachricht von STDIN in die Lobby bzw. den angegebenen Raum.
`chkpw`	Fragt nach einem Benutzernamen, zeigt dessen UID, fragt danach nach dem Passwort und versucht, es zu überprüfen.
`citmail [-d] [-t] <recipientlist>`	Sendet Mails von der Kommandozeile, Ersatz für **`/usr/sbin/sendmail`**.
`citserver [-lLogFacility] [-d] [-f] [-D] [-tTraceFile] [-x Debug Component list] [-hHomeDir]`	Kommandozeilenaufruf für den Citadel Mailserver, wenn dieser nicht automatisch über **`/etc/init.d`** gestartet wird.
`getmail [-hHomeDir] RoomName MessageID Parts foo Command [remotehost [remoteport]]`	Verbindet mit dem angegebenen Server und holt die MessageID aus dem angegebenen Raum.
`sendcommand [remotehost [remoteport]] Citadelcommand`	Verbindet mit dem angegebenen Server, identifiziert sich als internes Programm und sendet Citadel Protokoll-Kommandos. Weitere Informationen bei: **`goo.gl/wSlCAv`**
`setup [-q] [-u] [-i] [-h]`	Automatisiert die Citadel-Installation oder gibt einem Benutzer Rechte zur Wiederherstellung eines beschädigten Systems.
`userlist [remotehost [remoteport]]`	Zeigt eine Liste aller Benutzer des angegebenen Servers.
`webcit [-i ip_addr] [-p http_port] [-t tracefile] [-T Templatedebuglevel] [-c] [-f] [-d] [-s] [remotehost [remoteport] ]`	Servlet-Engine für Citadel, ein kleiner Webserver, der die Webmail-Oberfläche darstellt.

Himbeertraum

Zutaten:

1 Becher Sahne
6 Schokoküsse
500 g Quark
2 EL Zucker oder Vanillezucker
8 Baisers, zerbröselt
400 g Himbeeren, tiefgefroren

Zubereitung:

Sahne steif schlagen. Die Schokoküsse ohne Waffelboden in eine Schüssel geben und mit Sahne, Zucker und Quark vermischen. Immer abwechselnd die Quarkmischung, Baiserbrösel und gefrorene Himbeeren in Schüsseln oder Gläser schichten. 3-4 Stunden im Kühlschrank die Himbeeren ganz langsam auftauen.

Quelle: chefkoch.de

AUF PAPIER

Arbeitet man mit mehreren Computern im lokalen Netzwerk, kann ein Drucker für alle Computer verwendet werden, allerdings muss der Computer, an dem der Drucker angeschlossen ist, dann immer eingeschaltet sein. Ein Raspberry Pi als Printserver ist eine komfortable Lösung.

Installation

Linux-Computer verwenden zum Drucken das sogenannte »Common Unix Printing System« CUPS. Die Software dient zum lokalen Drucken aus Linux-Anwendungen, enthält aber auch Serverfunktionen.

1 Installieren Sie CUPS über die Paketverwaltung **apt-get**. Es werden zahlreiche Pakete installiert, was einige Minuten dauert.

```
sudo apt-get update
sudo apt-get install cups xsane
```

2 CUPS verwendet eine eigene Benutzergruppe **lpadmin**, die festlegt, welche Benutzer berechtigt sind, die Drucker zu verwalten und einzurichten. Fügen Sie den Standardbenutzer **pi** zu dieser Gruppe hinzu.

```
sudo adduser pi lpadmin
```

3 Da Sie in den meisten Fällen nicht direkt über Tastatur und Monitor am Raspberry Pi selbst die Konfiguration der Drucker vornehmen wollen, geben Sie die CUPS-Steuerung für das lokale Netzwerk frei.

```
sudo cupsctl --remote-any
sudo /etc/init.d/cups restart
```

4 Zur Verwaltung der Drucker und Druckaufträge verwendet CUPS eine komfortable Weboberfläche, die über das Netzwerk im Browser aufgerufen werden kann. Ersetzen Sie die IP-Adresse durch die IP-Adresse Ihres Raspberry Pi im LAN.

```
http://192.168.2.124:631
```

40 Minuten / 11 Schritte

SCHWIERIGKEIT

Das braucht es:

VORWISSEN

1 IP-Adressen, S. 20

KONFIGURATION

SSH-Verbindung zum Raspberry Pi

Drucker am USB-Anschluss

SOFTWARE

CUPS, www.cups.org

WWWCODE Printserver

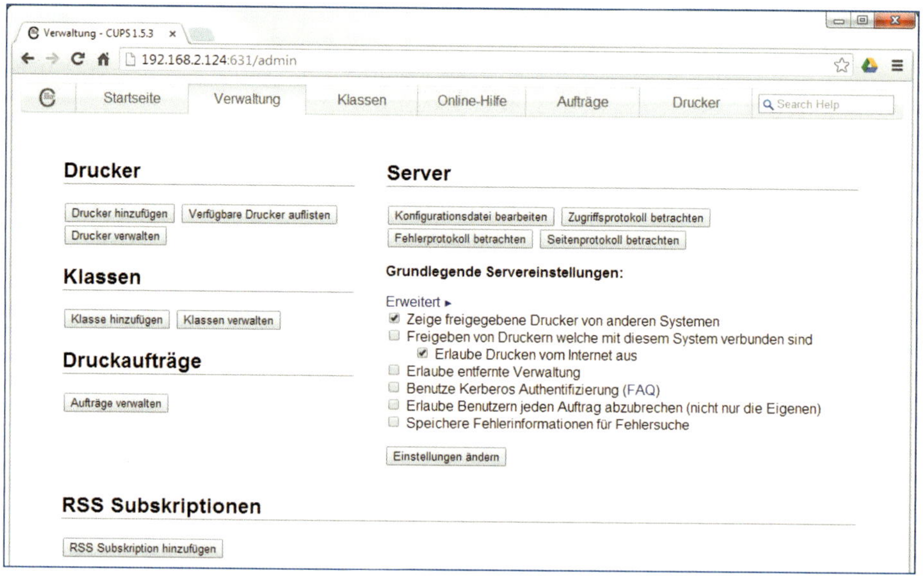

CUPS wird über eine Weboberfläche im Browser konfiguriert.

5

Gehen Sie auf die Registerkarte **Verwaltung** und klicken Sie dort auf **Verfügbare Drucker auflisten**. Wenn eine Aufforderung zur Anmeldung erscheint, melden Sie sich mit dem Benutzernamen `pi` und dem Passwort `raspberry` an. Nach kurzer Zeit werden lokal an den USB-Anschlüssen angeschlossene Drucker sowie freigegebene Drucker im Netzwerk angezeigt, die CUPS erkennen kann. Das sind leider nicht alle unter Windows freigegebenen Drucker.

Sicherheitswarnung kann ignoriert werden

Eine eventuell auftauchende Sicherheitswarnung wegen fehlendem https-Zertifikat können Sie ignorieren. Die Webseite ist sicher und nur lokal zugänglich. Daher wird auch keine Verbindung zu einer Zertifizierungsstelle aufgebaut.

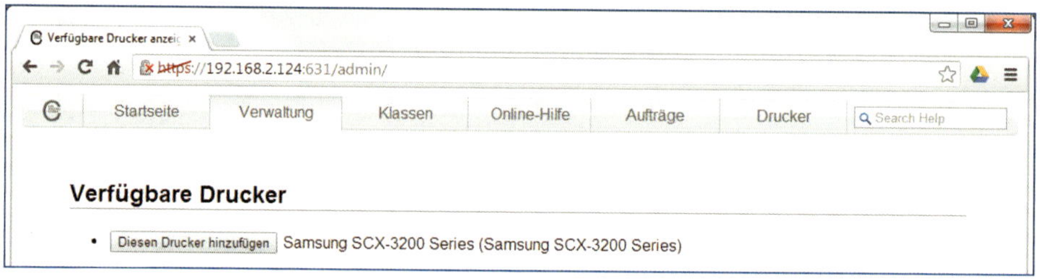

Mit einem Klick lässt sich ein gefundener Drucker hinzufügen.

6

Auf der nächsten Seite legen Sie einen eindeutigen Namen und eine Beschreibung für den neuen Drucker fest. Schalten Sie den Schalter **Freigabe** ein, um den Drucker im Netzwerk verwenden zu können.

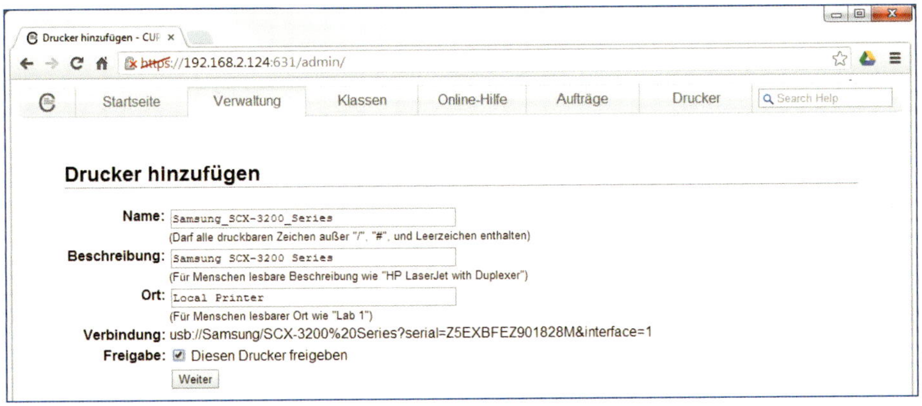

Der maschinenlesbare Name darf bestimmte Zeichen nicht enthalten. Die anderen beiden Felder sind nur für Menschen wichtig und können beliebig benannt werden.

7 Nach einem Klick auf **Weiter** wählen Sie zunächst den Druckerhersteller und dann den Druckertyp aus, um den passenden Treiber zu installieren. Klicken Sie danach auf **Drucker hinzufügen**.

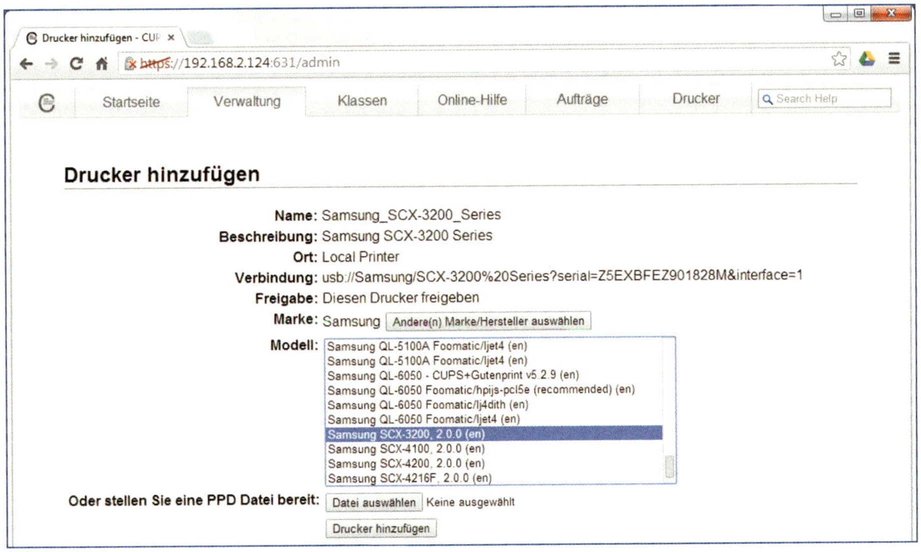

CUPS liefert Treiber für zahlreiche aktuelle und auch ältere Drucker mit.

8 Auf der nächsten Seite legen Sie die Standardeigenschaften des Druckers fest, wie unter anderem Papierformat, Papierzufuhr und Druckauflösung. Je nach Programm, aus dem gedruckt wird, können diese Einstellungen vor jedem Druck noch geändert werden. Stellen Sie den Drucker hier so ein, wie Sie ihn wahrscheinlich am häufigsten verwenden werden.

9 Nach einem Klick auf **Standardeinstellungen festlegen** wird der Drucker initialisiert und steht ab sofort in allen Programmen, die drucken können, zur Verfügung.

Die Grundeinstellungen für einen Drucker in CUPS werden gespeichert und sind bei einem Neustart des Raspberry Pi ohne weiteres Zutun wieder verfügbar.

Wenn die Statusseite **Frei** und **Aufträge werden akzeptiert** anzeigt, ist alles in Ordnung.

10

Drucken Sie im Listenfeld **Wartung** auf der Druckerstatusseite in CUPS eine Druckertestseite aus, um zu prüfen, ob der Drucker funktioniert.

11

Die Printserver-Funktionen sind in CUPS bereits integriert, sie müssen auf der Seite **Verwaltung** in der Konfiguration nur eingeschaltet werden. Aktivieren Sie die beiden Schalter **Zeige freigegebene Drucker von anderen Systemen** und **Freigeben von Druckern welche mit diesem System verbunden sind.** Um die Änderungen zu bestätigen, klicken Sie auf **Einstellungen ändern** ganz unten auf der Seite.

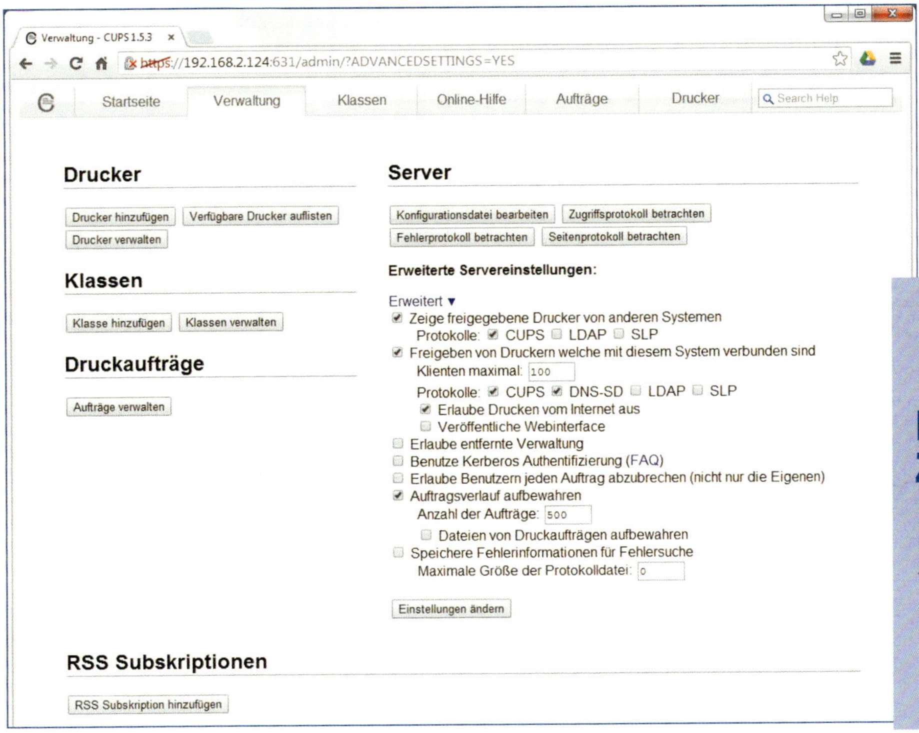

Bei den Druckprotokollen reicht es, wenn in den erweiterten Einstellungen CUPS eingeschaltet ist.

Druckaufbereitung ist speicherhungrig

CUPS benötigt zur Verarbeitung der Dokumente sehr viel Arbeitsspeicher. Auf einem Raspberry-Pi-Modell A mit nur 256 MB läuft es sehr mühsam. Bei größeren oder grafikintensiven Dokumenten kann es auch mit 512 MB eng werden. Achten Sie darauf, dass bei der Druckaufbereitung möglichst wenige Programme nebenher laufen, die Ressourcen verbrauchen.

Printserver in Zahlen

Durchschnittspreis eines Druckers für Privatnutzer im Jahr 2005:

115 EURO

Durchschnittspreis eines Druckers für Privatnutzer im Jahr 2013:

127 EURO

Jahr, in dem Hewlett Packard den ersten HP LaserJet auf den Markt brachte:

1984

Preis des ersten HP LaserJets:

3.495 $

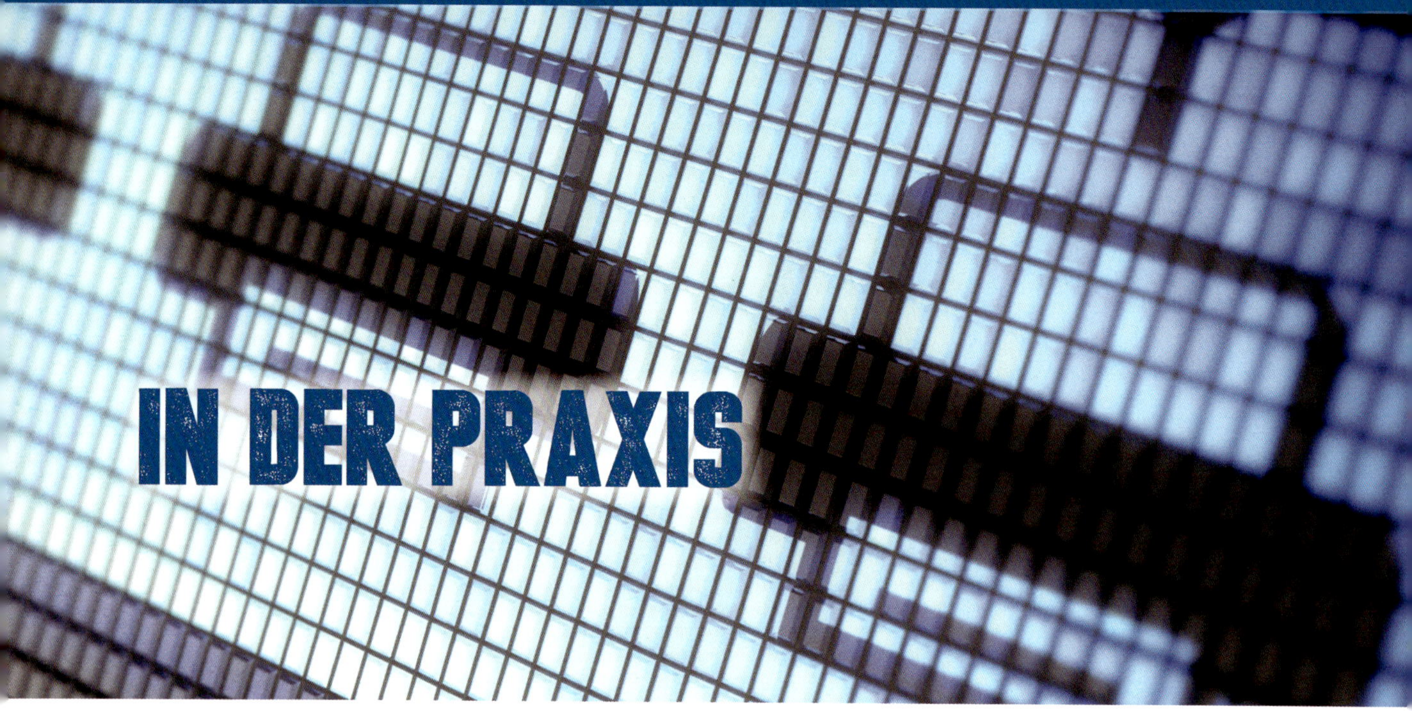

IN DER PRAXIS

1

Netzwerkdrucker auf einem Windows-PC nutzen

Wenn Sie bei der Druckereinrichtung am Anfang den Schalter Freigabe eingeschaltet haben, steht der Drucker jetzt im Netzwerk zur Verfügung.

Richten Sie jetzt den freigegebenen Drucker auf einem Windows-PC ein, um ihn über das Netzwerk nutzen zu können. Wählen Sie dazu in der Systemsteuerung unter **Hardware und Sound** die Option **Geräte und Drucker** und klicken Sie in diesem Fenster auf **Drucker hinzufügen**. Wählen Sie unter Windows 7 im nächsten Schritt **Einen Netzwerk-, Drahtlos oder Bluetoothdrucker hinzufügen**. In Windows 8.1 gibt es diesen Zwischenschritt nicht mehr.

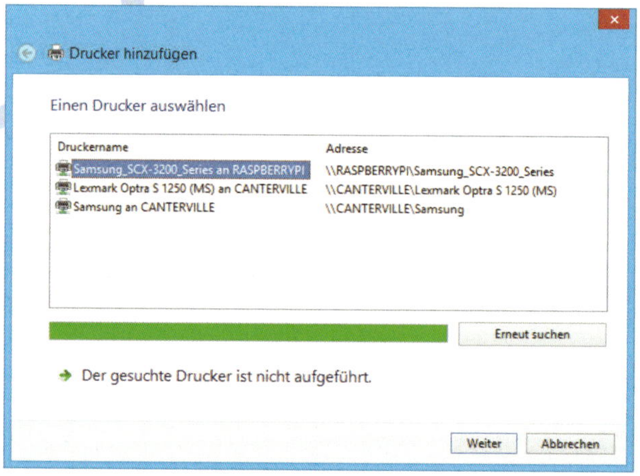

Windows durchsucht das Netzwerk nach freigegebenen Druckern.

2

Die automatische Druckersuche von Windows findet den Drucker sofort, wenn auf dem Raspberry Pi ein Samba-Server läuft.

3

Sollte der Drucker nicht gefunden werden, klicken Sie auf **Der gesuchte Drucker ist nicht aufgeführt** und wählen Sie im nächsten Schritt die Option **Freigegebenen Drucker über den Namen auswählen**. Tragen Sie den Druckernamen ein, der sich folgendermaßen zusammensetzt:

```
http:// <IP-Adresse des Raspberry Pi> :631/printers/
<Druckername aus CUPS>
```

4

Den Druckernamen haben Sie in CUPS bei der Druckereinrichtung eingetragen. Sie können ihn dort in der Druckerverwaltung auch jederzeit sehen. Klicken Sie anschließend auf **Weiter** und wählen Sie im nächsten Fenster den passenden Druckertyp aus.

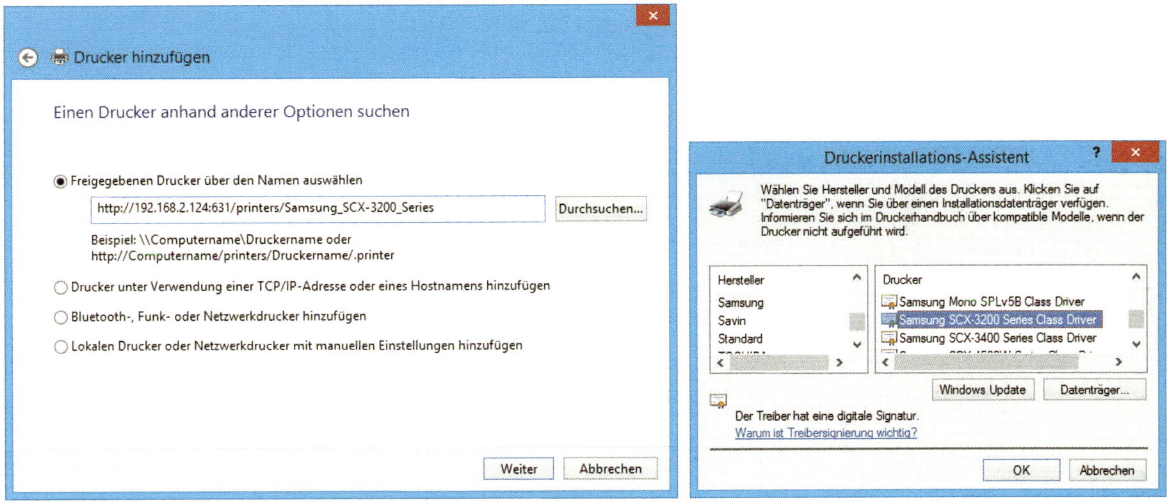

Die richtige Eingabe des Druckernamens und Druckertyps ist entscheidend.

5

Nachdem der Treiber installiert ist, zeigt Windows, dass der Drucker hinzugefügt wurde. Er erscheint jetzt auch in der Liste **Geräte und Drucker** sowie in den Druckerauswahldialogen der Windows-Programme.

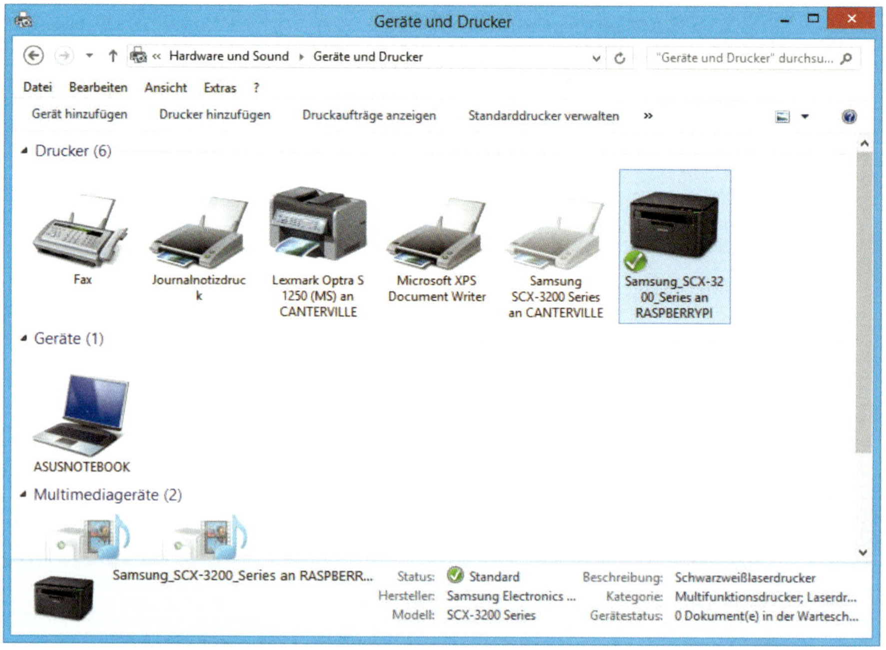

Der neue Drucker kann jetzt benutzt werden.

6 Drucken Sie eine Testseite oder starten Sie gleich ein Programm, um ein Dokument auszudrucken.

7 Auf den Seiten **Aufträge** und **Drucker** in CUPS sehen Sie alle aktiven und fertigen Druckaufträge und können bei Problemen auch Aufträge abbrechen oder den Drucker stoppen.

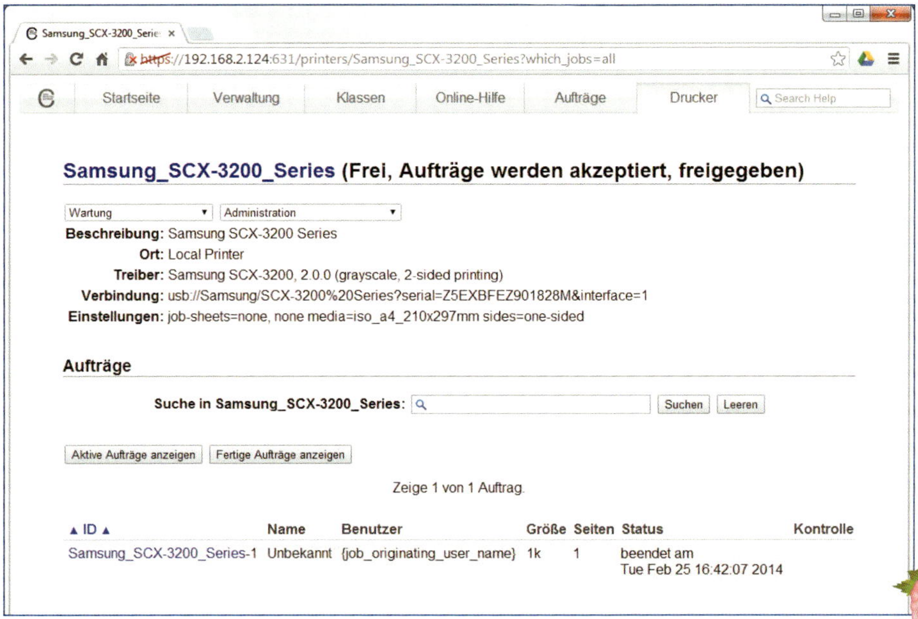

Der CUPS-Printserver lässt sich von jedem PC im Netzwerk auch unter Windows verwalten.

Hannahs Feldsalat mit Himbeeren

Zutaten:

150 g Himbeeren
150 g Feldsalat
75 g Walnüsse (Kerne)
3 EL Essig (Himbeer-Balsamico-Essig)
5 EL Öl (Walnussöl)
1 EL Honig
2 TL Senf
Salz und Pfeffer

Zubereitung:

Himbeeren zusammen mit den Walnusskernen zum Feldsalat geben. Die übrigen Zutaten zu einem Dressing verarbeiten. Dieses vorsichtig mit dem Salat mischen. Sofort servieren.

Quelle: chefkoch.de

VORSICHT: BISSIG!

BarracudaDrive ist in einer speziellen Version für den Raspberry Pi verfügbar, für den Privatanwender kostenlos und stellt einen im lokalen Netzwerk gemeinsam nutzbaren Webserver mit NAS-Funktionen zur Verfügung.

Installation

BarracudaDrive kann komfortabel über den Raspberry-Pi-Store installiert werden. Wer seinen Raspberry Pi headless ohne grafische Oberfläche betreibt, kann einen anderen Installationsweg nutzen, der sogar noch etwas weniger Speicher benötigt.

1 Starten Sie folgende Befehlssequenz (alles in einer Zeile):

```
pushd /tmp/;rm -f install.sh;wget BarracudaDrive.
com/releases/raspberrypi/install.sh;chmod +x
install.sh;sudo ./install.sh;popd
```

2 Es startet ein Installationsskript, das automatisch einen neuen Benutzer mit Namen **bd** auf dem Raspberry Pi anlegt. Dieser hat kein Passwort. In seinem Home-Verzeichnis wird BarracudaDrive installiert. Bestätigen Sie die erste Frage mit **y**.

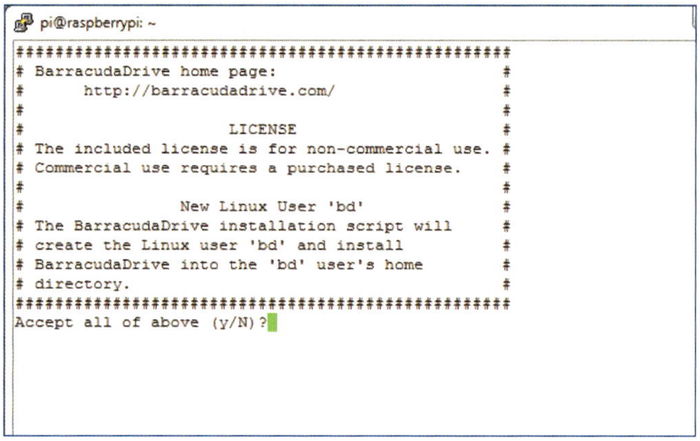

Start des Installationsskripts für BarracudaDrive

3 Am Ende der Installation erscheint eine Frage nach einem optionalen BitTorrent-Modul. Dieses brauchen Sie nur, falls Sie dieses Filesharing-Protokoll auf Ihrem Server nutzen wollen. Andernfalls können Sie die Frage mit der Standardantwort **n** beantworten.

Starten Sie jetzt auf einem PC im Netzwerk einen Browser und geben Sie die IP-Adresse des Raspberry Pi ein. Jetzt öffnet sich im Browser der **Config-Wizard** von BarracudaDrive.

40 Minuten / 9 Schritte

SCHWIERIGKEIT

Das braucht es:

VORWISSEN

1 Routerkonfiguration, S. 25
2 IP-Adressen, S. 20
3 Festplatte, S. 43
4 Webserver, S. 88

KONFIGURATION

Portweiterleitungen 1

HTTP 80

Es darf kein anderer Webserver installiert sein!

SSH-Verbindung zum Raspberry Pi

Feste oder dynamische IP-Adresse im Internet, nur bei Zugriff von außen notwendig 2

Optional: USB-Stick oder Festplatte zum Speichern der Daten 3

SOFTWARE

BarracudaDrive,
www.BarracudaDrive.org

WWWCODE WebDAV-Server

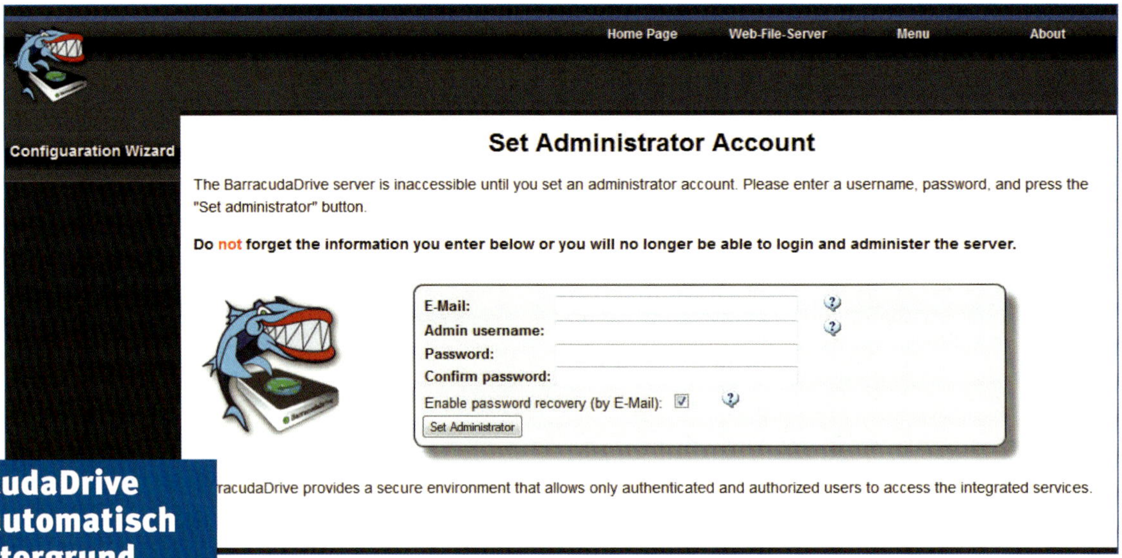

Erster Start des Config-Wizard auf dem BarracudaDrive-Server

5 Im ersten Schritt der Konfiguration richten Sie ein Administratorkonto zur Verwaltung des Servers ein. Dieses hat nichts mit dem Linux-Benutzernamen auf dem Raspberry Pi zu tun, sondern gilt nur für die BarracudaDrive-Software. Geben Sie für den Administrator eine E-Mail-Adresse und einen neuen Benutzernamen (z. B. `admin`) an. Das neue Passwort müssen Sie aus Sicherheitsgründen noch einmal bestätigen.

6 Diese Benutzerdaten dürfen Sie nicht vergessen, da Sie ohne diese den Server nicht mehr verwalten können. Schalten Sie am besten auch die Passwort-Erinnerungsfunktion (**Enable Password recovery**) ein. Damit diese funktioniert, müssen Sie später noch einen Mailserver eintragen.

7 Richten Sie am besten gleich die Passwort-Erinnerungsfunktion ein. Wer weiß, wann Sie das neue Passwort zum ersten Mal vergessen haben. Klicken Sie dazu oben auf **Menu** und auf der nächsten Seite links auf **Administrator Panel**. Auf dieser Seite administrieren Sie auch später den Server. Klicken Sie hier links auf **SMTP-Server**.

8 BarracudaDrive vergibt keine eigenen E-Mail-Adressen, sondern verwendet eine Ihrer persönlichen E-Mail-Adressen, soweit sich diese per SMTP nutzen lässt. Am einfachsten funktioniert die Einrichtung mit einer Gmail- oder Hotmail-Adresse. Hier brauchen Sie nur die E-Mail-Adresse und das Passwort einzugeben, und die Mailfunktion von BarracudaDrive kann sofort genutzt werden.

BarracudaDrive läuft automatisch im Hintergrund

BarracudaDrive wird bei der Installation automatisch gestartet. Damit Sie den Server nicht bei jedem Neustart des Raspberry Pi manuell starten müssen, wird ein Skript angelegt, das ihn immer automatisch startet. BarracudaDrive benötigt im Hintergrund nur minimale CPU-Leistung, kann also problemlos auf dem Raspberry Pi permanent mitlaufen. Dieses Skript nennt sich `bdd` und liegt im Verzeichnis `/etc/init.d`, in dem alle automatisch startenden Scripte liegen.
Sollten Sie den Barracuda-Drive-Server einmal anhalten wollen, geben Sie in einem SSH-Terminal `sudo service bdd stop` ein. Umgekehrt startet `sudo service bdd start` den Dienst wieder.

SMTP-Einstellungen in BarracudaDrive

9

Über die Option **Generic** in den **SMTP Settings** kann BarracudaDrive auch fast jede andere E-Mail-Adresse zum Versand von E-Mails nutzen. In diesem Fall geben Sie neben Ihrer E-Mail-Adresse noch den Namen des Postausgangsservers und den Port (meistens **25** oder **587**) an. Fast alle E-Mail-Anbieter benötigen Benutzernamen und Passwort zur Autorisierung. Schalten Sie den Schalter **Security and Authentication** ein und tragen die notwendigen Daten ein. Die Daten der bekanntesten deutschen Mailserver finden Sie bei: `www.windowsacht.de/e-mail-servernamen`.

Der Maildienst wird in BarracudaDrive nicht nur zur Erinnerung an vergessene Passwörter genutzt, sondern auch, um verschiedenartige Benachrichtigungen an die Nutzer zu senden.

Sicherheitswarnungen ignorieren

Sollte im Browser eine Warnung wegen einer nicht vertrauenswürdigen Https-Verbindung auftauchen, können Sie diese beruhigt ignorieren und als Ausnahme hinzufügen. Die Verbindung läuft nur über das lokale Netzwerk, und Sie haben Ihren Raspberry Pi bestimmt nicht bei einer anerkannten Zertifizierungsstelle angemeldet.

WebDAV-Server in Zahlen

Anzahl notwendiger freigeschalteter Ports in der Firewall für den Betrieb von WebDAV:

1

Jahr, in dem die Arbeit am WebDAV-Protokoll aufgenommen wurde:

1996

Jahr, in dem die WebDAV-Arbeitsgruppe aufgelöst wurde:

2007

IN DER PRAXIS

BarracudaDrive im Netzwerk nutzen

BarracudaDrive verfügt über eine ausgefeilte Benutzerverwaltung, in der Sie unterschiedliche Zugriffsrechte auf Dateien und Verzeichnisse für verschiedene Benutzer einrichten können. Theoretisch können Sie direkt nach dem Start schon als Administrator auf Dateien auf dem BarracudaDrive-Server zugreifen. Da der Administrator aber generell und besonders unter Linux administrativen Aufgaben vorbehalten sein sollte, legen Sie besser einen neuen Benutzer an, selbst wenn Sie den Server nur allein nutzen wollen.

1. Klicken Sie dazu im **Administrator Panel** unter **User Management** auf **Wizard**. Hier geben Sie einen Benutzernamen und ein Passwort für den neuen Benutzer an. Der Benutzername darf keine Leerzeichen und Sonderzeichen enthalten.

2. Lassen Sie den Eintrag unter **Base Path** so bestehen. Hier wird festgelegt, wo auf dem BarracudaDrive die Benutzerverzeichnisse angelegt werden. Das Standardverzeichnis liegt auf dem Raspberry Pi unter **`/home/bd/disk/bdusers`**. Diese Verzeichnisse sind für den Standardbenutzer **`pi`** direkt auf dem Raspberry Pi nicht zu sehen.

3. Die nächste Frage nach dem https-Tunnel können Sie zunächst mit **Cancel** übergehen. Dies ist für einen normalen Dateizugriff nicht nötig.

4. Melden Sie sich danach über **Logout** oben rechts als Administrator ab.

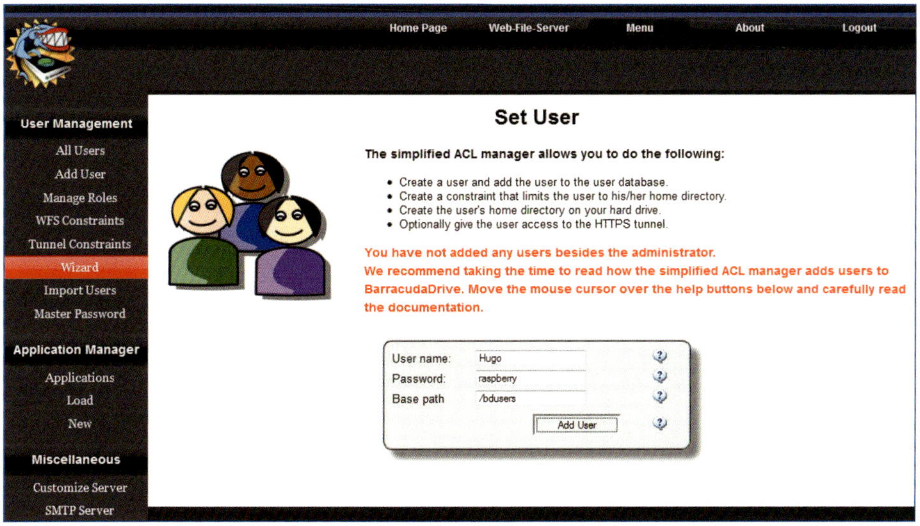

Neuen Benutzer anlegen

5 Melden Sie sich jetzt als der neue Benutzer von einem beliebigen PC im Netzwerk auf dem BarracudaDrive an. Gehen Sie dazu mit dem Browser auf die IP-Adresse des Raspberry Pi und klicken oben im Menü auf **Web-File-Server**. Nach Anmeldung mit Benutzernamen und Passwort sehen Sie die für diesen Benutzer freigegebenen Verzeichnisse. Neben dem eigenen Benutzerverzeichnis existiert unter **`/fs/bdusers/common`** noch ein Verzeichnis, das alle Benutzer zum gegenseitigen Datenaustausch verwenden können.

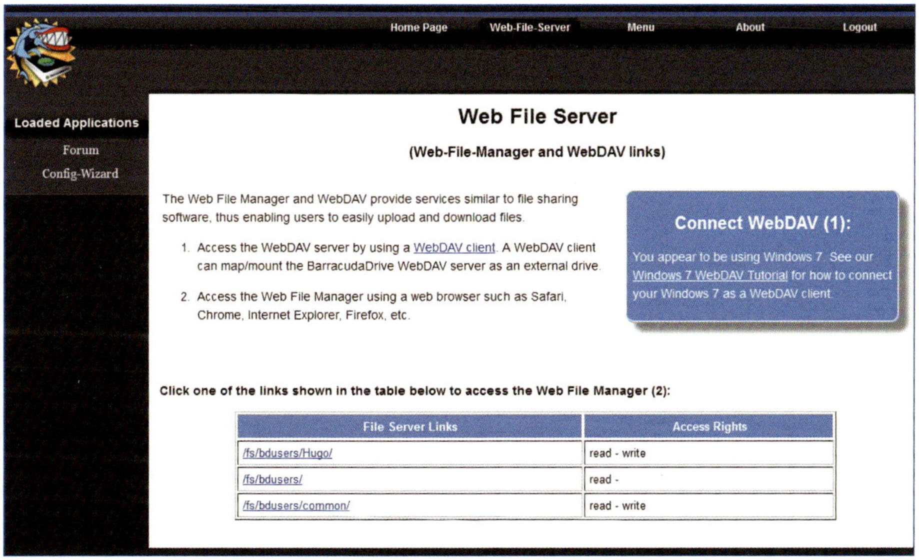

Startseite des Web File Servers

Diaschau auf BarracudaDrive

Das Fotosymbol in der Symbolleiste des Web File Managers startet eine interaktive Diaschau aller Fotos im aktuellen Verzeichnis auf dem BarracudaDrive.

6

Klicken Sie auf ein Verzeichnis, erscheint ein einfacher Dateimanager, mit dem Sie Dateien hoch- und herunterladen können sowie Unterordner anlegen. Klicken Sie auf eine Datei, erscheint ein Menü mit verschiedenen Aktivitäten. Um eine Datei hochzuladen, klicken Sie auf das Cloudsymbol. Sie können dann eine Datei auf Ihrem Computer auswählen oder einfach aus einem Explorer-Fenster per Drag and Drop auf das BarracudaDrive im Browser ziehen.

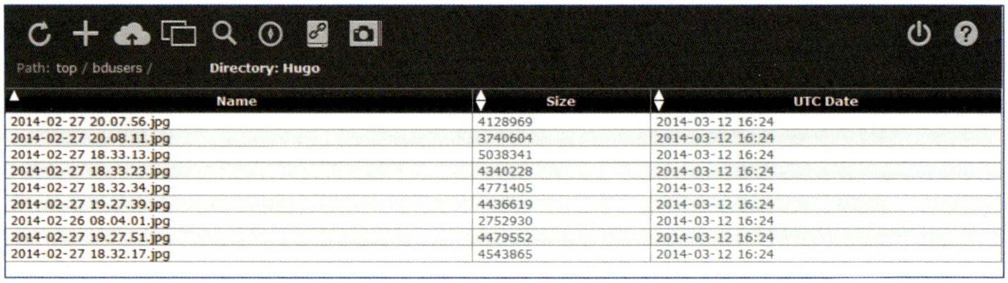

Der Web File Manager

USB-Stick oder Festplatte mit BarracudaDrive nutzen

Der Speicherplatz auf der Speicherkarte des Raspberry Pi ist begrenzt. Wesentlich mehr Platz erhalten Sie, wenn Sie eine externe Festplatte oder einen USB-Stick für BarracudaDrive zur Verfügung stellen. Im folgenden Beispiel gehen wir davon aus, dass ein USB-Stick unter **/media/usb1** gemountet ist.

1

Verschieben Sie das **bdusers**-Verzeichnis von BarracudaDrive auf den USB-Stick.

```
sudo mv /home/bd/disk/bdusers /media/usb1
```

2

Legen Sie jetzt eine symbolische Verknüpfung für das Verzeichnis auf dem USB-Stick an.

```
sudo ln -s /media/usb1/bdusers /home/bd/disk/bdusers
```

BarracudaDrive greift jetzt auf den USB-Stick zu, als wenn es sich dabei um das Standardverzeichnis für die Benutzerdaten auf der Speicherkarte handeln würde.

Echtes NAS-Laufwerk per WebDAV

Ein Dateizugriff per Browser ist zwar möglich, aber im Alltag doch sehr mühsam. Wesentlich komfortabler ist es, das BarracudaDrive wie ein echtes NAS-Laufwerk mit eigenem Laufwerksbuchstaben im Windows Explorer zur Verfügung zu haben. WebDAV, ein speziell für diese Zwecke entwickeltes Datenübertragungsprotokoll, macht das möglich.

1

Öffnen Sie auf dem PC den Windows Explorer in der Ansicht **Dieser PC**, wo alle Laufwerke angezeigt werden. In Windows 7 hieß diese Ansicht noch **Computer**.

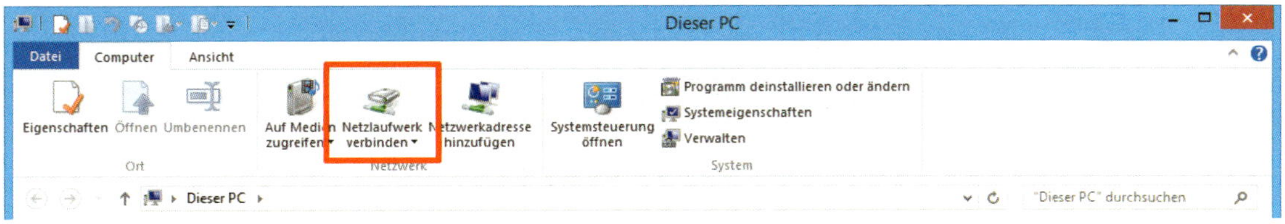

Netzlaufwerk verbinden

2

Klicken Sie in der oberen Leiste auf **Netzlaufwerk verbinden**. Es öffnet sich ein neues Dialogfeld. Wählen Sie hier einen Laufwerksbuchstaben für das neue Laufwerk aus oder übernehmen einfach den Vorschlag. Kopieren Sie dann in das Feld **Ordner** die Adresse Ihres persönlichen Verzeichnisses auf dem BarracudaDrive, so wie Sie sie im Web File Manager sehen.

Laufwerkbuchstaben und Serverpfad eintragen

3 Schalten Sie die beiden Schalter **Verbindung bei Anmeldung wiederherstellen** und **Verbindung mit anderen Anmeldeinformationen herstellen** ein und klicken Sie auf **Fertig stellen**. Windows versucht jetzt, eine Verbindung zum BarracudaDrive herzustellen. Es erscheint ein weiteres Fenster, in dem Sie Benutzernamen und Passwort eingeben müssen. Dabei ist nicht Ihr Windows-Benutzername, sondern Ihr Benutzername auf dem BarracudaDrive gefragt.

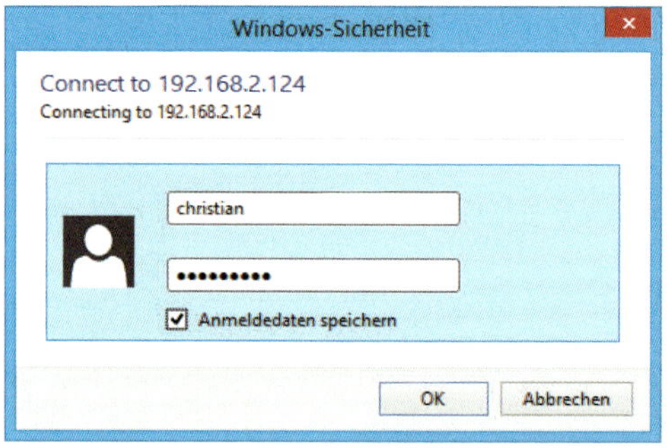

Benutzeranmeldung auf dem BarracudaDrive

4 Nach erfolgreicher Anmeldung steht das BarracudaDrive als Laufwerk im Windows Explorer zur Verfügung und kann wie jedes andere Laufwerk genutzt werden. So können Sie zum Beispiel Office-Dokumente direkt auf dem BarracudaDrive öffnen, ohne sie zuerst auf die lokale Festplatte kopieren zu müssen.

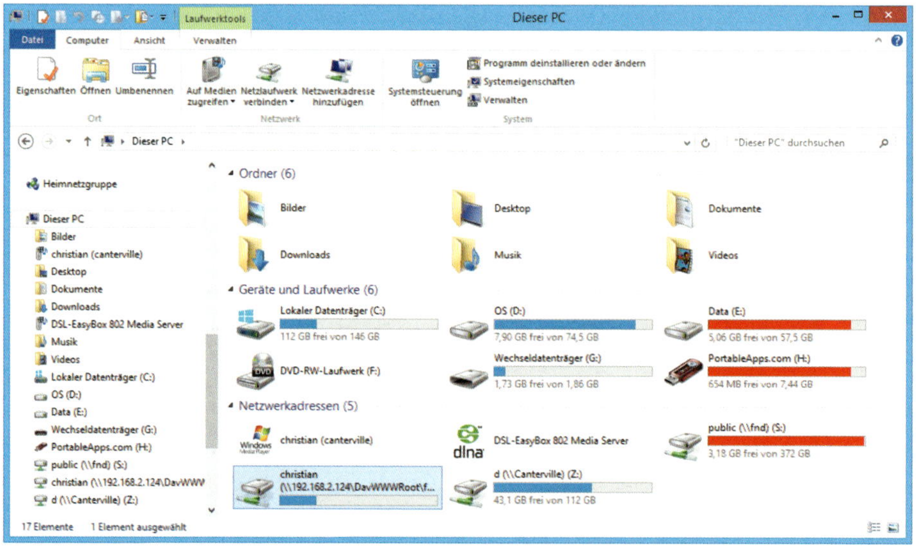

BarracudaDrive als NAS im Windows Explorer auf einem PC

BarracudaDrive als Webserver

BarracudaDrive enthält einen eigenen Webserver, speziell für Applikationen, der auf Basis der Skriptsprache Lua (`www.lua.org`) läuft. Neben dem bereits erwähnten Web File Manager läuft auf dem Webserver noch ein CMS, mit dem sich ansprechende Webseiten sehr einfach direkt auf dem Server erstellen lassen.

1 Klicken Sie oben im Menü der Startseite des BarracudaDrive auf **CMS Admin**. Hier müssen Sie sich mit dem Administratorkonto anmelden.

2 Schalten Sie auf dem Bildschirm **Configure CMS** oben die Option **Public CMS** ein und wählen Sie ein Theme.

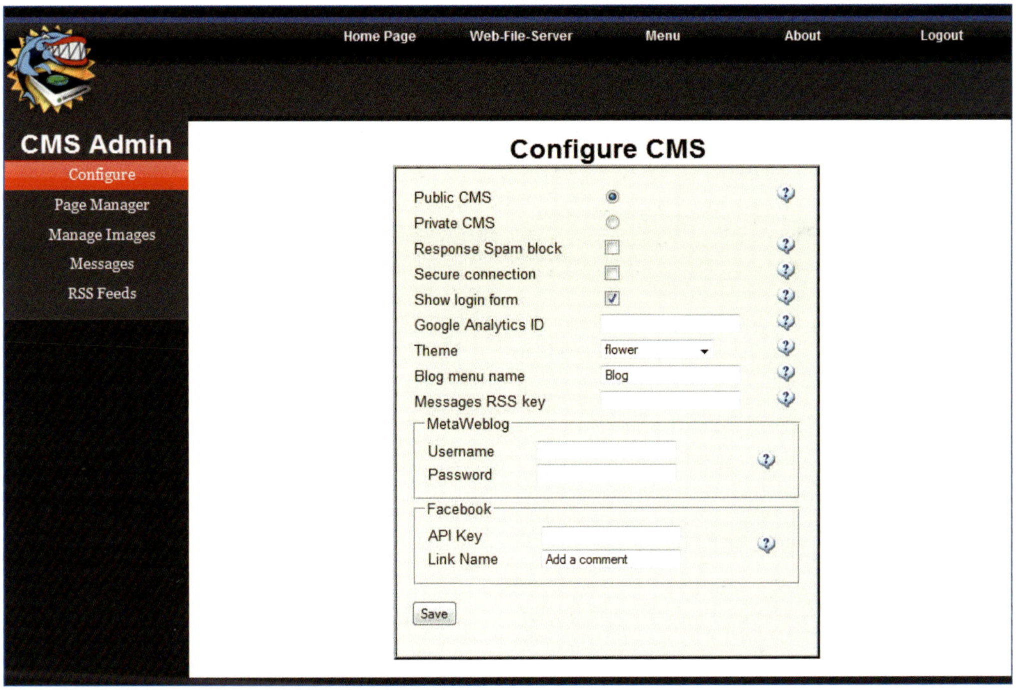

Die sehr einfach gehaltene Konfiguration des CMS

3 Im **Page Manager** können Sie jetzt neue Seiten anlegen. Als Beispiel ist das Handbuch für das CMS direkt in diesem System geschrieben und kann auch vom Benutzer bearbeitet werden.

Themes verändern

Die Themes liegen als zip-Dateien im Verzeichnis **`/home/bd/themes`**. Jede zip-Datei enthält Lua-lsp-, css- und JavaScript-Dateien sowie die verwendeten Bilder. Da alle Daten im Quellcode vorliegen, können Sie sie bei Bedarf bearbeiten und so eigene Themes für das CMS erstellen.

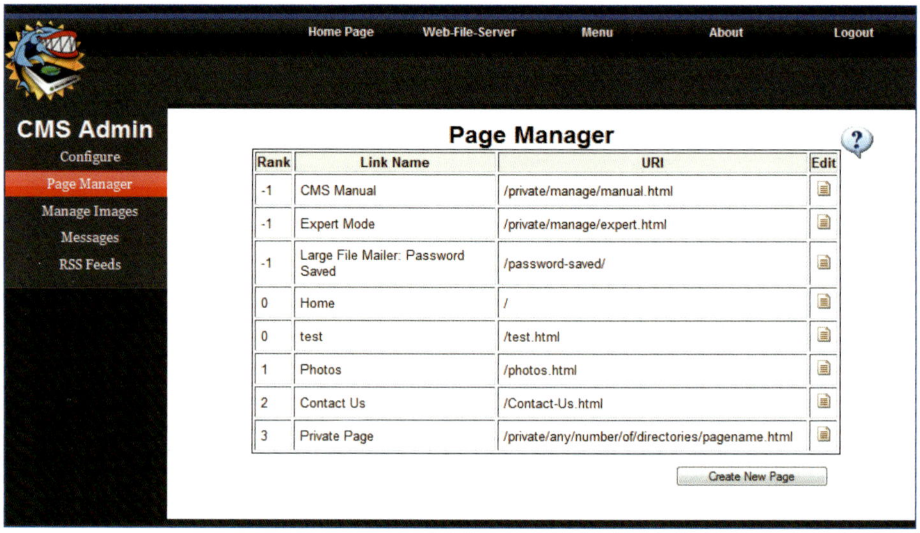

Der Page Manager auf dem BarracudaDrive

4 Alle vom CMS verwalteten Seiten werden automatisch mit dem gewählten Theme dargestellt.

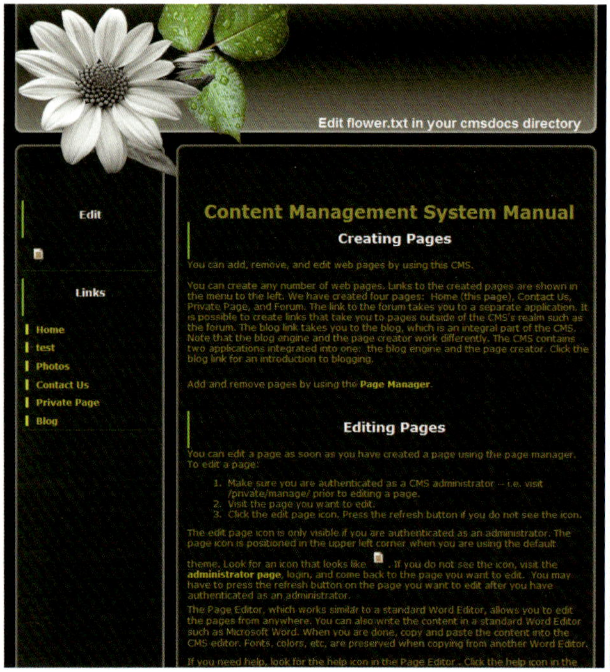

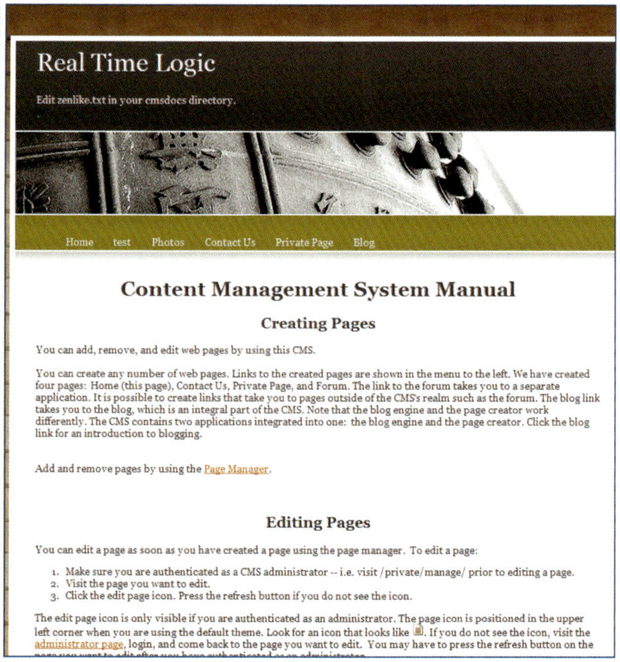

Die gleiche Seite in verschiedenen Themes dargestellt

5 Auf jeder Seite befindet sich ein kleines Bearbeitungssymbol in Form eines Notizzettels. Klicken Sie darauf, öffnet sich ein WYSIWYG-Editor in einem neuen Fenster. Dieser verfügt über komfortable Funktionen zur Bearbeitung und Formatierung des Seiteninhalts. Dafür sind keine HTML-Kenntnisse nötig.

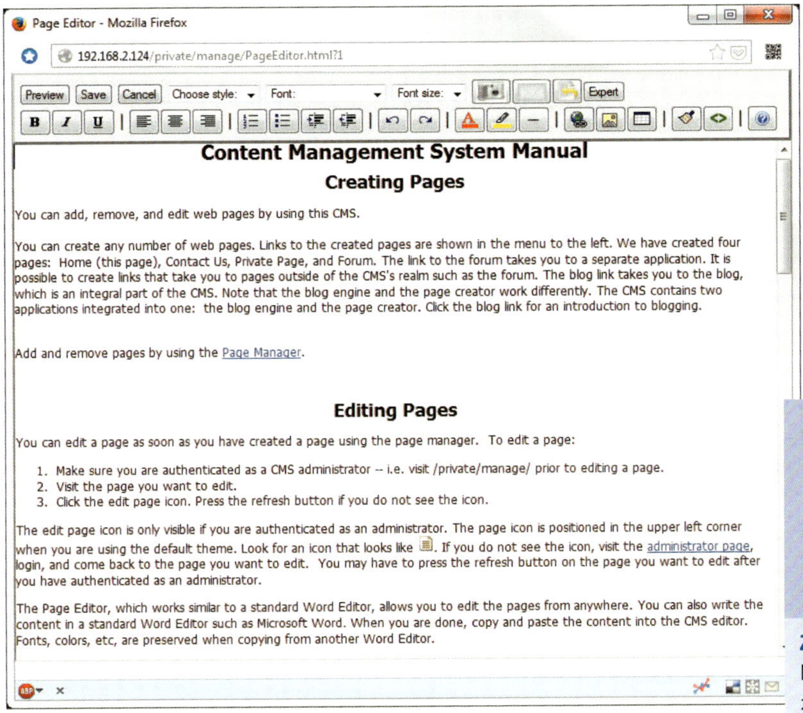

Der Editor des BarracudaDrive-CMS

HTML-Quellcode bearbeiten

Für Experten bietet der Editor oben rechts ein Symbol ‹ ›, das auf die HTML-Darstellung umschaltet. Hier können HTML-Tags direkt bearbeitet werden.

Himbeeren mit Honig

Zutaten:
Himbeeren zum Garnieren
2 EL Himbeeressig
3 EL Rapsöl, kaltgepresst
1/2 EL Honig, cremig
1 Msp. Senf, mittelscharf
1 TL Pfeffer aus der Mühle
1/2 TL Salz
Knoblauchzehe(n), gepresst

Zubereitung:
Alle Zutaten gut vermischen.

Schmeckt am besten, wenn man klein geschnittene Karotten, Paprika und anderes Gemüse in den Salat mischt.

Himbeeren zur Garnierung auf den Salat geben.

Quelle: chefkoch.de

AUGEN AUF

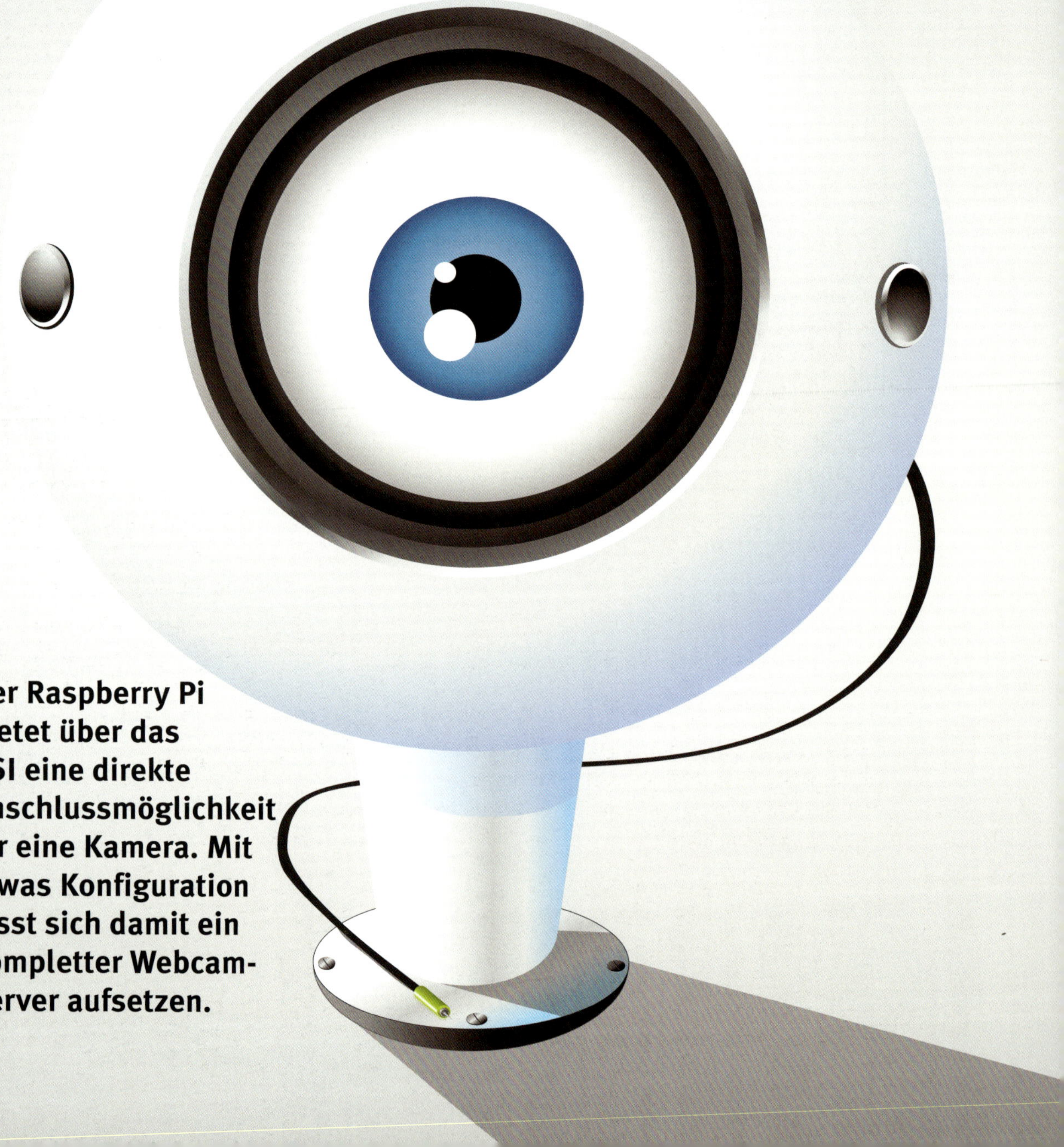

Der Raspberry Pi bietet über das CSI eine direkte Anschlussmöglichkeit für eine Kamera. Mit etwas Konfiguration lässt sich damit ein kompletter Webcam-Server aufsetzen.

Installation

Die grundlegenden Funktionen zur Steuerung der Kamera werden bei Raspbian bereits mitgeliefert, müssen aber zunächst aktiviert werden.

1 Starten Sie dazu das Konfigurationstool.

```
sudo raspi-config
```

2 Schalten Sie hier im Menüpunkt **Enable Camera** die Kamerafunktionen ein. Danach muss der Raspberry Pi neu gebootet werden.

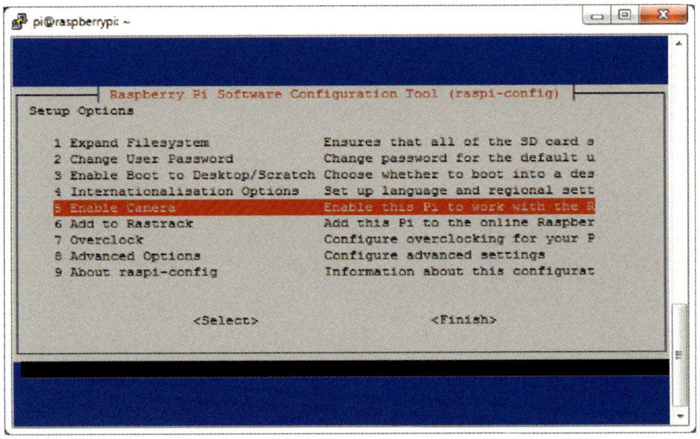

Kamerafunktionen im Betriebssystem aktivieren

Diese Einstellung ist erst in neueren Raspbian-Versionen hinzugekommen. Sollte Ihr Konfigurationstool diesen Menüpunkt nicht bieten, brauchen Sie deshalb nicht gleich ein komplett neues Raspbian-Image zu installieren. Aktualisieren Sie Ihr Betriebssystem einfach mit `sudo apt-get upgrade`.

3 Raspbian liefert ein Kommandozeilentool mit, mit dem Sie direkt das erste Foto aufnehmen können.

```
raspistill -v -o foto.jpg
```

20 Minuten / 8 Schritte

SCHWIERIGKEIT

Das braucht es:

VORWISSEN

1 Routerkonfiguration, S. 25

2 IP-Adressen, S. 20

3 Festplatte, S. 43

4 Webserver, S. 88

KONFIGURATION

Portweiterleitungen 1

HTTP 80

SSH-Verbindung zum Raspberry Pi

Feste oder dynamische IP-Adresse im Internet 2

USB-Stick/Festplatte zur Datenspeicherung 3

Webserver auf dem Raspberry Pi (z. B.: lighttpd) – keine Datenbank nötig 4

SOFTWARE

Lighttpd, www.lighttpd.net

HARDWARE

Raspberry-Pi-Kamera

WWWCODE Webcam-Server

Der Parameter **-o** gibt den Dateinamen an, unter dem das Foto gespeichert wird. Ohne Verzeichnisangabe landet das Bild im Home-Verzeichnis **/home/pi**. Außer im JPG-Format lassen sich Fotos auch in den Formaten PNG und BMP speichern, was aber deutlich länger dauert, da der Grafikchip des Raspberry Pi nur JPG-Dateien mit Hardwarebeschleunigung komprimieren kann.

4 Da bei einer Webcam schnell eine große Datenmenge durch die in regelmäßigen Zeitabständen aufgenommenen Fotos anfällt, verwenden wir in diesem Projekt einen USB-Stick als Speicher für die Webserverdaten. Bei dieser Gelegenheit sehen Sie gleich, wie einfach es ist, einen USB-Stick, der wie im Projekt Festplatte beschrieben gemountet ist, einem Webserver zur Verfügung zu stellen. Natürlich können Sie auch eine ausreichend große Speicherkarte nutzen und den USB-Stick weglassen.

5 Fügen Sie den Standardbenutzer **pi** der Benutzergruppe **www-data** hinzu. Diese Gruppe verwendet der Webserver.

```
sudo adduser pi www-data
```

6 Geben Sie der gesamten Gruppe Schreibrecht auf das Verzeichnis des Webservers.

```
sudo chmod 775 /var/www
```

7 Erstellen Sie auf dem USB-Stick ein Verzeichnis für die Webcam-Fotos. Geben Sie dabei das Verzeichnis an, in dem der USB-Stick gemountet ist, im Beispiel **/media/usb2**.

```
mkdir /media/usb2/webcam
```

8 Erstellen Sie auf dem Webserver einen symbolischen Link für dieses Verzeichnis auf dem USB-Stick.

```
sudo ln -s /media/usb2/webcam /var/www/webcam
```

Webcam in Zahlen

Datum, an dem die erste Webcam der Welt, die sogenannte »Trojan Room coffee machine«, in Betrieb ging:

11.11.1991

Datum, an dem die »Trojan Room coffee machine« abgeschaltet wurde:

22.08.2001

Geldbetrag (britische Pfund), zu dem die Kaffeemaschine ersteigert wurde, die von der »Trojan Room coffee machine« gefilmt wurde:

3.500

Die Raspberry-Pi-Kamera als Webcam

Die Raspberry Pi Foundation hat eine eigene kleine Kamera mit 5 Megapixeln für den Raspberry Pi entwickelt, die zwar von Anfang an geplant war, aber erst seit Sommer 2013 lieferbar ist. Die Kamera ist auf einer ca. 2,5 x 2,5 cm großen Platine verbaut, an der ein dünnes Flachkabel fest angeschlossen ist. Dieses Kabel wird auf dem Raspberry Pi in einen speziell dafür vorgesehenen Steckplatz zwischen den Anschlüssen für Netzwerk und HDMI eingesteckt. Dazu müssen Sie zunächst die Schutzfolie über diesem Steckplatz entfernen und die Verriegelung leicht nach oben ziehen, um sie zu lösen. Stecken Sie das Kabel der Kamera mit der blauen Seite zum Netzwerkanschluss in den Steckplatz und drücken Sie die Verriegelung wieder nach unten.

Auf der Kamera selbst befindet sich ebenfalls eine Schutzfolie, die abgezogen werden muss. Die Kamera hat ein Fixfocus-Objektiv, kann also das Bild nicht scharf stellen. Daher ist es umso wichtiger, dass sie während der Aufnahme ruhig gelagert ist. Fotos aus der Hand sind fast unmöglich. In den Ecken der Kameraplatine sind Löcher, um die Kamera irgendwo festzuschrauben. Eine sogenannte »dritte Hand«, wie man sie beim Löten zum Festhalten von Platinen und Kleinteilen benutzt, eignet sich sehr gut als Kamerastativ.

Achten Sie dabei darauf, die Platine nur in den äußersten Ecken zu greifen, um keinen Kurzschluss zu verursachen. Sicherheitshalber schützen Sie die jeweilige Platinenecke mit etwas Klebeband vor Berührung mit Metallteilen.

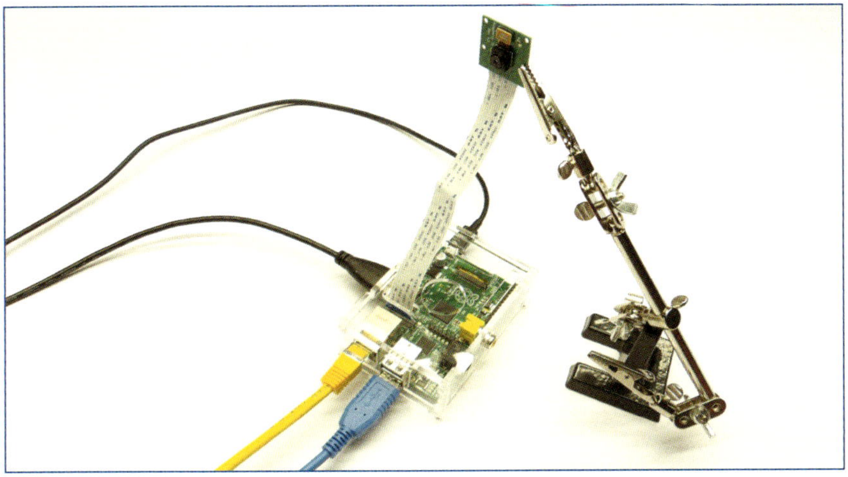

Kamera mit Stativ am Raspberry Pi

Ein Python-Programm macht die Fotos

Die Raspberry-Pi-Kamera kann über eine eigene Python-Bibliothek direkt aus Python-Programmen heraus deutlich komfortabler als über die Kommandozeile gesteuert werden. Vor der ersten Verwendung muss diese Bibliothek installiert werden.

```
sudo apt-get update
sudo apt-get install python-picamera
```

Das Programm **webcam.py** von **www.buch.cd** fotografiert in regelmäßigen Abständen mit der Raspberry-Pi-Kamera und speichert die Bilder auf dem USB-Stick.

```
import picamera, time, os

kamera = picamera.PiCamera()
kamera.resolution = (640, 480)
try:
  while True:
    bild = "/var/www/webcam/"+time.strftime("%H-%M-%S")+".jpg"
    kamera.capture(bild)
    os.popen("cp "+bild+" /var/www/webcam/webcam.jpg").readline()
    time.sleep(5)

except KeyboardInterrupt:
  kamera.close()
```

So funktioniert es

Das Python-Programm braucht keine root-Rechte, da die GPIO-Schnittstelle nicht genutzt wird. Die Kamera kommt mit normalen Benutzerrechten aus.

```
import picamera, time, os
```

Das Programm benötigt die Bibliothek **picamera** mit den Kamerafunktionen, **time**, um die Bilder mit einer Zeitangabe zu versehen sowie **os**, um die Dateien zu kopieren.

```
kamera = picamera.PiCamera()
```

Die Kamera wird über ein Objekt gesteuert, das aus einer Klasse der Bibliothek generiert wird. Dieses Kameraobjekt bietet diverse Methoden, über die Python die verschiedenen Kamerafunktionen aufruft.

```
kamera.resolution = (640, 480)
```

Die Fotoauflösung der Kamera wird auf 640 x 480 Pixel gesetzt. Natürlich können Sie auch jede andere Auflösung wählen.

```
try:
  while True:
```

Jetzt startet eine Endlosschleife, die die Bilder fotografiert.

```
    bild = "/var/www/webcam/"+time.strftime("%H-%M-%S")+".
jpg"
```

Aus der Uhrzeit und dem Verzeichnisnamen wird der Dateiname für das nächste Foto in der Variable **bild** gespeichert. Dabei werden mithilfe der Funktion **time.strftime()** nur die Stunden, Minuten und Sekunden übernommen, nicht das Datum. Auf diese Weise wird der verbrauchte Speicherplatz für die Bilder begrenzt, da theoretisch nach 24 Stunden alte Bilder überschrieben werden, was bedingt durch den 5-Sekunden-Rhythmus der Aufnahmen nicht ganz zutrifft. Aber spätestens nach fünf Tagen werden alte Bilder überschrieben.

```
    kamera.capture(bild)
```

Jetzt nimmt die Kamera ein Bild auf und speichert es unter dem in `bild` festgelegten Namen und Verzeichnis auf dem Webserver.

```
    os.popen("cp "+bild+" /var/www/webcam/webcam.jpg").
readline()
```

Über die Bibliotheksfunktion `os.popen()` wird der Linux-Befehl `cp` aufgerufen, der das aktuelle Bild zusätzlich in die Datei `/var/www/webcam/webcam.jpg` kopiert. Damit steht das neueste Foto unter immer dem gleichen Dateinamen zur Verfügung.

```
    time.sleep(5)
```

Mit einer Verzögerung von 5 Sekunden startet die Schleife erneut. Natürlich können Sie hier auch einen anderen Zeitraum festlegen.

```
except KeyboardInterrupt:
  kamera.close()
```

Drückt der Benutzer die Tastenkombination Strg+C, wird die Kamera geschlossen. Dies ist unbedingt nötig, da die Kamera sonst nach Programmende nicht von anderen Anwendungen genutzt werden kann.

Webcam-Bilder auf einer Webseite darstellen

Um das jeweils aktuelle Webcam-Bild im Browser zu betrachten, erstellen Sie im Verzeichnis `/var/www/webcam` eine Datei `index.html` mit folgendem Inhalt:

```
<html>
<head>
<meta http-equiv="Refresh" content="5">
<meta http-equiv="Pragma" content=
"no-cache">
<title>Webcam</title>
</head>

<body>
<h1 align="center">Meine Raspberry Pi
```

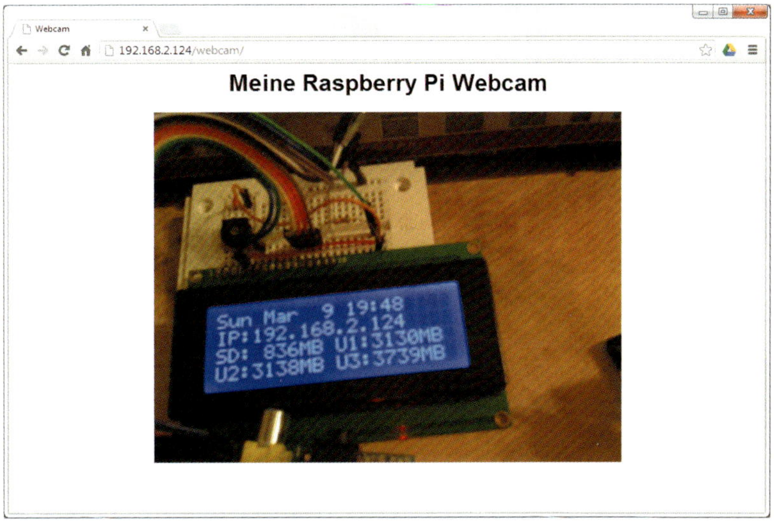

Bild der Webcam im Browser

```
Webcam</h1>
<p align="center">
<img src="webcam.jpg" width="640" heigth="480">
</p>
</body>
</html>
```

Die Meta-Angaben im Header sorgen dafür, dass die Seite alle 5 Sekunden neu geladen wird und keinen Cache verwendet, in dem ein älteres Bild gespeichert bleiben könnte.

Rufen Sie den Webserver von einem PC innerhalb des lokalen Netzwerks über seine IP-Adresse auf.

```
http://192.168.2.124/webcam
```

Im Beispiel beobachtet die Webcam eine Statusanzeige auf einem LC-Display, wie sie im Projekt Statusanzeige am Ende dieses Buches beschrieben wird. Im Projekt Webserver erfahren Sie, wie Sie einen Webserver auf dem Raspberry Pi im Internet verfügbar machen, um Ihre Webcam von überall auf der Welt sehen zu können.

Webcam-Fotoarchiv

Das Python-Programm speichert alle Fotos zusätzlich mit einer Zeitangabe als Dateinamen. Diese Bilder können Sie sich auf dem Webserver mit der im Projekt PhotoShow beschriebenen PHP-Fotogalerie übersichtlich anzeigen lassen.

Der Modelleisenbahnwagen im Bild verhindert, dass die einzelnen Teile gegeneinander verrutschen, was leicht passieren kann, weil die Verbindungskabel relativ starr sind. Natürlich würde auch jeder andere schwere Gegenstand oder ein doppelseitiges Klebeband diesen Zweck erfüllen.

Methoden der PiCamera-Bibliothek

Nachdem über die Funktion `picamera.PiCamera()` ein Kamera-Objekt initialisiert wurde, stehen verschiedene Methoden zur Steuerung der Kamera sowie zum Schreiben und Lesen diverser Parameter zur Verfügung.

awb_mode	Einstellungen für den Weißabgleich setzen oder abfragen
brightness	Einstellungen für die Helligkeit setzen oder abfragen
capture	Foto oder Stream aufzeichnen
capture_continuous	Endlose Folge von Bildern aufzeichnen
capture_sequence	Folge von Bildern mit vorgegebenen Namen aufzeichnen
close	Kamera-Objekt schließen, Ressourcen freigeben
closed	Prüfen, ob das Kamera-Objekt geschlossen wurde
color_effects	Einstellungen für Farbeffekte setzen oder abfragen
contrast	Einstellungen für Kontrast setzen oder abfragen
crop	Einstellungen für Bildausschnitt setzen oder abfragen
exif_tags	Exif-Tags setzen

exposure_compensation	Einstellungen für Belichtungskorrektur setzen oder abfragen
exposure_mode	Einstellungen für Belichtungsmodus setzen oder abfragen
frame	Informationen zum aktuellen Frame abfragen
framerate	Einstellungen für Framerate setzen oder abfragen
hflip	Einstellungen für horizontales Kippen setzen oder abfragen
image_effect	Einstellungen für Bildeffekte setzen oder abfragen
ISO	ISO-Einstellungen setzen oder abfragen
led	Kamera-LED ein- oder ausschalten (RPi.GPIO-Bibliothek und root-Berechtigung erforderlich)
meter_mode	Einstellungen für Belichtungsmessung setzen oder abfragen
preview_alpha	Einstellungen für Transparenz des Vorschaufensters setzen oder abfragen
preview_fullscreen	Einstellungen für Vollbildmodus des Vorschaufensters setzen oder abfragen
preview_layer	Einstellungen für Layer des Vorschaufensters setzen oder abfragen
preview_window	Größe des Vorschaufensters setzen oder abfragen
previewing	Prüfen, ob eine Vorschau zu sehen ist
recording	Prüfen, ob eine Videoaufnahme läuft
resolution	Bildauflösung festlegen
resolution	Einstellungen für Auflösung setzen oder abfragen
rotation	Einstellungen für Drehung setzen oder abfragen
saturation	Einstellungen für Farbsättigung setzen oder abfragen
sharpness	Einstellungen für Schärfe setzen oder abfragen
shutter_speed	Einstellungen für Belichtungszeit setzen oder abfragen
split_recording	Aktuelle Videoaufzeichnung beim nächsten Split-Punkt beenden und direkt eine neue Aufzeichnung starten
start_preview	Echtzeitvorschau starten
start_recording	Videoaufzeichnung starten
stop_preview	Echtzeitvorschau beenden
Stopp_recording	Videoaufzeichnung beenden
vflip	Einstellungen für vertikales Kippen setzen oder abfragen
video_stabilization	Einstellungen für Videostabilisierungsmodus setzen oder abfragen
wait_recording	Video-Encoder warten lassen, um auf Fehler zu überprüfen

Eine ausführliche Beschreibung aller Methoden finden Sie in der offiziellen Dokumentation des PiCamera-Moduls: **`picamera.readthedocs.org/en/release-1.2`**.

Himbeer-Turm

Zutaten:

150 g Himbeeren
1 Packung Himbeer-Götterspeise
400 ml Wasser
3 EL Zucker
125 g Sahne
evtl. Obst zum Garnieren

Zubereitung:

Die Götterspeise nach Anleitung mit 3 EL Zucker kochen, aber mit 400 ml Wasser. Die Götterspeise dritteln. 1/3 gleichmäßig auf 3 hohe Trinkgläser verteilen und im Kühlschrank fest werden lassen. Die restliche Götterspeise auch fest werden lassen.

Die Himbeeren pürieren, durch ein Sieb streichen und dann mit dem zweiten Drittel der fest gewordenen Götterspeise mixen. Nun den Himbeermix auf die fest gewordene Götterspeise füllen, sodass die Gläser zu 2/3 gefüllt sind. Nun wieder kaltstellen.

Die restliche Götterspeise dann mit 125 g geschlagener Sahne mixen und in die Gläser füllen. Nach Belieben kann noch mit Obst garniert werden.

Quelle: chefkoch.de

LIEBER AUSSCHLAFEN

Große Dateien aus dem Internet herunter zu laden, kann sehr lange dauern. Wer dazu die Nacht oder Zeiten nutzen möchte, zu denen man sowieso nicht zu Hause ist, muss immer seinen PC laufen lassen. Einfacher und stromsparender ist da ein Raspberry Pi.

Installation

Der Name **pyLoad** kommt nicht von Raspberry Pi, sondern von Python, der Programmiersprache, mit der das Programm geschrieben ist.

1 Python ist auf dem Raspberry Pi vorinstalliert, einige Zusatzmodule müssen aber noch nachinstalliert werden.

```
sudo apt-get update
sudo apt-get install python-crypto python-pycurl
python-imaging liblept3 tesseract-ocr spidermonkey-
bin python-qt4 screen
```

2 Anschließend installieren Sie das Programm pyLoad.

```
wget http://download.pyload.org/pyload-v0.4.9-all.
deb sudo dpkg -i pyload-v0.4.9-all.deb
rm pyload-v0.4.9-all.deb
```

3 Jetzt kann pyLoad direkt gestartet werden. Beim ersten Start werden diverse Einstellungen vorgenommen, die, nachdem sie einmal gespeichert sind, nicht mehr jedes Mal abgefragt werden.

```
cd /usr/share/pyload
./pyLoadCore.py
```

4 Wählen Sie im ersten Schritt die Sprache Deutsch **de**.

20 Minuten / 9 Schritte

SCHWIERIGKEIT

Das braucht es:

VORWISSEN

1 Routerkonfiguration, S. 25
2 IP-Adressen, S. 20
3 Festplatte, S. 43

KONFIGURATION

Portweiterleitungen 1
pyLoad 8000

SSH-Verbindung zum Raspberry Pi

Feste oder dynamische IP-Adresse im Internet 2

USB-Stick/Festplatte zur Datenspeicherung 3

Samba-, WebDav- oder FTP-Server, um im Netzwerk auf die heruntergeladenen Daten zuzugreifen

SOFTWARE

pyLoad, **www.pyload.org**

WWWCODE Download-Server

5 Zuerst führt das Setup automatisch einen Systemcheck aus. Hier wird in den meisten Fällen angezeigt, dass kein SSL verfügbar ist, was solange pyLoad im lokalen Netzwerk läuft auch nicht nötig ist.

6 Jetzt erscheinen noch diverse weitere Abfragen. Beantworten Sie diese am besten mit den in der Tabelle angegeben Werten. In den meisten Fällen handelt es sich um die vorgegebenen Standardeinstellungen, in Klammern dargestellt.

Parameter	Wert	Erklärung
`Config Pfad ändern?`	`[n]`	Standardpfad `/home/pi/.pyload`
`Erstelle Grundeinstellungen?`	`[j]`	Grundeinstellungen sollten immer vorgenommen werden
`Benutzername`		Denken Sie sich einen Benutzernamen für pyLoad aus
`Passwort`		Denken Sie sich ein Passwort für pyLoad aus
`Aktiviere Fernzugriff`	`n`	Nicht nötig, wenn nur das Webinterface genutzt wird
`Sprache`	`de`	Deutsch
`Download Ordner`	`[Downloads]`	Kann später noch geändert werden
`Maximale parallele Downloads`	`[3]`	Je nach Geschwindigkeit der Internetverbindung evtl. auch weniger
`Benutze Reconnect?`	`[n]`	War früher nötig, als Downloads noch öfter zufällig abbrachen
`Konfiguriere Webinterface?`	`[j]`	Ohne Webinterface lässt sich pyLoad nur mit speziellen Programmen oder über Kommandozeile bedienen
`Adresse`	`[0.0.0.0]`	Überall aus dem Netz ansprechbar
`Port`	`[8000]`	Muss nur geändert werden, wenn auf diesem Port eine andere Serversoftware läuft
`Server`	`[builtin]`	Alle anderen Server müssten speziell konfiguriert werden

7 Nach der Einrichtung drücken Sie die Enter-Taste, um pyLoad neu zu starten. Beim nächsten Start werden Plugins aktualisiert. Danach müssen Sie pyLoad mit der Tastenkombination Strg+C beenden und manuell neu starten.

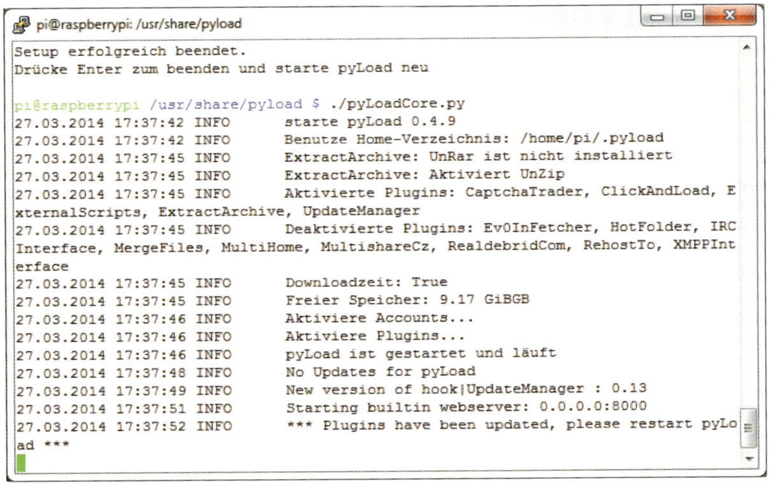

```
pi@raspberrypi: /usr/share/pyload
Setup erfolgreich beendet.
Drücke Enter zum beenden und starte pyLoad neu

pi@raspberrypi /usr/share/pyload $ ./pyLoadCore.py
27.03.2014 17:37:42 INFO      starte pyLoad 0.4.9
27.03.2014 17:37:42 INFO      Benutze Home-Verzeichnis: /home/pi/.pyload
27.03.2014 17:37:45 INFO      ExtractArchive: UnRar ist nicht installiert
27.03.2014 17:37:45 INFO      ExtractArchive: Aktiviert UnZip
27.03.2014 17:37:45 INFO      Aktivierte Plugins: CaptchaTrader, ClickAndLoad, E
xternalScripts, ExtractArchive, UpdateManager
27.03.2014 17:37:45 INFO      Deaktivierte Plugins: Ev0InFetcher, HotFolder, IRC
Interface, MergeFiles, MultiHome, MultishareCz, RealdebridCom, RehostTo, XMPPInt
erface
27.03.2014 17:37:45 INFO      Downloadzeit: True
27.03.2014 17:37:45 INFO      Freier Speicher: 9.17 GiBGB
27.03.2014 17:37:46 INFO      Aktiviere Accounts...
27.03.2014 17:37:46 INFO      Aktiviere Plugins...
27.03.2014 17:37:46 INFO      pyLoad ist gestartet und läuft
27.03.2014 17:37:48 INFO      No Updates for pyLoad
27.03.2014 17:37:49 INFO      New version of hook|UpdateManager : 0.13
27.03.2014 17:37:51 INFO      Starting builtin webserver: 0.0.0.0:8000
27.03.2014 17:37:52 INFO      *** Plugins have been updated, please restart pyLo
ad ***
```

Wenn die Meldung *** Plugins have been updated, please restart pyLoad *** erscheint, muss pyLoad beendet und manuell neu gestartet werden.

8 Nach dem Neustart werden die aktualisierten Plugins für zahlreiche verschiedene Hoster in das System integriert, was einige Zeit dauert. Erst wenn alle Plugins durchgelaufen sind, muss pyLoad ein weiteres Mal manuell neu gestartet werden.

9 Jetzt startet pyLoad wirklich. Nachdem die Meldung **Starting builtin webserver** angezeigt wurde, ist das System betriebsbereit.

Download-Server in Zahlen

Anzahl der heruntergeladenen kostenpflichtigen E-Books im Jahr 2012:

12.600.000

Anzahl der heruntergeladenen mobilen Apps im Jahr 2014:

3.400.000.000

Anzahl der bezahlten Downloads in Deutschland im Jahr 2010:

90.000.000

Umsatz mit bezahlten PC-Downloads in Deutschland im Jahr 2010 (in Euro):

390.000.000

IN DER PRAXIS

1 pyLoad über Weboberfläche nutzen

Geben Sie jetzt im Browser auf einem PC im Netzwerk die IP-Adresse des Raspberry Pi mit dem Port 8000 ein. Damit startet die Weboberfläche von pyLoad. Melden Sie sich hier mit den zuvor festgelegten Benutzerdaten an.

```
192.168.2.124:8000
```

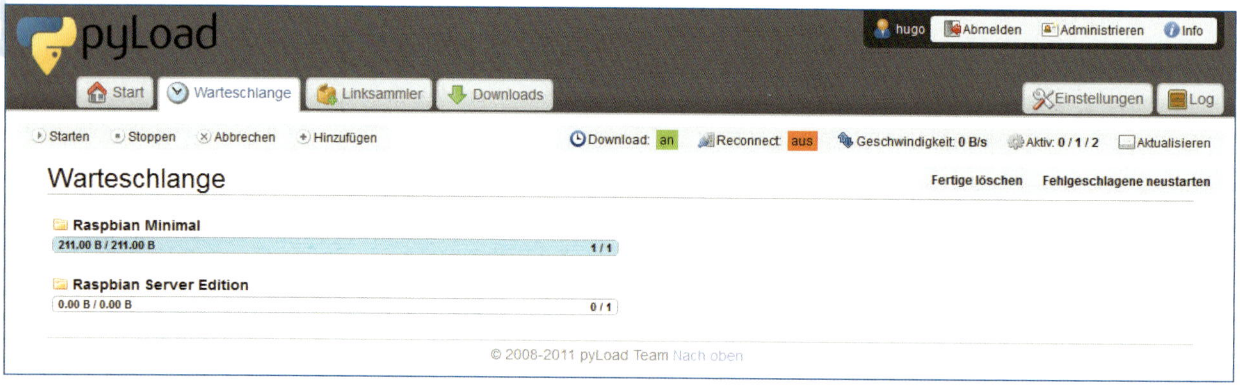

Auf der Weboberfläche von pyLoad sehen Sie laufende Downloads.

2 Da die Speicherkarte des Raspberry Pi mit ein paar größeren Downloads sofort voll ist, empfiehlt es sich, die heruntergeladenen Dateien auf einem gemounteten USB-Stick oder auf einer externen Festplatte abzulegen. Klicken Sie oben rechts auf Einstellungen und wählen dann unter **Menu** die Option **General**. Tragen Sie im Feld **Download Folder** den USB-Stick ein.

3 Für jeden Download wird unterhalb dieses Verzeichnisses ein eigenes Unterverzeichnis angelegt. Auf der Registerkarte **Downloads** der pyLoad-Weboberfläche finden Sie Links zu allen heruntergeladenen Dateien und können diese über den Browser auf dem PC speichern.

4 Legen Sie jetzt über das Symbol **Paket hinzufügen** einen neuen Download an. Der im Feld **Name** eingetragene Name wird für die Anzeige in der Warteschlange und auch für den Verzeichnisnamen verwendet. Im Feld **Links** darunter tragen Sie den Downloadlink ein.

5 Auf der Seite Warteschlange sehen Sie die laufenden Downloads, können Downloads starten und stoppen. Ein Klick auf einen Namen zeigt weitere Details zum Download.

pyLoad mit Samba- oder WebDav-Server nutzen

Wenn Sie auf dem Raspberry Pi einen Samba- oder WebDav-Server installiert haben, geben Sie als **Download Folder** in pyLoad ein Verzeichnis an, das über diesen Server im Netzwerk freigegeben ist. Dann haben Sie auf diese Weise vom PC bequemen Zugriff auf die heruntergeladenen Dateien, ohne den Umweg über den Browser gehen zu müssen.

pyLoad-Konfiguration

Die meisten Einstellungen lassen sich in pyLoad über das Symbol **Einstellungen** auf der Weboberfläche vornehmen. Die Parameter werden in der Datei `/home/pi/.pyload/pyload.conf` gespeichert. Diese Datei ist auch direkt editierbar, was aber nicht empfohlen wird.

Die Tabelle zeigt die verwendeten Parameter und ihre Standardwerte.

Option [remote]	Standard	Beschreibung
`listenaddr`	`0.0.0.0`	Bestimmt über die IP das Interface, auf dem die pyLoadCore Anfragen entgegennimmt – Standard: alle Interfaces/Netzwerkkarten
`port`	`7227`	Port, der für die Kommunikation der pyLoadCore benutzt wird
`username`	`admin`	Setzt den Usernamen für Cli und Kommunikation mit der pyLoadCore
`password`	`pwhere`	Setzt das Userpasswort für Cli und Kommunikation mit der pyLoadCore

Option	Standard	Beschreibung
[ssl]		
activated	False	(De)aktiviert verschlüsselte Verbindungen für Gui und Cli
cert	ssl.srt	Zertifikat
key	ssl.key	Privater Schlüssel
[webinterface]		
activated	True	Webinterface ein- oder ausschalten
host	0.0.0.0	Legt per IP das Interface fest, das benutzt wird. Standard: benutzt alle
port	8080	Legt den Port für die Kommunikation fest, über das das Webinterface aufgerufen wird
template	default	Persönliche Anpassung des Webinterface über Templates möglich – momentan ist aber nur **default** verfügbar
local	True	Bestimmt, ob der Webserver auf einem anderen PC läuft als die pyLoadCore
ssl	False	Wird z. Zt. nicht unterstützt
username	None	Legt den Usernamen für das Webinterface fest – die Userverwaltung erfolgt ab sofort über Django. Für das Anlegen eines Users die Installationstipps beachten
adress	None	Wird z. Zt. nicht unterstützt
extport	None	Wird z. Zt. nicht unterstützt
pw	None	Legt den Usernamen für das Webinterface fest – die Userverwaltung erfolgt ab sofort über Django
[log]		
file_log	True	Logs ein- bzw. ausschalten
log_folder	Logs	Ordner in dem Logs gespeichert werden
log_count	5	Maximale Dateianzahl, die für Logs angelegt werden – jede Logdatei hat eine Maximalgröße von 100 KB.
[general]		
language	de	Legt die Sprache für pyLoad fest – mögliche Optionen: **de**, **en**, **fr**
download_folder	downloads	Legt den Ordner fest, in dem die heruntergeladenen Daten gespeichert werden
max_downloads	3	Legt die maximale Anzahl gleichzeitiger Downloads fest

Option	Standard	Beschreibung
`link_file`	`links.txt`	Legt die Inputdatei für neue Links fest. In diese können neue Links eingetragen werden. Es kann eine URL oder eine Datei angegeben werden mit einem relativen oder auch absolutem Pfad (z. B. `download.dlc` oder `/home/pi/download.dlc`).
`failed_file`	`failed_links.txt`	Links, die nicht ausgewertet werden konnten, werden hier gespeichert.
`debug_mode`	`False`	(De-)aktiviert Debugging. Nur für fortgeschrittene Anwender oder Entwickler – nützlich, falls Probleme mit Plugins o. Ä. auftreten
`max_download_time`	`5`	Zeit in Stunden, nach der ein fehlgeschlagener Download abgebrochen wird
`download_speed_limit`	`0`	Maximal von pyLoad benutzte Bandbreite. 0 heißt maximale Ausnutzung, Angabe in kB
`checksum`	`True`	Überprüft, ob Fehler bei der Übertragung aufgetreten sind
[updates]		
`search_updates`	`True`	(De-)aktiviert die Suche nach Updates beim Start von pyLoad. Abschalten: `False`
`install_updates`	`False`	(De-)aktiviert die Suche nach Updates beim Start von pyLoad. Einschalten: `True`
[reconnect]		
`activated`	`False`	(De-)aktiviert automatische Wiederverbindung nach einem Download
`method`	`None`	Skript, das zum Reconnect genutzt wird, z. B. `./reconnect.sh` oder `reconnect.bat`
`startTime`	`0:00`	Zeit, wenn Reconnects möglich sein sollen – Beginn
`endTime`	`0:00`	Zeit, wenn Reconnects möglich sein sollen – Ende
downloadTime		
`start`	`0:00`	Tageszeit, wenn pyLoad downloaden soll – Beginn
`end`	`0:00`	Tageszeit, wenn pyLoad downloaden soll – Ende
proxy		
`activated`	`False`	Proxy (de-)aktivieren
`adress`	`http://localhost:8080`	Proxy-Adresse
`protocol`	`http`	Benutztes Proxy-Protokoll

Himbeerquark

Zutaten:
70 g Himbeeren
100 g Magerquark
2 EL Joghurt, 1,5 % Fett
30g Kirschaufstrich

Zubereitung:
Die Himbeeren in eine Schüssel geben. Danach den Quark, Joghurt und Kirschaufstrich zufügen.
Das Ganze mit einem Stabmixer pürieren.

Quelle: chefkoch.de

SCHAFFE, SCHAFFE, HÄUSLE BAUE

Minecraft mit seiner Retrografik gilt heutzutage als der Inbegriff des Aufbauspiels. Minecraft-Server ermöglichen es, dass mehrere Spieler gleichzeitig in derselben Welt bauen, sich in der Welt sehen und Interaktionen untereinander durchführen können.

Installation

1 Laden Sie sich die Serversoftware MCServer (**www.mc-server.org**) von der Webseite des Entwicklers herunter und entpacken Sie das Archiv.

```
wget http://ci.bearbin.net/job/MCServer%20Linux-
RasPi%20HardFloat/lastSuccessfulBuild/artifact/
MCServer.tar
tar xzf MCServer.tar
```

2 Starten Sie jetzt die Serversoftware.

```
cd MCServer
./MCServer
```

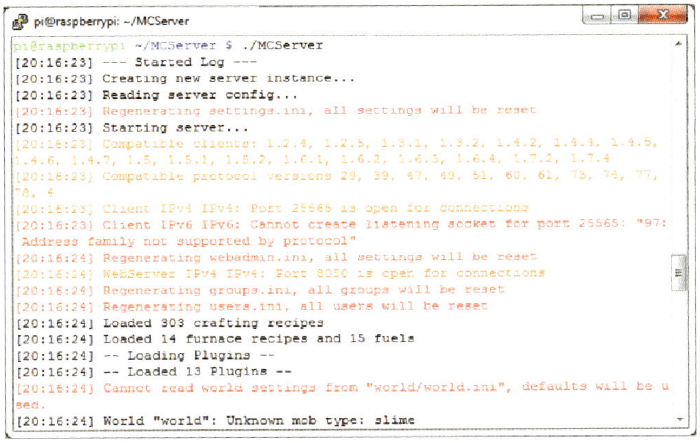

Der erste Start kann mehrere Minuten dauern, währenddessen werden einige Fehlermeldungen angezeigt.

3 Die fehlenden Konfigurationsdateien werden beim ersten Start automatisch erzeugt und mit Standardwerten gefüllt. Warten Sie, bis eine Meldung erscheint.

```
Startup complete, took...
```

10 Minuten / 9 Schritte

SCHWIERIGKEIT

CLASS 6

Das braucht es:

VORWISSEN

1 Routerkonfiguration, S. 25

2 IP-Adressen, S. 20

KONFIGURATION

Portweiterleitungen 1

HTTP 8080

Minecraft 25565

KONFIGURATION

SSH-Verbindung zum Raspberry Pi

Feste oder dynamische IP-Adresse im Internet 2

SOFTWARE

Minecraft-Server, **www.mc-server.org**

WWWCODE Minecraft-Server

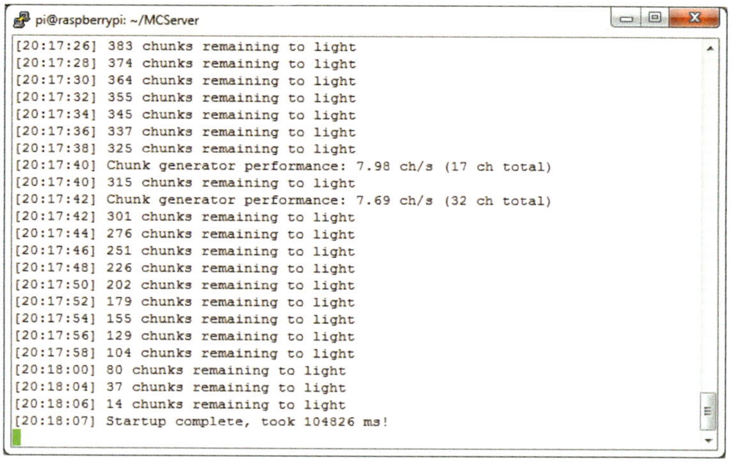

Nach dieser Meldung läuft der Minecraft-Server.

4 Beenden Sie jetzt den Server mit der Tastenkombination Strg + C. Der erste Start wurde nur gebraucht, um notwendige Konfigurationsdateien anzulegen.

5 Öffnen Sie die Konfigurationsdatei **webadmin.ini** mit dem nano-Editor.

```
nano webadmin.ini
```

6 Legen Sie in dieser Datei einen Benutzer für die Administration des Minecraft-Servers fest. Dieser ist nicht zu verwechseln mit den Spielern. Auf einem kleinen privaten Server im lokalen Netzwerk können Sie einfach die Kommentarzeichen am Anfang der Zeilen für **User** und **Password** entfernen. Betreiben Sie den Server im Internet, sollten Sie sich zusätzlich einen neuen Benutzernamen und ein sicheres Passwort ausdenken.

Minecraft-Wiki

Ausführliche Informationen und Hilfestellungen zum Spiel Minecraft im Allgemeinen und zu den verschiedenen Versionen finden Sie bei **minecraft-de.gamepedia.com**.

pi@raspberrypi: ~/MCServer

```
GNU nano 2.2.6            Datei: webadmin.ini                    Verändert

; This file controls the webadmin feature of MCServer
; Username format: [User:*username*]
; Password format: Password=*password*; for example:
[User:admin]
Password=admin

[WebAdmin]
Enabled=1
Port=8080
PortsIPv6=

              [ 11 Zeilen gelesen (aus DOS-Format konvertiert) ]
^G Hilfe      ^O Speichern  ^R Datei öffn^Y Seite zurü^K Ausschneid^C Cursor
^X Beenden    ^J Ausrichten^W Wo ist     ^V Seite vor ^U Ausschn. r^T Rechtschr.
```

Benutzerdaten für die Konfigurationsoberfläche des Minecraft-Servers einrichten

7 Starten Sie dann den MCServer neu und warten, bis wieder diese Meldung erscheint:

```
Startup complete, took...
```

8 Öffnen Sie jetzt in einem Browser auf einem PC im Netzwerk die Konfigurationsseite des Minecraft-Servers. Ersetzen Sie die angegebene IP-Adresse durch die Ihres Raspberry Pi.

```
http://192.168.2.124:8080
```

9 Richten Sie hier Ihre Minecraft-Welt, das Wetter sowie sonstige Umgebungseinstellungen ein. Anschließend können sich Benutzer auf dem Server anmelden und spielen.

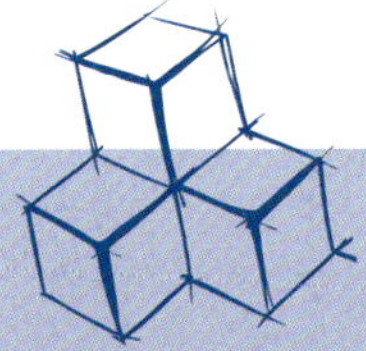

Minecraft in Zahlen

Verkaufte Lizenzen der Minecraft-PC-Version:

14.000.000

(14 Millionen)

Verkaufte Lizenzen der Minecraft-Pocket-Edition:

16.000.000

(16 Millionen)

Verkaufte Lizenzen der Minecraft-Xbox360-Version:

10.000.000

(10 Millionen)

Verkaufte Lizenzen der Minecraft-PS3-Version im ersten Monat:

1.000.000

(1 Million)

Minecraft auf dem Raspberry Pi spielen

Minecraft kann auch auf dem Raspberry Pi gespielt werden, allerdings nicht auf demselben, auf dem auch der Server läuft. Zum Spielen ist der grafische Desktop von Raspbian erforderlich.

Die Minecraft Pi Edition wird bei `pi.minecraft.net` kostenlos zum Download angeboten.

Die vorinstallierte Spielwelt von Minecraft ist auf dem Raspberry Pi nicht ganz so umfangreich wie auf dem PC, aber flüssig spielbar. Sie können sich jedoch jederzeit auf einem Minecraft-Server anmelden und in einer ganz anderen Welt spielen.

Spielablauf und Steuerung

Wer Minecraft kennt, wird sich auch in der Pi-Edition schnell zurechtfinden. Die Steuerung des Spiels und die Bewegungen in der Spielwelt laufen sehr ähnlich.

- Mit der Maus dreht man sich, ohne eine Maustaste zu drücken, um die eigene Achse und neigt den Blick nach oben oder unten. Das Spiel reagiert sehr schnell, man muss also aufpassen, dass man sich beim Drehen nicht »überschlägt«.
- Mit vier auch aus anderen Spielen bekannten Buchstabentasten bewegt man sich: mit W nach vorne, S nach hinten, A nach links und D nach rechts. Bei Stufen im Gelände steigt man während der Bewegung automatisch nach oben oder unten.
- Mit der Leertaste kann man in die Höhe springen. Drückt man die Leertaste zweimal kurz hintereinander, wird auf den Flugmodus umgeschaltet. In diesem Modus schwebt man und ist nicht mehr an den Boden gebunden. Im Flugmodus steigt man durch längeres Drücken der Leertaste weiter nach oben.
- Umgekehrt duckt man sich mit der linken Umschalt-Taste etwas nach unten. Im Flugmodus verringert man mit dieser Taste die Flughöhe.
- Die Taste E öffnet das Inventar, wo jede Menge unterschiedlicher Blöcke zum Bau zur Verfügung stehen. Acht verschiedene Blöcke oder Werkzeuge sind in der Inventarleiste am unteren Bildschirmrand jederzeit verfügbar. Hier wählt man mit den Tasten 1 bis 8 oder mit dem Mausrad das gewünschte Objekt aus.
- Ein Klick mit der linken Maustaste entfernt den angeklickten Block, ein Klick mit der rechten Maustaste platziert einen Block des gewählten Typs an der angeklickten Position.
- Die Esc-Taste blendet ein Menü ein, in dem man das Spiel verlassen oder auch auf die Sicht eines außen stehenden Betrachters wechseln kann.
- Die Tab-Taste befreit die Maus aus dem Minecraft-Fenster, wenn man zwischendurch in ein anderes Programm wechseln möchte.

Wenn die Steuerung nicht reagiert

Es kann immer wieder vorkommen, dass das Spiel auf Mausbewegungen nicht richtig oder viel zu schnell reagiert und man ständig nach unten oder oben blickt. Drücken Sie bei solchen Problemen die Tab-Taste, bewegen Sie die Maus kurz außerhalb des Minecraft-Fensters und schalten Sie dann mit Tab wieder zurück ins Spiel.

Zutaten:
500 g Himbeeren, durch ein Sieb passiert
200 ml Wasser
200 g Zucker
100 ml Zitronensaft, frisch gepresst
200 ml Wodka
100 ml Himbeergeist

Zubereitung:
Zucker und Wasser kochen, bis die Flüssigkeit klar ist. Die durch ein Sieb passierten Himbeeren mit Wodka, Himbeergeist, Zitronensaft und dem abgekühlten Zuckerwasser mischen.

Alles in eine oder zwei Flaschen füllen und im Kühlschrank aufbewahren.

Quelle: chefkoch.de

DIE WELT GEHÖRT MIR

Freeciv bringt den Klassiker Civilization auf den Pi und lässt Pi-Nutzer die eigene Zivilisation erschaffen und dirigieren. Freeciv-Server ermöglichen es, dass mehrere Spieler gleichzeitig auf derselben Welt spielen und interagieren.

Installation

Der einfachste Weg, Freeciv zu installieren, geht über den Pi Store auf dem grafischen Desktop des Raspberry Pi. Allerdings muss man dazu entweder Bildschirm, Maus und Tastatur anschließen oder eine VNC-Verbindung nutzen.

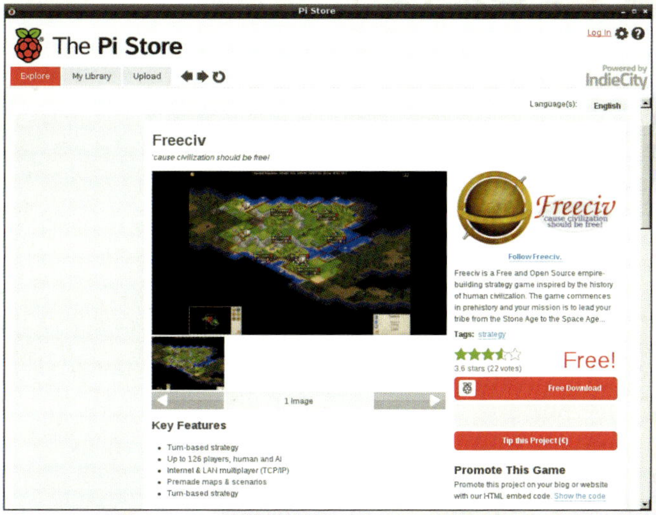

Freeciv im Pi Store

Wer den Raspberry Pi nur als Freeciv-Server und nicht selbst zum Spielen nutzen möchte, braucht keine grafische Oberfläche und kann die Serverkomponente über SSH installieren.

1 Laden Sie das Paket **freeciv-server** über **apt-get** herunter und installieren es. Die neueste Freeciv-Serverversion 2.4 steht für den Raspberry Pi leider noch nicht zur Verfügung.

```
sudo apt-get update
sudo apt-get install freeciv-server
```

2 Starten Sie nach der Installation den Freeciv-Server:

```
freeciv-server
```

10 Minuten / 4 Schritte

SCHWIERIGKEIT

Das braucht es:

VORWISSEN

1 Routerkonfiguration, S. 25

2 IP-Adressen, S. 20

KONFIGURATION

Portweiterleitungen 1

Freeciv 5556

KONFIGURATION

SSH-Verbindung zum Raspberry Pi

Feste oder dynamische IP-Adresse im Internet 2

SOFTWARE

FreeCiv-Server, www.freeciv.org

WWWCODE Freeciv-Server

Übersicht aller Einstellungen

Das englische Freeciv-Wiki bietet auf der Seite **freeciv.wikia.com/wiki/Server_options** eine ausführliche Übersicht aller Serveroptionen.

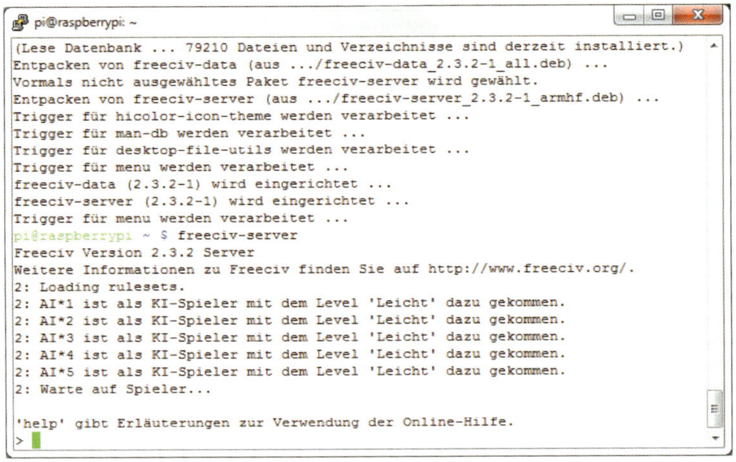

```
pi@raspberrypi: ~
(Lese Datenbank ... 79210 Dateien und Verzeichnisse sind derzeit installiert.)
Entpacken von freeciv-data (aus .../freeciv-data_2.3.2-1_all.deb) ...
Vormals nicht ausgewähltes Paket freeciv-server wird gewählt.
Entpacken von freeciv-server (aus .../freeciv-server_2.3.2-1_armhf.deb) ...
Trigger für hicolor-icon-theme werden verarbeitet ...
Trigger für man-db werden verarbeitet ...
Trigger für desktop-file-utils werden verarbeitet ...
Trigger für menu werden verarbeitet ...
freeciv-data (2.3.2-1) wird eingerichtet ...
freeciv-server (2.3.2-1) wird eingerichtet ...
Trigger für menu werden verarbeitet ...
pi@raspberrypi ~ $ freeciv-server
Freeciv Version 2.3.2 Server
Weitere Informationen zu Freeciv finden Sie auf http://www.freeciv.org/.
2: Loading rulesets.
2: AI*1 ist als KI-Spieler mit dem Level 'Leicht' dazu gekommen.
2: AI*2 ist als KI-Spieler mit dem Level 'Leicht' dazu gekommen.
2: AI*3 ist als KI-Spieler mit dem Level 'Leicht' dazu gekommen.
2: AI*4 ist als KI-Spieler mit dem Level 'Leicht' dazu gekommen.
2: AI*5 ist als KI-Spieler mit dem Level 'Leicht' dazu gekommen.
2: Warte auf Spieler...

'help' gibt Erläuterungen zur Verwendung der Online-Hilfe.
>
```

Der Freeciv-Server startet automatisch ein neues Spiel.

3

Freeciv bietet diverse Einstellungen für die Spielwelt, die vor einem neuen Spiel verändert werden können. Auf diese Weise lassen sich vielfältige Welten erschaffen. Das Kommando **show** zeigt die wichtigsten Einstellungen für das aktuelle Spiel.

Freeciv-Wiki

Ausführliche Informationen zu FreeCiv gibt es auf der Webseite des Projektes: **de.freeciv.wikia.com**. Einsteiger sollten auf jeden Fall die Spielanleitung lesen: **de.freeciv.wikia.com/wiki/Spielanleitung...**

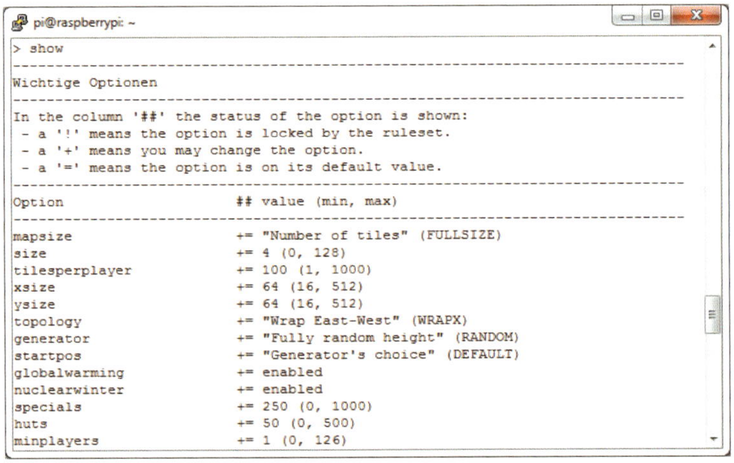

```
pi@raspberrypi: ~
> show
--------------------------------------------------------------------------------
Wichtige Optionen
--------------------------------------------------------------------------------
In the column '##' the status of the option is shown:
 - a '!' means the option is locked by the ruleset.
 - a '+' means you may change the option.
 - a '=' means the option is on its default value.
--------------------------------------------------------------------------------
Option                           ## value (min, max)
--------------------------------------------------------------------------------
mapsize                          += "Number of tiles" (FULLSIZE)
size                             += 4 (0, 128)
tilesperplayer                   += 100 (1, 1000)
xsize                            += 64 (16, 512)
ysize                            += 64 (16, 512)
topology                         += "Wrap East-West" (WRAPX)
generator                        += "Fully random height" (RANDOM)
startpos                         += "Generator's choice" (DEFAULT)
globalwarming                    += enabled
nuclearwinter                    += enabled
specials                         += 250 (0, 1000)
huts                             += 50 (0, 500)
minplayers                       += 1 (0, 126)
```

Einstellungen mit einem + können verändert werden, Einstellungen mit = stehen zurzeit auf dem Vorgabewert.

4

Der Freeciv-Server ist bis jetzt nur im lokalen Netzwerk nutzbar. Wenn Sie auf dem Router den Freeciv-Port **5556** freigeben und diesen auf den Raspberry Pi weiterleiten, können Sie auch über das Internet mit Freunden spielen. Mit einer Anmeldung beim Freeciv-Metaserver **meta.freeciv.org**, wird Ihr Server öffentlich gelistet, sodass sich auch neue Mitspieler finden lassen.

FreeCiv in Zahlen

Maximale Anzahl Spieler pro Spiel:

30

Maximaler Zeitraum eines Spiels:

9000 JAHRE

(4000 v.Chr. – 5000 n. Chr.)

Ursprüngliches Spielziel: im Jahr

2000 N. CHR.

Alpha Centauri zu erreichen

IN DER PRAXIS

FreeCiv startet mit einer kleinen, sehr übersichtlichen Welt.

Parameter für besondere Aufgaben

Für besondere Anwendungsfälle kann der Freeciv-Server mit zusätzlichen Parametern gestartet werden.

Parameter	Funktion
`-a`	Authentifizierung über Konfigurationsdatei
`-b`	Wartet auf Clientanmeldungen von einer bestimmten Adresse
`-d`	Stufe der Debugging-Informationen (`0...4`), die in die Protokolldatei geschrieben werden
`-e`	Beendet den Server am Ende eines Spiels, statt neu zu starten
`-f`	Lädt beim Start ein gespeichertes Spiel. Freeciv liefert im Verzeichnis `/usr/share/games/freeciv/scenario` bereits einige Szenarien mit.
`-G`	Gastanmeldung als Benutzer `guest` erlaubt
`-h`	Zeigt eine kurze Hilfe an
`-i`	Zusatzinformationen für den Metaserver
`-l`	Name der Protokolldatei
`-m`	Anmeldung am Metaserver
`-M`	Adresse des Metaservers
`-N`	Neue Benutzer können sich anmelden und werden in die Benutzerliste eingetragen.
`-p`	Port für Freeciv, falls der Standardport `5556` nicht nutzbar ist
`-P`	Kartenbilder in gespeicherten Spielen speichern
`-q`	Startet nach einer bestimmten Zeit den Server neu, wenn keine Spieler angemeldet sind.
`-R`	Informationen über Spielerränge in der Protokolldatei speichern
`-r`	Datei, aus der Serverkommandos beim Start automatisch eingelesen werden
`-s`	Verzeichnis für gespeicherte Spiele
`-v`	Zeigt die Versionsnummer des Servers an und beendet ihn danach wieder

Zutaten:

500 ml Himbeeren
100 ml Wasser
1 Liter Wasser
150 ml Grieß, fein
150 ml Zucker

Zubereitung:

Himbeeren mit 100 ml Wasser pürieren. In einen großen Topf mit 1 Liter Wasser geben, die Masse zum Kochen bringen. Den Grieß mit dem Zucker vermischen. Wenn die Beeren kochen, die Hitzezufuhr verringern und unter ständigem Rühren das Grieß-Zuckergemisch hinzufügen. Der Brei muss noch einmal neu aufkochen und dann auf kleiner Hitze etwa 5 bis 10 Minuten köcheln. Danach den Topf von der Platte nehmen und im Wasserbad auskühlen lassen.

Wenn der Brei handwarm ist, mit dem elektrischen Handrührer schlagen, als ob man Schlagsahne machen möchte. Der dunkelrote Brei wird schließlich rosa und wächst durch die Luftblasen fast um die Hälfte an. Jetzt abkühlen und erstarren lassen.

Quelle: chefkoch.de

FILM AB

Mediendaten wie Filme und Musik sollen meist von speziellen Geräten wiedergegeben werden. Der Blockbuster z. B. auf dem heimischen Großbildfernseher. Mit einem DNLA-Server (Digital Living Network Alliance) kommen die Daten vom Pi auf den richtigen Schirm.

Installation

MediaTomb ist ein schlanker DLNA-Server, der so wenige Ressourcen benötigt, dass er auf dem Raspberry Pi läuft. Mit ihm lassen sich Multimediadateien von USB-Sticks oder externen USB-Festplatten vom Raspberry Pi auf andere Geräte im Netzwerk streamen.

1 Installieren Sie MediaTomb und die Datenbank SQLite.

```
sudo apt-get update
sudo apt-get install mediatomb sqlite
```

2 Bearbeiten Sie jetzt die Konfigurationsdatei mit dem Editor.

```
sudo nano /etc/mediatomb/config.xml
```

Ersetzen Sie den markierten Bereich in der Datei durch das Wort **yes**.

3 Nach dem Speichern der Änderung starten Sie den MediaTomb-Server neu.

```
sudo /etc/init.d/mediatomb restart
```

4 Warten Sie jetzt etwa 2 Minuten, während MediaTomb die Datenbank generiert. So lange funktioniert die Weboberfläche des Servers noch nicht.

10 Minuten / 8 Schritte

SCHWIERIGKEIT

Das braucht es:

VORWISSEN

1 Festplatte, S. 43

KONFIGURATION

SSH-Verbindung zum Raspberry Pi

USB-Stick/Festplatte zur Datenspeicherung 1

Samba-, WebDav- oder FTP-Server, um im Netzwerk Multimediadaten vom PC auf den Raspberry Pi zu übertragen.

Android-Smartphone oder Tablet zum Abspielen der Medien im WLAN (optional)

SOFTWARE

MediaTomb

WWWCODE DLNA-Server

IN DER PRAXIS

MediaTomb vom PC verwalten und nutzen

1 Rufen Sie nach der Wartezeit die Weboberfläche des MediaTomb-Servers im Browser auf einem PC im Netzwerk auf. Ersetzen Sie die angegebene IP-Adresse durch die Ihres Raspberry Pi.

```
http://192.168.2.124:49152
```

2 Melden Sie sich mit dem Benutzernamen **mediatomb** und Passwort **mediatomb** an. Diese Daten können Sie auf Wunsch in der Konfigurationsdatei **/etc/mediatomb/config.xml** ändern.

3 Als nächstes fügen Sie Verzeichnisse hinzu, in denen die Multimediadaten liegen. Am besten verwenden Sie dazu Verzeichnisse auf angeschlossenen USB-Sticks oder USB-Festplatten. Klicken Sie dazu oben links auf Filesystem und wählen Sie das gewünschte Verzeichnis aus.

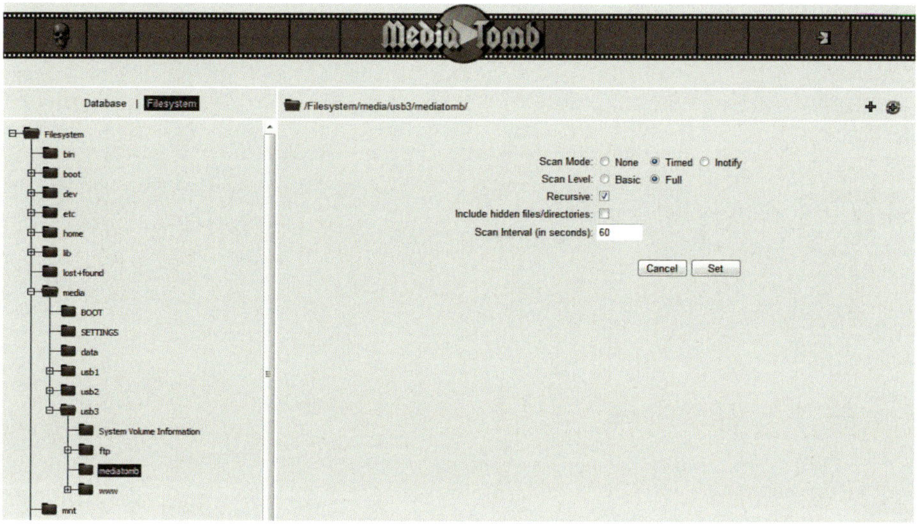

Verzeichnis auf einem USB-Stick zum automatischen Scan hinzufügen

4 Mit dem einfachen »+«-Symbol oben rechts fügen Sie Verzeichnisse oder einzelne Dateien zur Medienbibliothek hinzu. Komfortabler ist das »+«-Symbol mit dem Doppelpfeil. Hiermit fügen Sie Verzeichnisse hinzu, die automatisch auf neue Dateien durchsucht werden, die dann in die Medienbibliothek aufgenommen werden.

- **Timed** durchsucht das Verzeichnis automatisch in vorgegebenen Zeitintervallen nach neuen Dateien.
- **Inotyfy** findet neu hinzugefügte Dateien über das Dateisystem automatisch. Diese Option ist zwar komfortabler, muss aber vom verwendeten Dateisystem unterstützt werden.

5 Kopieren Sie per SFTP oder über einen zusätzlich auf dem Raspberry Pi installierten Samba- oder WebDav-Server Mediendateien in das gewählte Verzeichnis. Wenn Sie einen USB-Stick am Raspberry Pi verwenden, können Sie diesen zum Kopieren der Daten auch direkt an den PC stecken.

6 Lassen Sie dem System etwa eine Minute Zeit für den ersten Scan, und klicken Sie dann in der MediaTomb-Weboberfläche oben links auf **Database**.

DLNA in Zahlen

Jahr, in dem die DLNA von Sony und Intel gegründet wurde:

2003

Anzahl der Mitglieder in der DLNA (Stand Juli 2014), mehr als:

250

Täglicher Online-Videokonsum pro Person in Deutschland im Jahr 2011 (in Minuten):

50

Datenvolumen durch Internet-Video über PC in Westeuropa bis 2013 (Petabytes pro Monat):

2.840

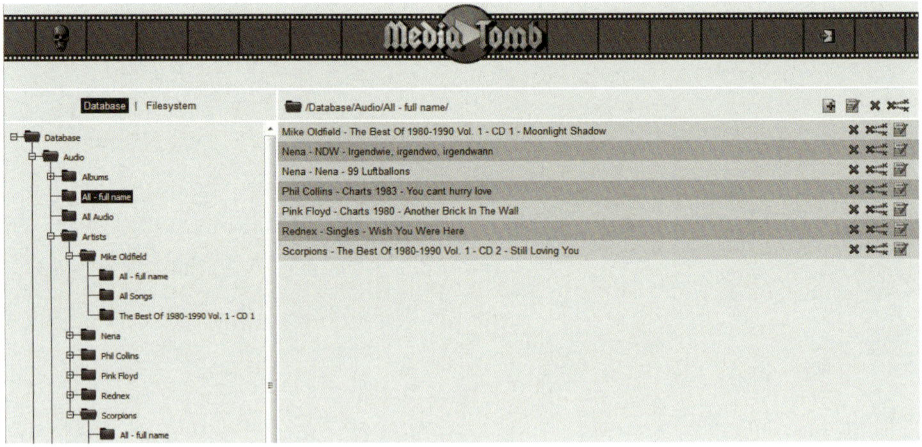

Database-Ansicht der Medienbibliothek

7

Wie in den meisten Mediaplayern werden die Mediendateien getrennt nach Audio, Fotos und Video in einer Baumstruktur angezeigt. Musik kann nach Künstlern, Genres oder Jahren geordnet werden, Fotos nach Aufnahmedatum, Jahr oder klassischen Verzeichnissen.

8

Klicken Sie auf eine Datei, um diese herunterzuladen oder mit der auf dem PC installierten Standardanwendung zu öffnen. Die Medien werden beim Öffnen mit einem Mediaplayer über das Netzwerk gestreamt, müssen also vor dem Start nicht komplett heruntergeladen werden.

Medien auf Android-Smartphones oder Tablets streamen

Ein MediaTomb-Server eignet sich ideal dafür, Musik, Fotos und Filme über WLAN auf mobile Geräte zu übertragen, um sie dort abzuspielen.

1

Die Android-App **Twonky Mobile** ermöglicht das Abspielen von Medien von einem DLNA-Server und kann auch selbst als DLNA-Server im Netzwerk arbeiten. Installieren Sie **Twonky Mobile** über den Google Play Store oder nutzen Sie den QR-Code.

Benutzerkommentare ignorieren

Wie in fast allen Onlineshops gilt auch hier: Ignorieren Sie die unqualifizierten Benutzerbewertungen. Die App funktioniert einwandfrei.

2 Beim ersten Start fragt TwonkyMobile, ob das Gerät selbst als DLNA-Server arbeiten soll, und welche Dateien im lokalen Netzwerk freigegeben werden sollen. Um das Gerät nur als Client und den Raspberry Pi als Server zu nutzen, brauchen Sie hier keine Häkchen zu setzen.

3 Wählen Sie im nächsten Schritt die MediaTomb Medienbibliothek und tippen Sie auf **Weiter**.

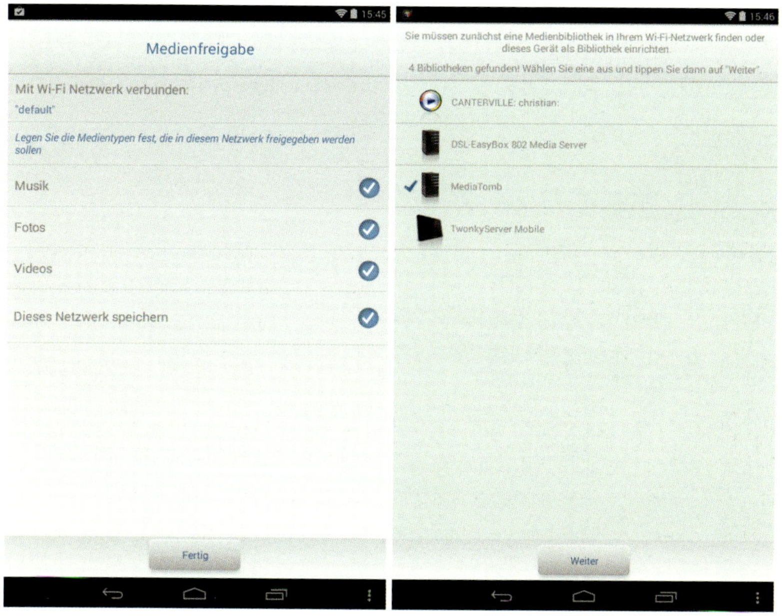

Die Medienfreigabe ist nicht nötig, wählen Sie aber den richtigen DLNA-Server aus.

4 Jetzt haben Sie direkten Zugriff auf die Medienbibliothek auf dem Raspberry Pi, die auch hier nach Audio, Video und Fotos geordnet ist und sich nach verschiedenen Kriterien sortieren lässt.

Hannahs Himbeer-Punsch

Zutaten:
1 kg Himbeeren
Saft von 2 Zitronen
100 g Rohrzucker
2 Liter Wasser
2 Beutel Tee, (Himbeertee)
0,7 Liter Rum
0,3 Liter Himbeersirup

Zubereitung:
Das Wasser mit Zitronensaft, Zucker, Rum und Himbeersirup erhitzen. Die Teebeutel einhängen und rund 10 Minuten ziehen lassen, dann wieder entfernen. Die Himbeeren dazu geben und den Punsch warm halten, aber nicht mehr kochen lassen, und genießen.

Quelle: chefkoch.de

Alternative Twonky Beam

Innerhalb der App tauchen an verschiedenen Stellen Empfehlungen für eine weitere App des gleichen Herstellers, **Twonky Beam**, auf. Diese funktioniert auch zusammen mit dem MediaTomb-Server, enthält aber kostenpflichtige Komponenten.

SPIELEABEND

Computerspiele auf einem großen Fernseher im Wohnzimmer zu spielen, macht deutlich mehr Laune, als im Arbeitszimmer vor dem PC zu sitzen. Nur: Jedesmal den PC ins Wohnzimmer zu tragen und zu verkabeln, verdirbt den Spaß schnell wieder. Limelight Pi ist eine Softwarelösung, bei der ein Raspberry Pi als Streamingserver dient und Spiele, die auf einem PC laufen, über das Netzwerk auf einem angeschlossenen HDMI-Fernseher darstellt.

Installation

1 Auf dem PC muss die Software Nvidia Geforce Experience installiert sein. Fügen Sie dort in den Spieleeinstellungen **Steam** hinzu und schalten Sie Shield-Streaming ein.

2 Installieren Sie auf dem Raspberry Pi Java und die Bibliothek **libopus0**, die beide für Limelight Pi benötigt werden.

```
sudo apt-get update
sudo apt-get install oracle-java7-jdk libopus0
```

3 Laden Sie danach das eigentliche Programm Limelight Pi herunter. Dabei handelt es sich um ein Java-Programm, das ohne weitere Installation direkt ausgeführt werden kann.

```
wget https://github.com/irtimmer/limelight-pi/
releases/download/v0.5/limelight-pi.jar
```

4 Jetzt benötigen Sie noch die IP-Adresse des PCs im lokalen Netzwerk, von dem die laufenden Spiele gestreamt werden sollen. Wenn Sie diese nicht kennen, finden Sie sie so heraus:

5 Starten Sie Steam im Big Picture Modus auf dem PC.

6 Stellen Sie jetzt auf dem Raspberry Pi die Verbindung mit dem PC her. Ersetzen Sie die IP-Adresse durch die des PCs.

```
sudo java -jar limelight-pi.jar -pair
 192.168.2.116
```

7 Auf dem PC muss nun eine Berechtigungsanforderung beantwortet werden.

10 Minuten / 8 Schritte

SCHWIERIGKEIT

Das braucht es:

HARDWARE

PC mit Nvidia Geforce GTX 600-650 oder höher

Fernseher oder Monitor mit HDMI-Anschluss, Tastatur und Maus am Raspberry Pi. Die ersten Gamepads werden mittlerweile auch unterstützt.

SOFTWARE

Limelight Pi

WWWCODE Spieleserver

Hannahs Himbeer-Balsamico-Essig

Zutaten:

500 g Himbeeren
500 ml weißer Balsamico
100 g Zucker

Zubereitung:

Himbeeren pürieren, Balsamico und Zucker zugeben und auf 100 Grad erhitzen, danach runterschalten und dann ca. 15 bis 20 Minuten auf 90 Grad/Stufe 3 leicht weiterköcheln lassen, damit die Soße eindicken kann. Anschließend durch ein Sieb streichen und abfüllen.

Essig ca. 1 Woche ziehen lassen. Je älter er wird, desto besser schmeckt er.

Quelle: chefkoch.de

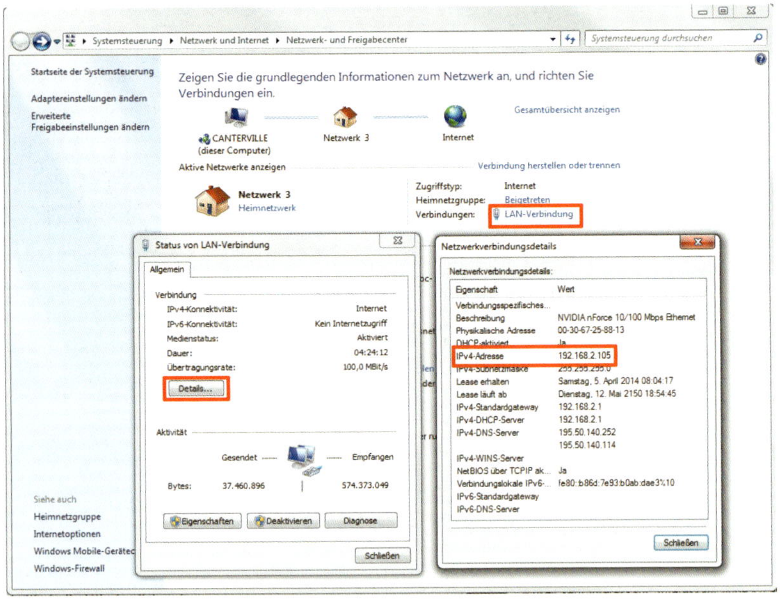

In Windows 7 öffnen Sie das Netzwerk- und Freigabecenter über die Systemsteuerung oder über das Netzwerksymbol im Infobereich der Taskleiste. Klicken Sie oben auf die aktuelle Netzwerkverbindung und im nächsten Dialogfeld auf Details. Danach sehen Sie die IPv4-Adresse des PCs.

8

Starten Sie jetzt auf dem Raspberry Pi den Stream.

```
sudo java -jar limelight-pi.jar -720 192.168.2.116
```

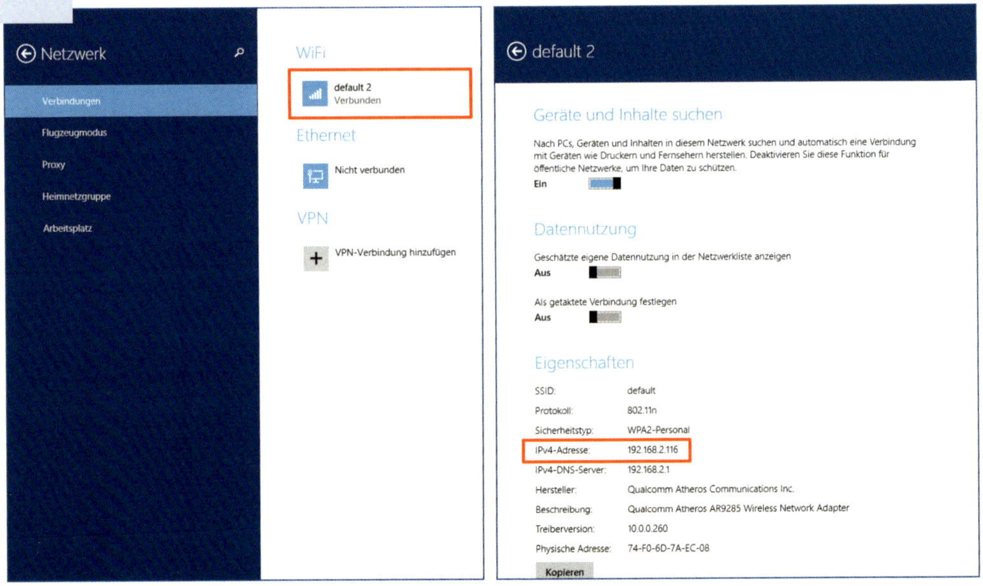

In Windows 8.1 klicken Sie in den PC-Einstellungen unter Netzwerk auf die aktuelle Netzwerkverbindung. Auf dem nächsten Bildschirm sehen Sie die IPv4-Adresse des PCs.

Steam im Big-Picture-Modus

9 Das Spiel erscheint auf dem HDMI-Fernseher und kann mit Tastatur, Maus oder Gamepad am Raspberry Pi bedient werden, auch wenn der PC ganz woanders im Netzwerk steht.

Verwendete Technologie

Es wird die gleiche Technologie verwendet wie bei der Spielekonsole Shield von Nvidia. Der **Big Picture**-Modus der Spieleplattform Steam verwendet ebenfalls diese Technologie und kann mit Limelight Pi verwendet werden.

Computerspiele in Zahlen

Als erstes Computerspiel gilt das klassische **Tennis for Two** aus dem Jahr

1958

In Deutschland ist ein Drittel aller aktiven Computerspieler älter als

30

Der Markt für Computerspiele in Deutschland ist der größte in Europa mit einem Umsatz im Jahr 2013 von

2.650.000.000

(2.65 Milliarden)

Das erfolgreichste Multiplayer-Spiel ist **World of Warcraft** mit einer Teilnehmerzahl von über

12.000.000

(12 Millionen)

NACHRICHTEN-KANAL

Schnelle, kostengünstige und zuverlässige Kommunikationswege gehören zum heutigen digitalen Leben dazu. Es gibt WhatsApp, SMS oder auch Facebook. Der eigene IRC-Server ist eine abhörsichere Alternative und garantiert ohne Spam-Nachrichten.

Installation

1 Installieren Sie das Paket ircd-hybrid.

```
sudo apt-get update
sudo apt-get install ircd-hybrid
```

2 In der Konfigurationsdatei wird später ein verschlüsseltes Passwort benötigt. Dieses erstellen Sie aus einem Klartextpasswort mit dem nachfolgend genannten Befehl. Ersetzen Sie dabei das Wort **`PASSWORT`** durch Ihr Passwort. Danach erscheint eine Folge aus Buchstaben und Ziffern, die Sie später noch brauchen. Schreiben Sie sich das Passwort auf oder kopieren es in eine Datei. Wenn Sie später im nano-Editor sind, können Sie nicht mehr in der Verlaufsliste der Shell zurückblättern.

```
mkpasswd PASSWORT
```

3 Geben Sie allen Nutzern Leserechte auf das Verzeichnis mit den Konfigurationsdateien.

```
sudo chmod 775 /etc/ircd-hybrid
```

4 Öffnen Sie die Konfigurationsdatei mit dem Editor.

```
sudo nano /etc/ircd-hybrid/ircd.conf
```

5 Suchen Sie dort den Bereich, der mit **`listen {`** beginnt. Ändern Sie hier die bei **`host`** angegebene IP-Adresse in **`0.0.0.0`**.

10 Minuten / 8 Schritte

SCHWIERIGKEIT

Das braucht es:

VORWISSEN

1 Routerkonfiguration, S. 25

2 IP-Adressen, S. 20

KONFIGURATION

Portweiterleitungen 1

IRC 194, 6667

SSH-Verbindung zum Raspberry Pi

IRC-Clients auf dem PC

Feste oder dynamische IP-Adresse im Internet 2

SOFTWARE

–

WWWCODE Chat-Server

IRC-Clients

Auf dem PC unterstützt diverse Software das IRC-Protokoll. Die bekanntesten Programme sind Mirc und das Firefox-Plugin Chatzilla. Die Browser Seamonkey und Opera unterstützen standardmäßig IRC, genauso die Messenger Trillian, Pidgin und Miranda. Auf der Webseite **chat.mibbit.com** kann man ohne zusätzliche Software über beliebige IRC-Server chatten.

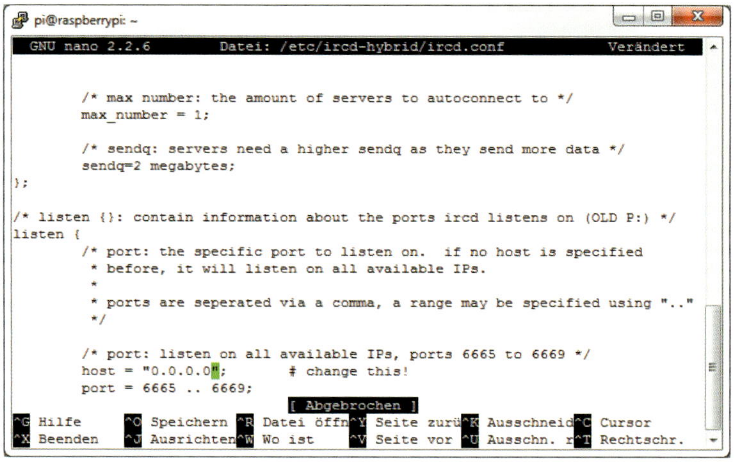

Tragen Sie bei host = »0.0.0.0« ein.

6

Suchen Sie dort den Bereich, der mit **operator {** beginnt. Ändern Sie hier den bei **user** angegebenen Eintrag in "*@*".

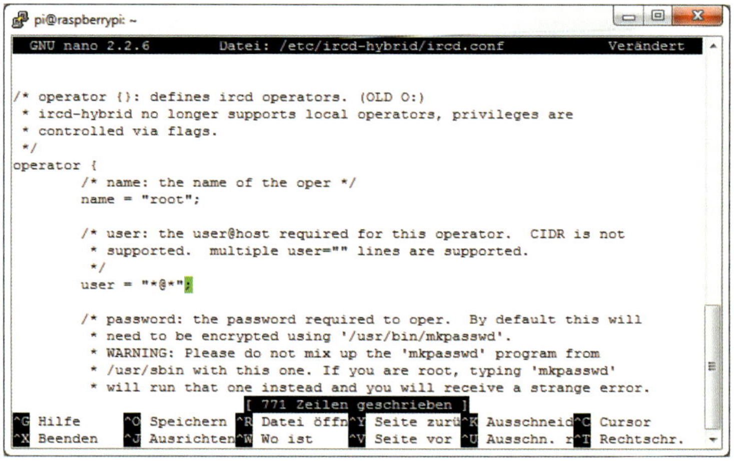

Der neue Eintrag für user im Bereich operator

7

Tragen Sie weiter unten bei **password** das zuvor generierte verschlüsselte Passwort ein. Speichern Sie danach die Datei.

8

Starten Sie jetzt den IRC-Server neu.

```
sudo /etc/init.d/ircd-hybrid restart
```

Chatserver in Zahlen

Anzahl der Benutzer von WhatsApp im Jahr 2014:

500.000.000

(500 Millionen)

Anzahl täglich verschickter Fotos per WhatsApp:

700.000.000

(700 Millionen)

Summe (Dollar), die Facebook für die WhatsApp-Übernahme bezahlt hat:

19.000.000.000

(19 Milliarden)

Anzahl verschickter SMS/MMS-Nachrichten in Deutschland pro Tag im Jahr 2013:

168.300.000

IN DER PRAXIS

Chatten über IRC

Benutzer benötigen einen IRC-Client, um über den Server chatten zu können. Soll der Server nicht nur im lokalen Netzwerk, sondern über das Internet verfügbar sein, muss auf dem Router eine Weiterleitung geschaltet und der Port 6667 freigegeben sein.

Am Beispiel des Chat-Add-ons ChatZilla für Firefox zeigen wir, wie das Chatten über einen IRC-Server funktioniert.

1

Installieren Sie ChatZilla über die Add-on-Verwaltung von Firefox. ChatZilla erscheint nach einem Neustart im Hauptmenü von Firefox. Es öffnet ein neues Fenster wie ein eigenständiges Programm.

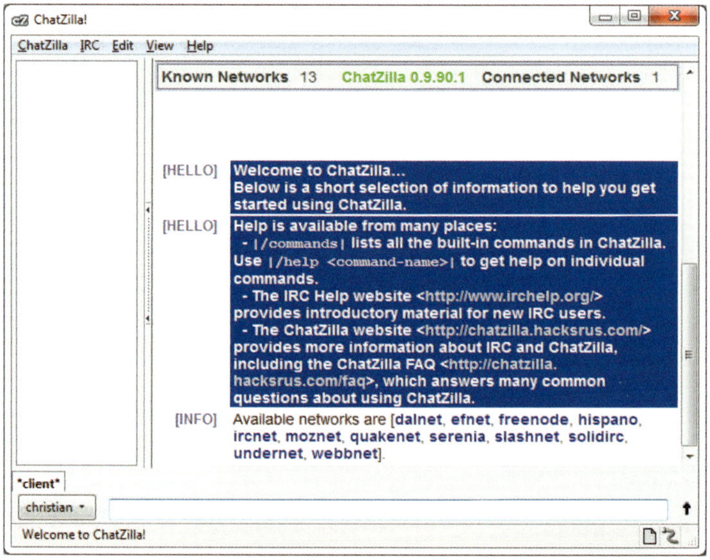

ChatZilla direkt nach dem Start

2

Verbinden Sie sich jetzt mit dem IRC-Server über den Menüpunkt **IRC/Join Channel**. Tragen Sie oben im Feld **Network** die IP-Adresse Ihres Raspberry Pi ein.

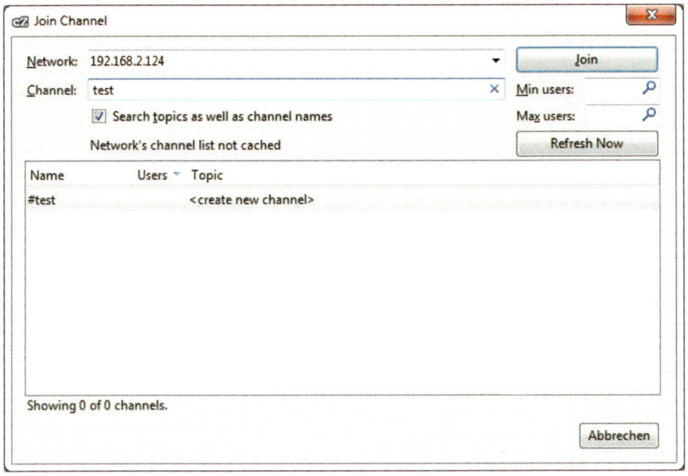

Anmeldung am Server

3

Kurze Zeit danach erscheint im unteren Bereich des Dialogfeldes eine Liste der auf dem Server verfügbaren IRC-Channel. Diese ist am Anfang natürlich noch leer. Zum Chatten brauchen Sie einen solchen Channel. Über die IRC-Software können Sie jederzeit Channels anlegen, dazu brauchen Sie nicht in die Konfiguration des Servers einzugreifen. Tragen Sie im Feld **Channel** einen Namen für den neuen Channel ein, z. B. `test`.

4

Der Channel erscheint unten in der Liste. Klicken Sie doppelt auf **<create new channel>**, um ihn anzulegen. Dabei werden Sie automatisch mit dem Server verbunden.

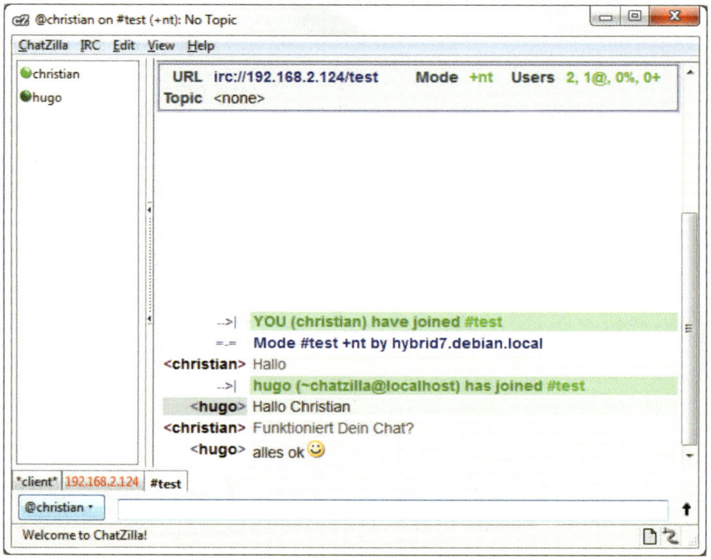

Im ChatZilla-Fenster erscheinen zwei neue Tabs, einer für den Server und einer für den Channel.

5 Hier können Sie sofort etwas schreiben. Im linken Teilfenster sehen Sie alle Benutzer, die in diesem Channel angemeldet sind.

6 Über das Menü IRC können Sie sich bei weiteren Channels anmelden und sich vom aktuellen Channel abmelden. Über **IRC/Status/Change Nickname** ändern Sie Ihren Benutzernamen, unter dem Sie im Chat erscheinen.

IRC-Kommandos

IRC ist ein rein textbasiertes System, das sich über Steuerbefehle im Chat bedienen lässt. Die Menüs und Buttons in IRC-Programmen rufen im Hintergrund auch nur diese Steuerbefehle auf. Befehle, die vom verwendeten Server nicht unterstützt werden, geben eine entsprechende Meldung zurück.

`/whois [Name]`	Zeigt Informationen über einen Benutzer
`/nick [Name]`	Ändert den eigenen Nicknamen
`/who [Name]`	Zeigt Kurzinformationen über einen Benutzer
`/whowas [Name]`	Zeigt, wann ein Benutzer online war
`/names [#Channel]`	Zeigt alle Benutzer im aktuellen oder einem anderen Channel an
`/join [#Channel]`	Betritt einen Channel
`/part [#Channel]`	Verlässt einen Channel
`/motd`	Zeigt das Motto des Tages, eine Meldung auf dem Server an. In Chatprogrammen mit mehreren Tabs erscheint diese auf dem Server-Tab und nicht im Channel.
`/rules`	Zeigt Serverregeln aus der Datei `rules.conf` (wenn vorhanden) an
`/luser`	Zeigt Informationen über die Anzahl von Verbindungen
`/map`	Zeigt alle Server, die mit dem Server verbunden sind
`/quit`	Trennt die Verbindung
`/ping [Name]`	Pingt einen Benutzer an, um Ping-Zeiten zu messen (besonders wichtig bei Onlinespielen)
`/version`	Zeigt die Versionsnummer des Servers an
`/stats STAT`	Zeigt Serverstatistiken an
`/links`	Zeigt verlinkte Server an
`/admin`	Zeigt den Serveradministrator an
`/invite [Name] [#Channel]`	Lädt jemanden in einen Channel ein
`/kick [#Channel] [Name]`	Wirft jemanden aus einem Channel heraus
`/away`	Markiert sich selbst als abwesend
`/list`	Zeigt eine Liste aller Channels. In Chatprogrammen mit mehreren Tabs erscheint diese auf dem Server-Tab und nicht im Channel.
`/privmsg [Name] [Nachricht]`	Öffnet einen privaten Chat mit einer Person
`/notice [Name] [Nachricht]`	Schickt einer Person eine Nachricht
`/knock [#Channel]`	Klopft in einem Channel an, der auf INVITE-Modus steht
`/setname [Neuer Name]`	Ändert den eigenen Nicknamen
`/vhost [Benutzer] [Passwort]`	Verändert den Vhost
`/mode [Eigener Name] [FLAG(mode)]`	Einstellung spezieller Eigenschaften von Channels oder Benutzern.
`/ignore [Name] oder [Host]`	Ignoriert einen bestimmten Benutzer oder Host.

Hannahs Himbeer-Joghurt-Eis

Zutaten:

1 Stiel Zitronenmelisse
1 EL Puderzucker
½ Zitrone
150 g tiefgekühlte Himbeeren
100 g Joghurt (1,5 % Fett, gut gekühlt)

Zubereitung:

Die Zitronenmelisse waschen, trockenschütteln und die Blättchen abzupfen. Zusätzlich einige Blättchen davon zum Garnieren beiseitelegen. Die restlichen Zitronenmelisseblättchen fein hacken und mit dem Puderzucker mit einem Stabmixer pürieren. Aus der halben Zitrone einen Esslöffel Saft auspressen und zur Puderzuckermischung geben. Die unaufgetauten Himbeeren und Joghurt zufügen und alles ganz kurz mittelfein zerkleinern. Mit den beiseitegelegten Melisseblättchen garnieren und sofort servieren.

Quelle: chefkoch.de

WAND-KALENDER

Ob Smartphone, Tablet oder Laptop: Auf allen Geräten werden Termine und Adressen gespeichert. Irgendwie müssen diese aber synchron gehalten werden. Mit Hilfe der Standardprotokolle CalDav und CardDav kann man sich so eine Synchronisationslösung auch selbst bauen. Ein Raspberry Pi reicht als Server auch für mehrere Benutzer völlig aus.

Installation

Baikal ist ein schlanker CalDav/CardDav-Server, der auf einem installierten Webserver mit PHP und der Datenbank SQLite auf dem Raspberry Pi läuft. Für die folgenden Schritte gehen wir davon aus, dass auf dem Raspberry Pi der **lighttpd**-Webserver mit dem **fastcgi**-Modul installiert ist.

1 Installieren Sie zusätzlich die Datenbank SQLite.

```
sudo apt-get update
sudo apt-get install sqlite php5-sqlite
```

2 Laden Sie das Baikal-Installationsarchiv herunter und entpacken Sie es im Verzeichnis des Webservers.

```
cd /var/www
sudo wget http://baikal-server.com/get/baikal-flat-
0.2.7.zip
sudo unzip baikal-flat-0.2.7.zip
sudo rm baikal-flat-0.2.7.zip
sudo mv baikal-flat baikal
```

3 Weisen Sie das neue Verzeichnis **baikal** dem Benutzer **www-data** zu und geben den anderen Benutzern Leserechte darauf.

```
sudo chown -R www-data:www-data baikal
sudo chmod -R 755 baikal
```

4 Um die Installation über das Installationsskript zu ermöglichen, legen Sie eine leere Datei **ENABLE_INSTALL** an.

```
sudo touch baikal/Specific/ENABLE_INSTALL
```

5 Rufen Sie jetzt die Weboberfläche des Baikal-Servers im Browser eines PCs im Netzwerk auf. Ersetzen Sie die angegebene IP-Adresse durch die Ihres Raspberry Pi.

```
http://192.168.2.124/baikal
```

20 Minuten / 12 Schritte

SCHWIERIGKEIT

Das braucht es:

VORWISSEN

1 Webserver, S. 88

KONFIGURATION

Installierter Webserver mit fastcgi-Modul 1

CalDav/CardDav-kompatible Clients zur Datensynchronisation

SOFTWARE

Baikal

WWWCODE Kalenderserver

6 Wählen Sie im **Baikal initialization wizard** die Zeitzone **Europe/Berlin** und legen Sie ein Passwort für die Administration fest.

7 Auf dem nächsten Bildschirm wird der Pfad zur SQLite-Datenbank von Baikal angezeigt. Solange Sie an der Standardinstallation nichts verändert haben, stimmt dieser Pfad und Sie können direkt auf **Save changes** klicken.

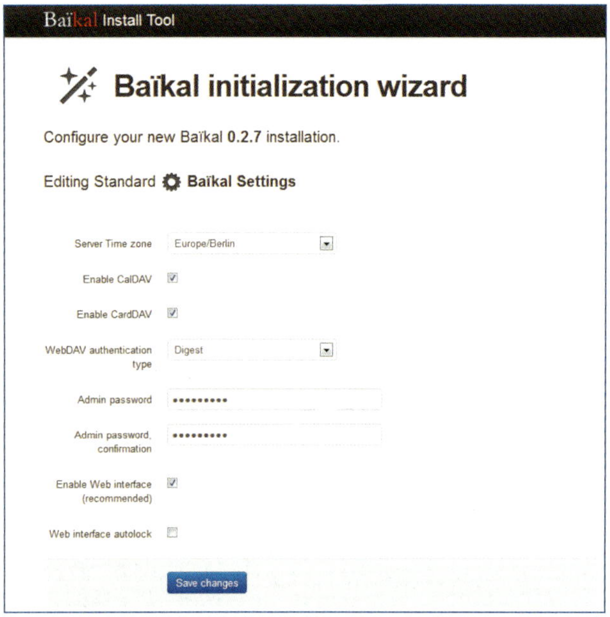

Die übrigen Einstellungen belassen Sie wie vorgegeben.

8 Nach einer Bestätigung, dass alles fertig installiert ist, erscheint der Anmeldebildschirm. Geben Sie hier das Passwort ein, das Sie bei der Einrichtung festgelegt haben.

9 Nach der Anmeldung erscheint das Dashboard und zeigt, dass noch keine Benutzer, keine Kalender und keine Adressbücher angelegt sind.

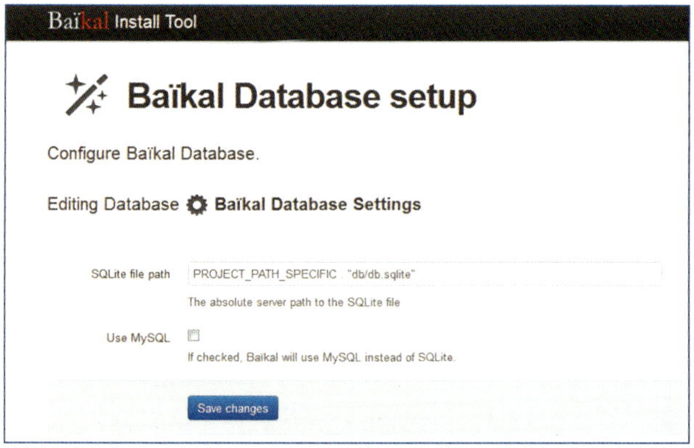

An den Datenbankeinstellungen muss nichts verändert werden.

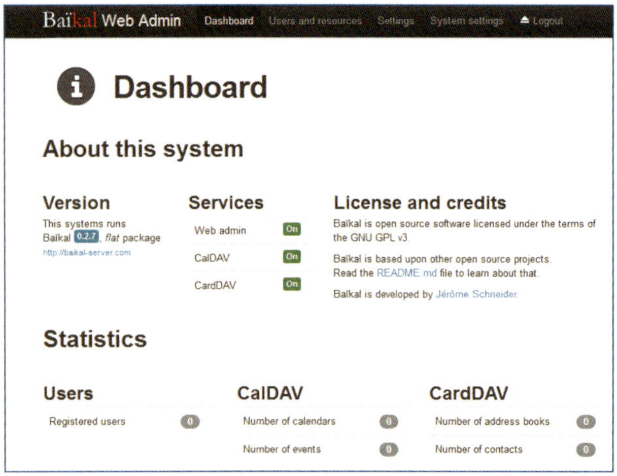

Das am Anfang noch leere Dashboard

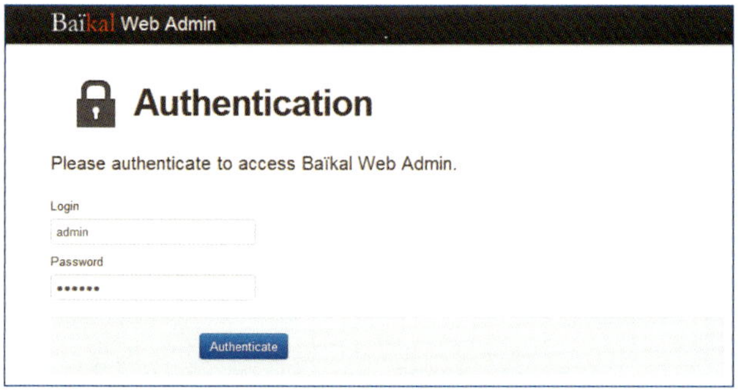

Anmeldung zur Webadministration des Baikal-Servers

10

Klicken Sie oben auf **Users and resources** und legen Sie einen neuen Benutzer an.

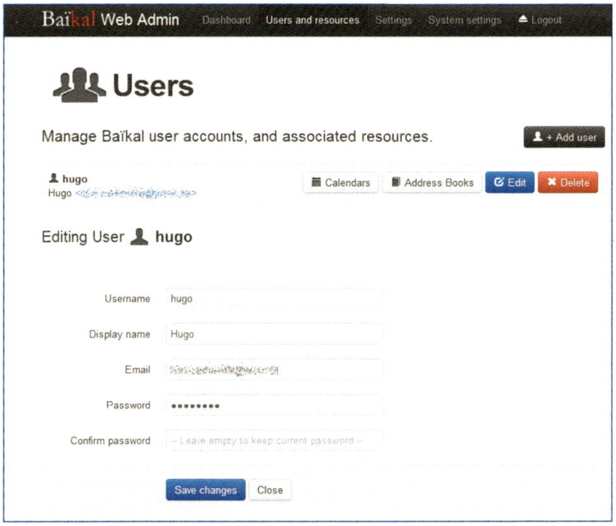

Für den neuen Benutzer werden automatisch ein Kalender und ein Adressbuch angelegt.

Auf die gleiche Weise können Sie weitere Benutzer sowie auch weitere Kalender und Adressbücher für schon vorhandene Benutzer anlegen.

11

Benutzer können jetzt ihre CalDav/CardDav-kompatiblen Kalender und Adressbücher auf mehreren PCs über den Server miteinander synchronisieren. Eines der beliebtesten derartigen Programme auf dem PC ist Thunderbird mit der Erweiterung Lightning. In den jeweiligen Programmen müssen folgende Adressen eingegeben werden. Ersetzen Sie die angegebene IP-Adresse durch die Adresse Ihres Raspberry Pi im lokalen Netzwerk.

- **CalDav** – http://192.168.2.124/baikal/cal.php/calendars/<benutzername>/default/
- **CardDav** – http://192.168.2.124/baikal/cal.php/addressbooks/<benutzername>/default/

OwnCloud

Auch die im Abschnitt ownCloud beschriebene Cloud-Lösung ownCloud bietet die Möglichkeit, Kalender und Adressbücher über die Standardprotokolle CalDav und CardDav zu synchronisieren.

Kalender und Kontakte in Zahlen

Start des öffentlichen Beta-Tests von Google-Kalender:

01.01.2006

Anzahl der von Google-Kalender unterstützten Sprachen:

39

IN DER PRAXIS

CalDav/CardDav-Apps für Smartphones

Zur Synchronisation von Adressbuch und Kalender mit CalDav/CardDav-Servern bieten unabhängige Entwickler eigene Apps für Smartphones an.

CardDAV-Sync beta synchronisiert Kontakte über CardDav mit dem Adressbuch auf einem Android-Smartphone in beiden Richtungen. Dazu legt man auf dem Smartphone ein zusätzliches Synchronisierungskonto an. Die Kontakte vom CardDav-Server können dann direkt auf dem Smartphone mit vorhandenen Kontakten aus einem Google-Konto oder Facebook verbunden werden.

CalDAV Sync beta (leider keine kostenlose Version) synchronisiert Termine und Alarme über CalDav mit dem Smartphone. Dabei wird auf dem Smartphone ein zusätzlicher Kalender angelegt, der sich in die Kalender-App integriert. So werden Termine aus dem Google-Kalender und dem CalDav-Kalender gleichzeitig in derselben App angezeigt.

Hannahs Himbeer-marmelade

Zutaten:
100 g Himbeeren
10 g Ingwer
100 g Gelierzucker

Zubereitung:
Ein 200-g-Marmeladenglas mit kochendem Wasser ausspülen und kopfüber auf einem Küchentuch trocknen lassen. Danach die Himbeeren in ein hohes Gefäß geben. Ingwer schälen, fein reiben und zu den Himbeeren geben. Danach Gelierzucker zufügen und alles mit einem Stabmixer etwa 10 Minuten pürieren, bis die Masse zu gelieren beginnt. Mit einer kleinen Kelle in das vorbereitete Glas geben und sofort verschließen. Kühl stellen und innerhalb von fünf Tagen verbrauchen.

Quelle: eatsmarter.de

DAS TOR ZUR WELT

Nicht jeder Router unterstützt WLAN oder lässt dies zu. Ein passender WLAN-Stick macht aus dem Raspberry Pi einen WLAN-Router, um mit Mobilgeräten auf das eigene Netzwerk oder das Internet zugreifen zu können.

Installation

Stecken Sie den WLAN-Stick an den USB-Port des Raspberry Pi. Ein Netzwerkkabel mit Verbindung zum Internet ist zusätzlich erforderlich.

1 Um – bevor Sie alles umsonst einrichten – sicherzustellen, dass der WLAN-Stick den Modus **AP** für den Access Point unterstützt, installieren Sie eine Standardsoftware für WLAN-Hardware, `zd1211-firmware`, sowie das WLAN-Konfigurationstool `iw` mit folgendem Kommandozeilenbefehl:

```
sudo apt-get update
sudo apt-get install zd1211-firmware iw
```

2 Nach der Installation lassen Sie sich mit `iw list` die unterstützten Modi des WLAN-Sticks anzeigen. In der langen Liste müssen im Bereich **Supported interface modes** die Modi **AP**, **managed** und **monitor** auftauchen. Sollten diese nicht vorhanden sein, kann der WLAN-Stick nicht als Access Point genutzt werden.

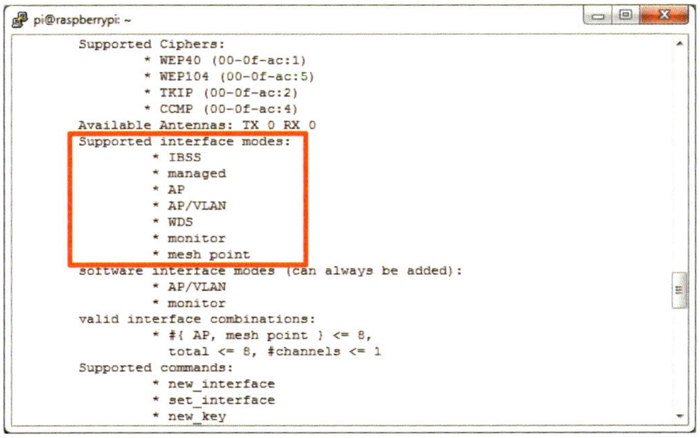

iw list zeigt, ob ein WLAN-Stick als Access Point zu nutzen ist.

3 Wenn der WLAN-Stick verwendbar ist, installieren Sie noch weitere Pakete, um den Pi-Point einrichten zu können.

```
sudo apt-get install rfkill hostapd hostap-utils
dnsmasq
```

30 Minuten / 14 Schritte

SCHWIERIGKEIT

Das braucht es:

VORWISSEN

–

KONFIGURATION

SSH-Verbindung zum Raspberry Pi

Von Raspbian unterstützter WLAN-USB-Stick

SOFTWARE

Pi-Point, www.pi-point.co.uk

HARDWARE

WLAN-Stick

WWWCODE WLAN

Diese Lösung wurde mit freundlicher Genehmigung der Entwickler von www.pi-point.co.uk in dieses Buch übernommen.

4 Als Nächstes bearbeiten Sie die Konfigurationsdatei **/etc/network/interfaces**.

```
sudo nano /etc/network/interfaces
```

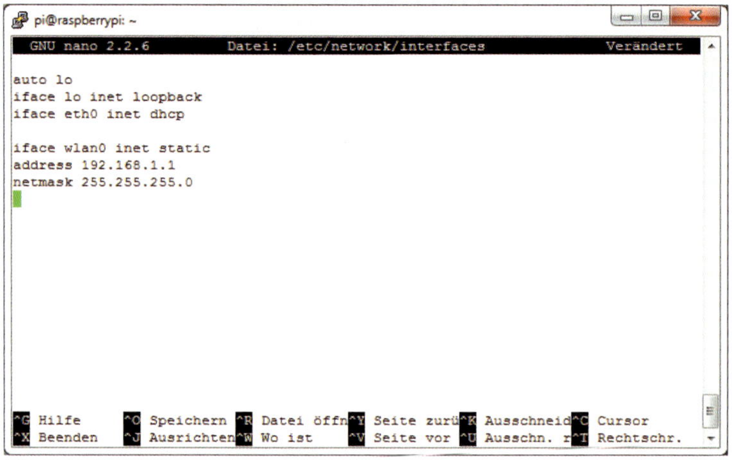

Verändern Sie die vorgegebene Datei, sodass sie wie in der Abbildung aussieht.

5 Die unter **address** eingetragene IP-Adresse muss in einem anderen logischen Netzwerk liegen als die Adresse, die der Raspberry Pi über die Netzwerkkabelverbindung vom Router bekommt. In den meisten Heimnetzwerken liegen diese Adressen im Adressbereich **192.168.0.xxx** oder **192.168.2.xxx**. In dem Fall können Sie als Access Point die Adresse **192.168.1.1** verwenden, die in einem anderen Subnetz liegt. Sollte Ihr Router automatisch IP-Adressen im Bereich **192.168.1.xxx** vergeben, tragen Sie unter **address** die Adresse **192.168.2.1** ein.

6 Starten Sie jetzt das WLAN auf dem Raspberry Pi neu. Hier darf es zu keinen Fehlermeldungen kommen. Andernfalls überprüfen Sie die IP-Adressen Ihres lokalen Netzwerks.

```
sudo ifdown wlan0
sudo ifup wlan0
```

7 Bearbeiten Sie jetzt noch die Datei **/etc/hostapd/hostapd.conf**. In vielen Fällen wird diese noch nicht vorhanden sein. Der nano-Editor legt sie dann automatisch an:

```
sudo nano /etc/hostapd/hostapd.conf
```

Tragen Sie die abgebildeten Zeilen in die Datei /etc/hostapd/hostapd.conf ein.

8 Die SSID können Sie nach Belieben ändern. Wählen Sie bei **`channel`** einen freien WLAN-Kanal aus. Dies darf nicht der Kanal sein, den Ihr WLAN-Router verwendet. Auch sollte in der Nähe kein anderes WLAN, z. B. bei einem Nachbarn, diesen Kanal verwenden.

9 Starten Sie jetzt den Dienst **`hostapd`**.

```
sudo hostapd –B /etc/hostapd/hostapd.conf
```

Als nächsten Schritt konfigurieren Sie den Pi-Point so, dass ein Benutzer bei der Anmeldung per DHCP eine IP-Adresse zugewiesen bekommt. Bearbeiten Sie dazu die Datei **`/etc/dnsmasq.conf`**. Diese Datei enthält standardmäßig nur auskommentierte Zeilen – und davon sehr viele. Sie können alle löschen und durch die abgebildeten Zeilen ersetzen oder diese neuen Zeilen einfach unten anhängen.

```
sudo nano /etc/dnsmasq.conf
```

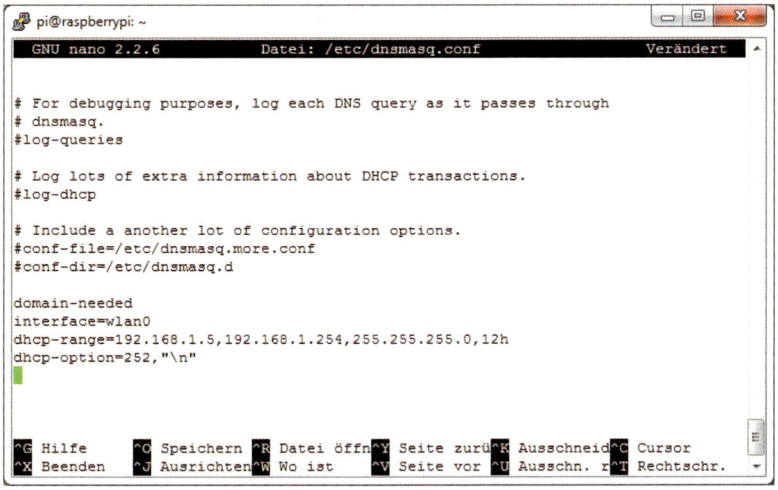

Diese Zeilen müssen an die Datei /etc/dnsmasq.conf unten angehängt werden.

10 Der angegebene DHCP-Bereich muss in den ersten drei Zahlenblöcken zur in der Datei **/etc/network/interfaces** eingetragenen IP-Adresse passen. Sollten Sie dort nicht die **192.168.1.1** verwenden, passen Sie den Eintrag **dhcp-range** hier entsprechend an.

11 Starten Sie jetzt den Dienst **dnsmasq** neu.

```
sudo service dnsmasq restart
```

12 Nun brauchen Sie nur noch die NAT (Network Address Translation) zwischen Ihrem vorhandenen und dem neuen Netzwerk einzurichten, damit die Nutzer, die sich per WLAN über den Raspberry Pi anmelden, über das vorhandene Netzwerk ins Internet kommen. Bearbeiten Sie dazu die Datei **/etc/sysctl.conf**.

```
sudo nano /etc/sysctl.conf
```

13 Entfernen Sie in dieser Datei das Kommentarzeichen vor **net.ipv4.ip_forward=1**.

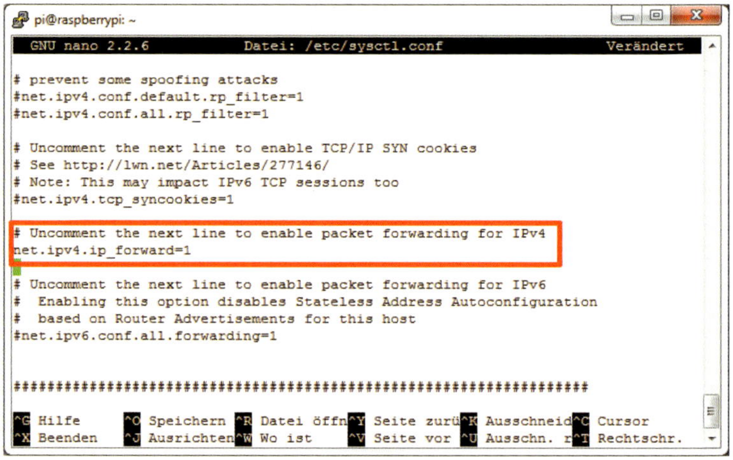

In der Datei /etc/sysctl.conf muss ein Kommentarzeichen entfernt werden, um IP forwarding zu aktivieren.

14 Schalten Sie noch mit folgender Zeile die NAT ein:

```
sudo iptables -t nat -A POSTROUTING -j MASQUERADE
```

Damit ist der Pi-Point als Access Point installiert und kann von Notebooks, Smartphones, Tablets und anderen WLAN-fähigen Geräten genutzt werden.

Der Raspberry Pi als WLAN-Access-Point mit Netzwerkanschluss und WLAN-Stick (LogiLink WL0084B) – ohne Tastatur, Maus und Monitor

Raspbian Minimal für Pi-Point

Wer einen Raspberry Pi ausschließlich als WLAN-Access-Point betreibt, braucht kein komplettes Raspbian-Betriebssystem mit grafischer Oberfläche. Der Entwickler von Pi-Point bietet bei `www.pi-point.co.uk/download-sd-card-image` ein angepasstes Raspbian-Image an, das auf einer 1 GB großen Speicherkarte Platz findet. Dieses Raspbian Minimal wird wie das klassische Raspbian auf einer SD-Karte installiert, bietet aber keine grafische Oberfläche. Ein WLAN-Access-Point braucht schließlich weder Tastatur noch Monitor. Leider enthält das hier zum Download angebotene Image nicht die neueste Raspbian-Version.

WLAN in Zahlen

Anzahl der verfügbaren Wi-Fi-Locations und Hot Spots in Deutschland (Mai 2014):

15.095

Anzahl der verfügbaren Wi-Fi-Locations und Hot Spots in den USA (Mai 2014):

190.355

Anteil der Haushalte mit WLAN in Südkorea (2011):

80,3 %

Anteil der Haushalte mit WLAN in den USA (2011):

61 %

IN DER PRAXIS

Pi-Point automatisch starten

Der Pi-Point läuft nur, solange der Raspberry Pi eingeschaltet bleibt. Beim nächsten Neustart wird er bisher nicht wieder automatisch gestartet.

1 Um den Pi-Point beim Start des Raspberry Pi automatisch mit zu starten, legen Sie eine Datei mit diesem Inhalt an:

```
sudo nano /etc/init.d/pipoint
```

2 Die Kommentarzeilen müssen genau so vorhanden sein, da sie für den Startprozess benötigt werden.

```
#!/bin/sh
# Configure Wifi Access Point.
#
### BEGIN INIT INFO
# Provides: WifiAP
# Required-Start: $remote_fs $syslog $time
# Required-Stop: $remote_fs $syslog $time
# Should-Start: $network $named slapd autofs ypbind nscd nslcd
# Should-Stop: $network $named slapd autofs ypbind nscd nslcd
# Default-Start: 2
```

```
# Default-Stop:
# Short-Description: Wifi Access Point configuration
# Description: Sets forwarding, starts hostap, enables NAT in
iptables
### END INIT INFO

iptables -t nat -A POSTROUTING -j MASQUERADE
hostapd -B /etc/hostapd/hostapd.conf
```

3 Machen Sie jetzt dieses Skript ausführbar,

```
sudo chmod 755 /etc/init.d/pipoint
```

4 ... und tragen Sie es in die Startsequenz ein:

```
sudo update-rc.d pipoint start 99 2
```

Beim Neustart des Raspberry Pi wird jetzt der Pi-Point automatisch mit gestartet.

Automatischen Start abschalten

Möchten Sie später den Raspberry Pi wieder für andere Aufgaben verwenden, die Pi-Point-Software aber noch nicht komplett deinstallieren, schalten Sie einfach den automatischen Start wieder ab: **`sudo update-rc.d pipoint remove`**.

WPA2-Verschlüsselung einrichten

Möchten Sie den Pi-Point nicht nur für einen kurzen Test, sondern für längere Zeit betreiben, sollten Sie ihn verschlüsseln. Dazu verwenden Sie am besten das Verschlüsselungsverfahren WPA2, das heute in fast allen WLANs genutzt wird.

1 Bearbeiten Sie die Datei `/etc/hostapd/hostapd.conf`.

```
sudo nano /etc/hostapd/hostapd.conf
```

2 Tragen Sie dort folgende Zeilen ein:

```
interface=wlan0
driver=nl80211
ssid=pi
channel=7
auth_algs=1
wpa=2
```

```
wpa_passphrase=raspberrypi
wpa_key_mgmt=WPA-PSK
wpa_pairwise=TKIP CCMP
rsn_pairwise=TKIP CCMP
```

3

In der Zeile **`wpa-passphrase`** tragen Sie das Schlüsselwort ein, das Benutzer, die sich über diesen Pi-Point anmelden wollen, eingeben müssen. Starten Sie danach den **`hostapd`**-Dienst neu:

```
sudo service hostapd restart
```

4

Wenn Sie sich jetzt mit einem Notebook oder Smartphone am Pi-Point anmelden, werden Sie nach einem Schlüssel gefragt. In unserem Beispiel lautet dieser **`raspberrypi`**.

Notebook mit Pi-Point verbinden

1

Um sich mit einem Windows-Notebook über den neuen Pi-Point anzumelden, klicken Sie dort auf das WLAN-Symbol in den Windows-8.1-Einstellungen bzw. unten rechts in der Taskleiste auf dem klassischen Desktop.

In den Einstellungen von Windows 8.1 ist unten rechts auf dem Bildschirm die aktuelle WLAN-Verbindung zu sehen.

2 In der Liste aller Drahtlosnetzwerke in Reichweite finden Sie auch eines mit Namen **pi** oder einer anderen SSID, die Sie bei der Konfiguration angegeben haben.

3 Klicken Sie jetzt auf den Eintrag **pi** und anschließend auf den Button **Verbinden**. Sollte bereits vorher eine WLAN-Verbindung aktiv gewesen sein, wird diese automatisch getrennt. Der Pi-Point ist standardmäßig unverschlüsselt. Sie brauchen also nur einen Netzwerkschlüssel einzugeben, wenn Sie bereits eine Verschlüsselung eingerichtet haben.

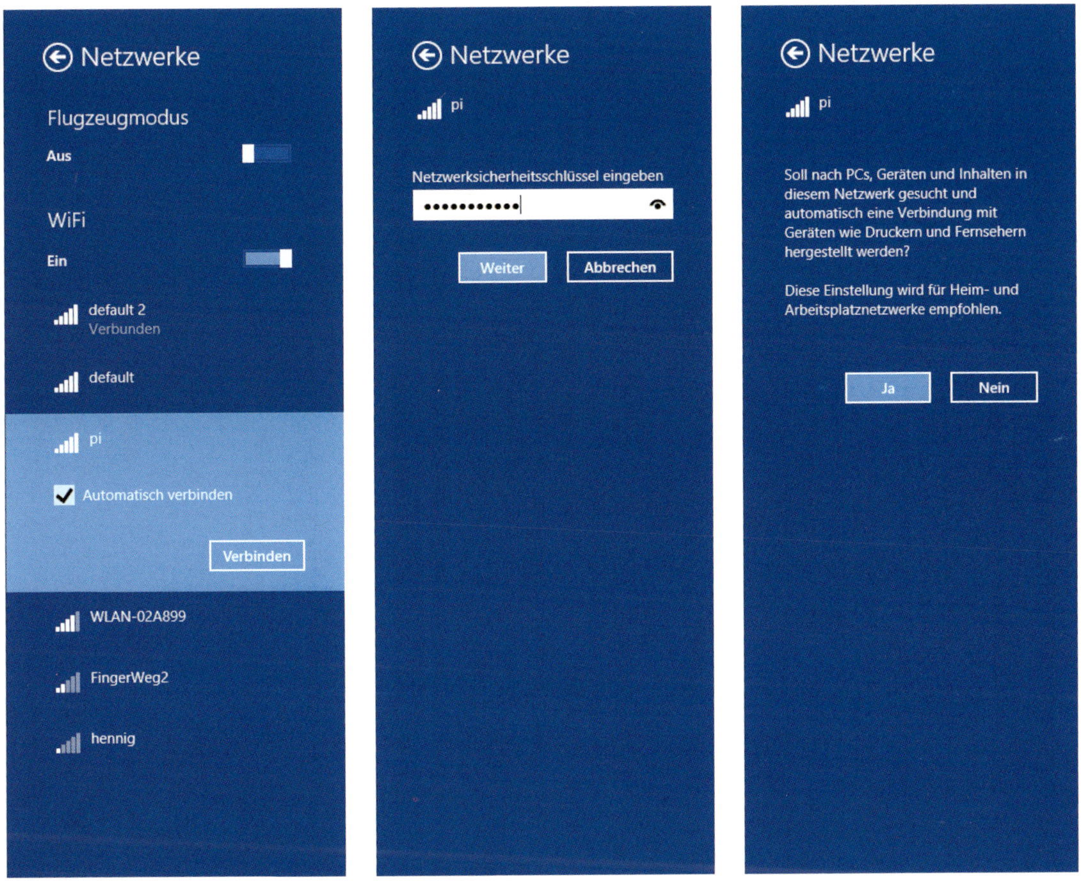

Ein Notebook mit Windows 8.1, das per WLAN mit dem Pi-Point verbunden Ist.

4 Möchten Sie auf freigegebene Verzeichnisse oder Netzwerklaufwerke im lokalen Netzwerk zugreifen, beantworten Sie die entsprechende Frage mit **Ja**. Das Netzwerk wird dann im Netzwerk- und Freigabecenter als privat gekennzeichnet. Windows Heimnetzgruppen können ebenfalls genutzt werden.

Statusanzeige

Das im PDF **statusanzeige.pdf** beschriebene Programm zeigt mit ein paar Erweiterungen die IP-Adresse des Pi-Points, die SSID und den WLAN-Kanal an.

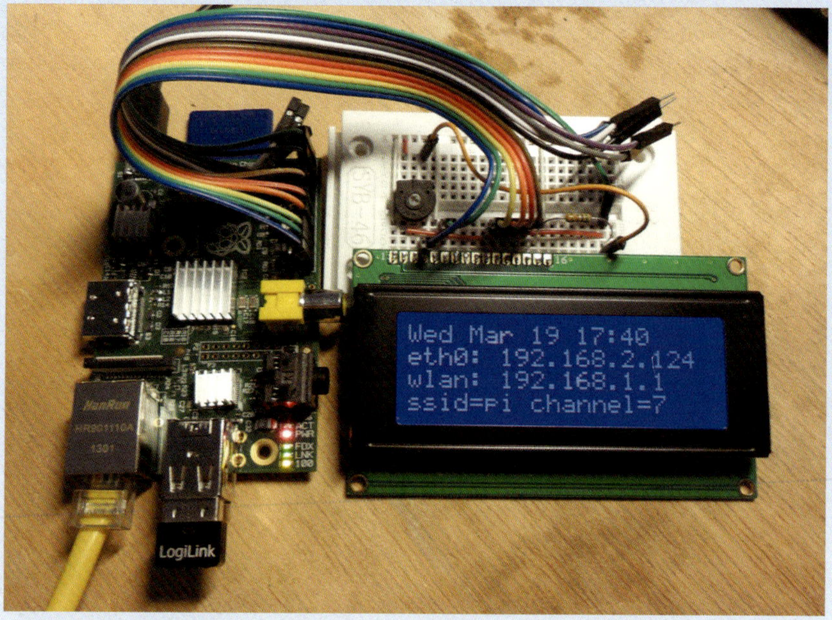

Sie finden das fertige Programm als **serverstatus-wlan.py** auf **www.buch.cd**.

Gegenüber dem Basisprogramm zur Statusanzeige wurden nur in der Hauptprogrammfunktion einige Zeilen verändert:

```
try:
  while True:
    zeile1 = time.asctime()[0:16]
    zeile2 = "eth0: " + subprocess.check_output(["hostname","-
I"]).split(' ')[0]
    zeile3 = "wlan: " + subprocess.check_output(["hostname","-
I"]).split(' ')[1]
    zeile4 = subprocess.check_output(["grep","ssid","/etc/hostapd/
hostapd.conf"])[:-1] + " "
    zeile4 += subprocess.check_output(["grep","channel","/etc/
hostapd/hostapd.conf"])[:-1]
    lcd_anzeige()
```

In **zeile1** wird wie im Basisprogramm die aktuelle Uhrzeit angezeigt.

Da der Raspberry Pi im Betrieb als WLAN-Hotspot zwei IP-Adressen hat, verändert sich die Ausgabe des Befehls **hostname -I**. Beide IP-Adressen werden durch ein Leerzeichen getrennt, hintereinander angezeigt. Die Bibliotheksfunktion **subprocess.check_output()** liefert die Ausgabe eines beliebigen Linux-Befehls als Zeichenkette.

```
    zeile2 = "eth0: " + subprocess.check_output(["hostname",
"-I"]).split(, ,)[0]
    zeile3 = "wlan: " + subprocess.check_output(["hostname",
"-I"]).split(‘ ‘)[1]
```

Mit Hilfe der **split**-Methode lassen sich Zeichenketten an beliebigen Trennzeichen aufteilen und in Listen speichern. Die beiden Zeilen **zeile2** und **zeile3** zeigen die beiden Listenelemente an, in denen die beiden IP-Adressen liegen.

```
    zeile4 = subprocess.check_output(["grep","ssid","/etc/
hostapd/hostapd.conf"])[:-1] + " "
    zeile4 += subprocess.check_output(["grep","channel","/
etc/hostapd/hostapd.conf"])[:-1]
```

In **zeile4** werden die SSID und der WLAN-Kanal angezeigt. Diese Daten werden über den Linux-Befehl **grep** aus der Datei **/etc/hostapd/hostapd.conf** extrahiert. Von dieser Ausgabe wird das letzte Zeichen abgeschnitten. Dabei handelt es sich um das Zeilenende-Zeichen, das auf dem Display als Sonderzeichen dargestellt wird und die Anzeige stören würde. **zeile4** wird der Übersichtlichkeit halber in zwei Programmzeilen aus zwei Zeichenketten zusammengesetzt, die beide über **grep** ausgelesen werden.

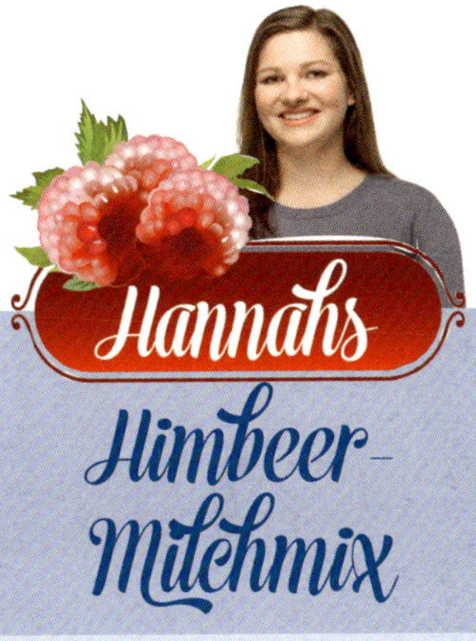

Zutaten:
1 große unbehandelte Rosenblüte
50 g Himbeeren
150 ml Milch mit 1,5 % Fettanteil
flüssiger Süßstoff nach Belieben
Rosenwasser nach Belieben
Außerdem: Eiswürfel

Zubereitung:
Die Rosenblüte leicht ausschütteln und die Blätter abzupfen. Himbeeren gegebenenfalls vorsichtig in einer Schale waschen, abtropfen lassen.

Etwa ¾ der Blütenblätter mit den Himbeeren und der Milch in einen Standmixer oder in ein hohes Gefäß geben und gründlich mixen. Nach Belieben mit Süßstoff und Rosenwasser abschmecken. Mit Eiswürfeln in ein Glas geben und mit den restlichen Blütenblättern garnieren.

Quelle: eatsmarter.de

SCHOTTEN DICHT

Jeder Server im Internet ist ein potentielles Angriffsziel für Hacker. Darum sind entsprechende Schutzmaßnahmen erforderlich. Raspbian liefert die Firewall im Linux-Kernel mit, die aber standardmäßig nicht konfiguriert ist. iptables ist ein dazu passendes Programm zur Einrichtung und Verwaltung der Firewallregeln.

Installation

20 Minuten / 8 Schritte

SCHWIERIGKEIT

Das braucht es:

VORWISSEN

1 IP-Adressen, S. 20

KONFIGURATION

SSH-Verbindung zum Raspberry Pi

Feste oder dynamische IP-Adresse im Internet 1

SOFTWARE

Lighttpd, www.lighttpd.net

WWWCODE Firewall

1 Die Linux-Kernel-Firewall wird über die Datei **/etc/network/iptables** konfiguriert. Diese ist in Raspbian standardmäßig nicht vorhanden. Legen Sie sie mit dem Editor an.

```
sudo nano /etc/network/iptables
```

2 Die folgende Konfiguration stammt aus dem deutschen Raspberry-Pi-Forum und enthält ein paar grundlegende Firewall-Regeln. Tragen Sie die abgebildeten Zeilen in die Datei ein.

Die Datei iptables mit wichtigen Firewallregeln

3 Initialisieren Sie jetzt die Firewall mit dieser Konfigurationsdatei.

```
sudo iptables-restore /etc/network/iptables
```

4 Um die aktuellen Einstellungen der Firewall zu sehen, geben Sie ein:

```
sudo iptables -L
```

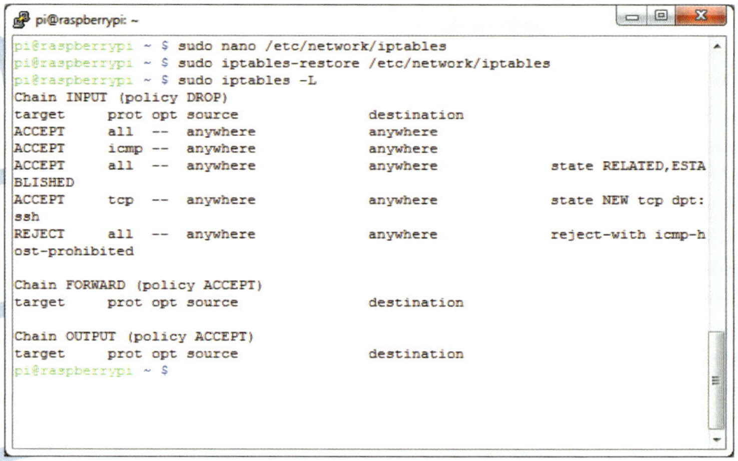

So sehen Sie jederzeit die aktuellen Einstellungen der Firewall.

5

Um die Firewallregeln bei jedem Start des Netzwerkdienstes, also auch bei jedem Neustart des Raspberry Pi, wieder in die Firewall einzulesen, erstellen Sie ein neues Skript und tragen Sie dort die abgebildeten Zeilen ein:

```
sudo nano /etc/network/if-pre-up.d/iptables
```

Dieses Skript initialisiert die Firewall mit den festgelegten Regeln bei jedem Start.

6

Machen Sie dieses Skript ausführbar.

```
sudo chmod 755 /etc/network/if-pre-up.d/iptables
```

Firewall deaktivieren

Möchten Sie den Raspberry Pi ohne Firewall starten und dazu aber nicht gleich die ganze Konfiguration löschen, setzen Sie einfach ein Kommentarzeichen `#` vor die Befehlszeile in der Datei `/etc/network/if-pre-up.d/iptables`.

Firewall in Zahlen

Anzahl der erkannten Sicherheitslücken im Webserver Apache im ersten Halbjahr 2010:

26

Anzahl der geschlossenen Sicherheitslücken im Webserver Apache im ersten Halbjahr 2010:

15

Anzahl der erkannten Sicherheitslücken im Browser Firefox im ersten Halbjahr 2010:

59

Anzahl der geschlossenen Sicherheitslücken im Browser Firefox im ersten Halbjahr 2010:

48

IN DER PRAXIS

Das bedeuten die Firewallregeln

Firewallregeln beziehen sich entweder auf eingehende (**INPUT**), ausgehende (**OUTPUT**) oder weitergeleitete, geroutete Datenpakete (**FORWARD**).

Jede Firewallregel kann entweder etwas explizit erlauben (**ACCEPT**) oder verbieten (**REJECT**). Dabei spielt die Reihenfolge der Regeln in der Datei eine wichtige Rolle. Da die Regeln von oben nach unten abgearbeitet werden, kann man zunächst global vieles verbieten und dann weiter unten einzelne Dienste wieder erlauben.

```
-A INPUT -i lo -j ACCEPT
```

Diese Regel erlaubt alle Zugriffe über die Loopback-Schnittstelle `lo`. Dabei handelt es sich um Zugriffe, die direkt vom Raspberry Pi selbst und nicht über das Netzwerk kommen.

```
-A INPUT -p icmp -j ACCEPT
```

Diese Regel erlaubt ICMP-Anfragen, wie z. B. `ping`.

```
-A INPUT -m state --state RELATED,ESTABLISHED -j ACCEPT
```

Diese Regel erlaubt alle bereits aufgebauten Verbindungen.

```
-A INPUT -p tcp -m state --state NEW -m tcp --dport 22 -j
ACCEPT
```

Diese Regel erlaubt Zugriffe über den TCP-Port 22, der für SSH-Verbindungen genutzt wird. Wenn Sie diese Verbindungen verbieten, können Sie den Raspberry Pi nur noch über direkt angeschlossene Tastaturen und Monitore bedienen.

```
-A INPUT -j REJECT --reject-with icmp-host-prohibited
```

Diese letzte Regel sperrt den Raspberry Pi gegen alle eingehenden Datenpakete, die nicht durch eine der vorhergehenden Regeln erlaubt wurden.

Firewallregeln auf das lokale Netzwerk beschränken

Einzelne Firewallregeln lassen sich durch Angabe eines IP-Adressenbereichs auf das lokale Netzwerk beschränken. So gibt z. B. die folgende Regel den SSH-Zugang über TCP-Port 22 nur im lokalen Netzwerk frei:

```
-A INPUT -s 192.168.2.0/24 -p
tcp -m state --state NEW -m tcp
--dport 22 -j ACCEPT
```

Der Parameter `/24` hinter der IP-Adresse bedeutet, dass die ersten 24 Bit der Subnetzmaske auf `1` stehen, und damit die ersten 24 Bit, die ersten drei Ziffernblöcke, aller von der Regel betroffenen IP-Adressen dem angegebenen Muster entsprechen. IP-Adressen in einem lokalen Heimnetzwerk unterscheiden sich in den meisten Fällen nur im letzten Ziffernblock.

Weitere Firewallregeln festlegen

Wenn auf dem Raspberry Pi Server wie z. B. ein Webserver betrieben werden, müssen deren Ports in der Firewall vor der letzten Zeile explizit zugelassen werden, da diese letzte Zeile in unserer Beispielkonfiguration alle bisher nicht ausdrücklich zugelassenen Verbindungen sperrt. Folgende Zeile lässt Verbindungen auf dem Http-Port `80`, den die Webserver verwenden, zu:

```
-A INPUT -p tcp -m state --state NEW -m tcp --dport 80 -j ACCEPT
```

Die meisten Firewallregeln folgen einem einheitlichen Schema:

```
-A INPUT -p <tcp/udp> -m state --state NEW -m <tcp/udp>
--dport <PORT> -j <ACCEPT/REJECT>
```

In den Feldern `<tcp/udp>` wird angegeben, ob es sich um eine TCP- oder UDP-Verbindung handelt, das Feld `<Port>` enthält den freizugebenden oder zu sperrenden Port, und das letzte Feld `<ACCEPT/REJECT>` gibt an, ob die Regel eine Verbindung erlauben oder verbieten soll. Die Tabelle zeigt die Verbindungstypen und Ports wichtiger Serverdienste, die bei der Einrichtung einer Firewall berücksichtigt werden sollten. Dies gilt natürlich nur, wenn der jeweilige Server auf dem Raspberry Pi auch läuft. Sind mehrere Ports angegeben, muss für jeden eine eigene Regel festgelegt werden.

Dienst	Port(s)	Typ
`DHCP-Server`	68	TCP
`DNS-Server`	53	TCP, UDP
`FTP-Server`	21	TCP
`Mailserver (IMAP SSL)`	993	TCP
`Mailserver (IMAP)`	143	TCP
`Mailserver (POP3 SSL)`	995	TCP
`Mailserver (POP3)`	110	TCP
`Mailserver (SMTP)`	25	TCP
`Minecraft-Server`	8080, 25565	TCP
`OpenVPN-Server`	1194	TCP, UDP
`Printserver (IPP)`	631	TCP, UDP
`PXE-Server`	69	UDP
`pyLoad-Server`	8000	TCP
`Rsync-Server`	873	TCP
`Samba-Server`	137, 137	UDP
`Samba-Server`	139, 445	TCP
`SSH-/SFTP-Server`	22	TCP
`Webserver`	80	TCP
`Webserver (https)`	443	TCP
`Zeitserver (NTP)`	123	UDP

Zutaten:

30 g Haferflocken
200 ml Milch
2 EL Cornflakes
1 EL Honig
1 EL Rosinen
1 EL Erdbeeren getrocknet
2 EL Himbeeren
2 EL Blaubeeren

Zubereitung:

Beeren waschen und trocken tupfen. Die Haferflocken, Cornflakes, Rosinen und getrockneten Erdbeeren in eine Schüssel geben und mit der Milch übergießen. Den Honig darüber laufen lassen und mit den frischen Beeren dekoriert servieren.

Quelle: eatsmarter.de

RICHTIG VORSORGEN

Auf jedem Computer sollte man regelmäßige Datensicherungen durchführen, auch auf dem Raspberry Pi. Mithilfe des Linux-Tools rsync sind inkrementelle Datensicherungen möglich, bei denen sich der verbrauchte Speicherplatz in Grenzen hält, auch wenn man täglich sichert.

Installation

1 Installieren Sie das Paket **rsync**. In einigen Fällen ist es sogar schon installiert.

```
sudo apt-get update
sudo apt-get install rsync
```

2 Erstellen Sie jetzt das Backup-Skript. Als Vorlage verwenden wir ein Open-Source-Skript von **ubuntuusers.de**. Legen Sie mit dem Editor eine neue Datei an.

```
nano ~/backup.sh
```

Schreiben Sie den abgebildeten Text in die Datei.

3 Tragen Sie bei **ziel** den Mountpunkt eines ext3-formatierten USB-Sticks oder einer Festplatte ein. Eine Datensicherung auf der Speicherkarte des Raspberry Pi ergibt keinen Sinn, und bei FAT32-formatierten USB-Laufwerken sind keine Hardlinks möglich, was zu deutlich höherem Platzbedarf für die Sicherungen führt.

4 Das Sicherungsverzeichnis, im Beispiel **backup**, muss existieren und der Benutzer **pi** muss dort Schreibrechte haben.

20 Minuten / 6 Schritte

SCHWIERIGKEIT

Das braucht es:

VORWISSEN

1 Festplatte, S. 43

2 Samba-Server, S. 78

KONFIGURATION

SSH-Verbindung zum Raspberry Pi

USB-Stick/Festplatte (ext3-formatiert) zur Datenspeicherung 1

Samba-Server, wenn Daten vom PC gesichert werden sollen 2

SOFTWARE

rsync

WWWCODE Backupserver

5 Machen Sie dieses Skript ausführbar.

```
chmod 744 ~/backup.sh
```

6 Jetzt können Sie die erste Sicherung starten.

```
~/backup.sh
```

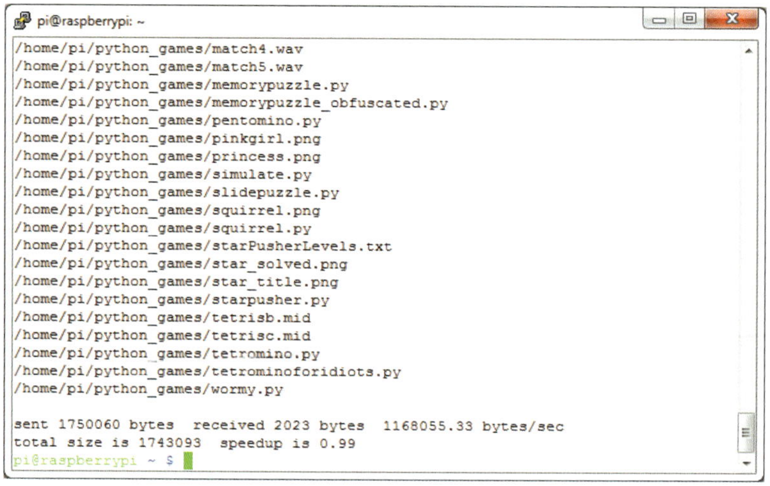

Alle gesicherten Dateinamen werden aufgelistet. Am Ende wird die Gesamtgröße der Sicherung angezeigt.

So funktioniert das Skript

Unter `quelle` steht das zu sichernde Verzeichnis, standardmäßig das Home-Verzeichnis `/home/pi`. Unter `ziel` steht das Sicherungsverzeichnis auf einem externen USB-Speichermedium.
Das Linux-Kommando `rsync` kopiert alle Dateien aus dem Quellverzeichnis in ein Unterverzeichnis des Sicherungsverzeichnisses, das das aktuelle Datum als Namen hat.
Der Parameter `--delete` vergleicht Quellverzeichnis und Sicherungsverzeichnis und löscht Dateien im Sicherungsverzeichnis, die im Quellverzeichnis nicht (mehr) vorhanden sind. Möchten Sie solche Dateien in der Sicherung behalten, entfernen Sie diesen Parameter.
Der Parameter `--link-dest=` erstellt bei unveränderten Dateien Hardlinks auf die Dateien im angegeben Verzeichnis. Auf diese Weise wird eine inkrementelle Sicherung möglich. Unveränderte Dateien liegen nur einmal auf dem Speichermedium.
Zum Schluss wird eine symbolische Verknüpfung mit Namen last erzeugt, die auf die gerade erstellte Sicherung verweist. Diese Verknüpfung wird bei der nächsten Sicherung benötigt und überprüft, ob die Dateien verändert wurden.

Backup in Zahlen

Anteil der Datenverluste durch defekte Hardware:

56 %

Anteil der Datenverluste durch defekte oder bösartige Software:

13 %

Anteil der Datenverluste durch Fehlbedienung:

26 %

Anteil der Datenverluste durch Naturkatastrophen, Brände, Wasserschäden:

5 %

IN DER PRAXIS

Daten von PC-Anwendern sichern

Wenn Sie auf dem Raspberry Pi zusätzlich einen Samba-Server einrichten, können sich PC-Benutzer im Netzwerk ein Netzwerklaufwerk auf dem Raspberry Pi einrichten und darauf Daten ablegen. Tragen Sie dann dieses über Samba freigegebene Verzeichnis bei `quelle` im Skript ein, werden die Daten der PC-Benutzer automatisch gesichert.

Regelmäßige automatische Sicherung einrichten

Niemand denkt daran, regelmäßig seine Daten zu sichern. Linux bietet die Möglichkeit, über sogenannte Cronjobs beliebige Befehle zu bestimmten Zeiten automatisch durchzuführen.

1 Starten Sie den crontab-Editor. Dieser ruft automatisch den nano-Editor auf.

```
crontab -e
```

2 Fügen Sie am Ende folgende Zeile ein und speichern Sie danach mit [Strg] + [X].

```
0 2 * * * /home/pi/backup.sh
```

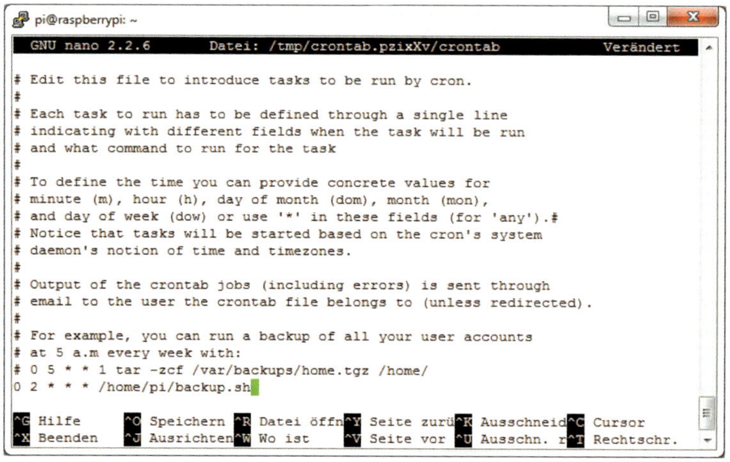

Der crontab-Editor

Diese Zeile startet das Skript `/home/pi/backup.sh` an jedem Tag nachts um 2 Uhr. Die fünf Parameter vor dem Skriptnamen geben die Zeiten an, zu denen der Cronjob gestartet werden soll.

- Minute
- Stunde
- Tag des Monats
- Monat
- Wochentag

Ein ‚*' bedeutet jedesmal.

Die wichtigsten Parameter für rsync

Das Linux-Kommando `rsync` bietet zahlreiche Optionen, um die Übertragung von Dateien auf die jeweiligen Bedürfnisse einzurichten. Der Befehl `man rsync` liefert alle Optionen. Die wichtigsten finden Sie in folgender Tabelle.

`-a`	Archivmodus, übernimmt alle Rechte und Eigentümer der Quelldatei auf dem Zielmedium. Entspricht: `-rlptgoD`
`-r`	Kopiert Unterverzeichnisse
`-l`	Kopiert symbolische Links
`-p`	Behält Rechte der Quelldatei bei
`-t`	Behält Zeitangaben der Quelldatei bei
`-g`	Behält Gruppenrechte der Quelldatei bei
`-o`	Behält Besitzrechte der Quelldatei bei (nur root)
`-D`	Behält Gerätedateien der Quelldatei bei (nur root)
`-u`	Überspringt Dateien, die im Ziel neuer sind als in der Quelle
`-v`	Zeigt während des Synchronisierens alle ausgeführten Schritte an
`-R`	Verwendet relative Pfadnamen
`--delete`	Vergleicht Quellverzeichnisse und Zielverzeichnisse und sorgt dafür, dass Dateien, die im Quellverzeichnis nicht (mehr) vorhanden sind, im Zielverzeichnis gelöscht werden
`--link-dest=[Verz]`	Legt Hardlinks auf unveränderte Dateien im [Verzeichnis] an
`--progress`	Fortschrittsanzeige beim Transfer anzeigen
`--partial`	Fortsetzung des Transfers bei Abbruch
`-P`	Kombiniert `--progress` und `--partial`
`-c`	Bildet zum Vergleich der Dateien Checksummen und vergleicht nicht nur die Größe und Zeitangabe
`-iconv`	Sorgt für eine Konvertierung der Dateinamen zwischen Systemen mit verschiedenen Codepages. Dieser Parameter kann erforderlich werden, z. B. wenn Dateien mit Umlauten im Namen übertragen werden.
`--stats`	Zeigt einen ausführlicheren Bericht am Ende einer Übertragung an
`--size-only`	Sorgt dafür, dass Dateien mit gleicher Dateigröße übersprungen werden, unabhängig davon, ob sie sich in anderen Eigenschaften unterscheiden. Hilfreich bei Sicherungen auf Datenträger mit den Dateisystemen FAT oder NTFS, welche die unter Linux für die Verwaltung der Besitz- und Zugriffsrechte verwendete UNIX-FACL nicht unterstützen

Himbeeren mit Sahne

Zutaten:

600 g frische Himbeeren
4 EL Puderzucker
1 EL Zitronensaft
1 Vanilleschote
150 ml Schlagsahne mit einem Fettgehalt von 30 %

Zubereitung:

Die Himbeeren putzen, waschen und gut abtropfen lassen. Die Hälfte der Beeren mit 2 EL Puderzucker und dem Zitronensaft pürieren und durch ein feines Sieb streichen. Die Vanilleschote längs halbieren, das Mark herauskratzen und mit der Sahne und dem restlichen Puderzucker steif schlagen. Die Himbeersoße auf vier kleine Schalen verteilen, die restlichen Himbeeren darüber geben und mit je einem Klecks Vanillesahne garnieren. Mit einem Stück Vanilleschote dekoriert servieren.

Quelle: eatsmarter.de

HEIZUNG AN

Hausautomation ist der aktuelle Trend – jeder will in seinem Haus Licht und Heizung automatisch zeitgesteuert oder aus der Ferne bedienen. Rechtzeitig bevor man abends nach Hause kommt, soll die Heizung hochlaufen und morgens bei Sonnenaufgang die Lampe vor dem Haus ausgehen und die Rollläden hochgefahren werden. FHEM dient als Steuerzentrale für das SmartHome.

Installation

FHEM (**fhem.de**) ist ein Open-Source-System zur Hausautomation, das auf PCs, FritzBoxen, verschiedenen NAS-Routern und auch auf Raspberry Pi läuft und diverse Hardwarekomponenten unterstützt. Die Software läuft auf dem Server, der ständig in Betrieb sein muss und wird über einen Webbrowser oder Smartphone-App bedient. Ausführliche Informationen zu FHEM, zur Bedienung und zu unterstützten Komponenten liefert das Wiki bei **www.fhemwiki.de**. Der Name FHEM ist übrigens die Abkürzung für »Freundliche Hausautomation und Energie-Messung«.

1 Installieren Sie zuerst Perl und einige Bibliotheken, die zur Ansteuerung der Hardware benötigt werden.

```
sudo apt-get update
sudo apt-get install perl libdevice-serialport-
perl libio-socket-ssl-perl libwww-perl
```

2 Laden Sie danach das eigentliche Programm Fhem herunter und installieren Sie es.

```
wget http://fhem.de/fhem-5.5.deb
sudo dpkg -i fhem-5.5.deb
```

3 Fügen Sie jetzt noch zwei Standardbenutzer der Gruppe **tty** hinzu.

```
sudo adduser pi tty
sudo adduser fhem tty
```

4 Rufen Sie jetzt die Weboberfläche des Fhem-Servers im Browser auf einem PC im Netzwerk auf. Ersetzen Sie die angegebene IP-Adresse durch die Ihres Raspberry Pi.

```
http://192.168.2.124:8083
```

120 Minuten / 8 Schritte

SCHWIERIGKEIT

Das braucht es:

VORWISSEN

1 Routerkonfiguration, S. 25

2 IP-Adressen, S. 20

KONFIGURATION

Portweiterleitungen 1

FHEM 8083, 8084, 8085

SSH-Verbindung zum Raspberry Pi

Feste oder dynamische IP-Adresse im Internet 2

SOFTWARE

FHEM

HARDWARE

CUL oder COC (Funksender/Empfänger am Raspberry Pi)

Sensoren (Thermometer, Lichtschalter, Fernbedienungen, Bewegungsmelder)

Aktoren (Schaltsteckdosen, Heizungsregler, Rollladenschalter)

WWWCODE FHEM-Server

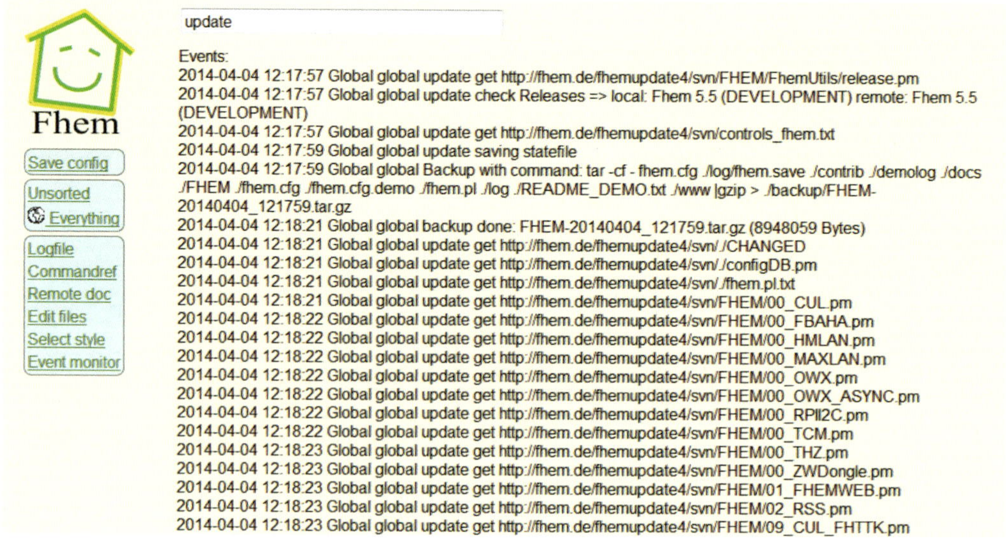

Als Erstes muss die Fhem-Installation auf den aktuellen Stand gebracht werden.

5 Fhem bietet oben ein Feld, in dem die Steuerbefehle eingegeben werden. Geben Sie hier als Erstes **`update`** ein, um die Installation auf den neuesten Stand zu bringen.

6 Wenn hier eine Informationsmeldung der Entwickler erscheint, muss diese erst bestätigt werden. Geben Sie dazu **`notice confirm`** gefolgt von der ID der Nachricht ein und starten danach das Update.

7 Nachdem das Update durchgelaufen ist, was einige Minuten dauern kann, starten Sie den Fhem-Server mit **`shutdown restart`** neu. Im Browser erscheint ein Verbindungsfehler. Laden Sie nach einigen Sekunden die Seite neu und die Fhem-Oberfläche ist wieder da.

8 Tragen Sie jetzt die verwendeten Geräte und Module in die Konfigurationsdatei ein. Die notwendigen Daten finden Sie in den jeweiligen Gerätedokumentationen und teilweise auch über den Menüpunkt **Commandref**. Die Konfigurationsdatei können Sie über den Menüpunkt **Edit files** bearbeiten. Wählen Sie hier ganz oben die Datei **fhem.cfg**.

So sieht Fhem im Betrieb mit Geräten aus.

Deutschsprachige Dokumentation

Der Menüpunkt **Commandref** enthält eine umfangreiche Dokumentation zu Fhem. Schalten Sie diese in der Seitenleiste links auf **DE** um, um sie auf Deutsch zu lesen. Dabei handelt es sich nicht wie bei vielen Programmen um eine schlechte automatisch erzeugte Übersetzung, sondern um das Original. Fhem wird in Deutschland entwickelt. Der Menüpunkt **Remote Doc** verweist auf diverse Online-Dokumentationen, das Wiki und das sehr aktive Forum, wo man Hilfe zu speziellen Anwendungsfällen bekommt.

Ansteuerung der Geräte

Die meisten Hardwarehersteller verwenden eigene Systeme mit einer Vielzahl verschiedener Komponenten, die über Funk in den Frequenzbändern 433 MHz und 868 MHz oder über eine 1-Draht-Kabelverbindung gesteuert werden.

Hausautomation in Zahlen

Anteil der Internetnutzer in Deutschland, die sich für die Regelung von Heizungen interessieren:

50,7 %

Anteil der Internetnutzer in Deutschland, die sich für das automatische Nachbestellen von Kühlschrankinhalten interessieren:

18,7 %

Anteil der Internetnutzer in Deutschland, die sich für die Nutzung des Babyfons via Internet interessieren:

13,3 %

IN DER PRAXIS

Fhem-App für Smartphones und Tablets

Fhem bietet eine Android-App **andFHEM** an, mit der man Zugriff auf die Daten hat und die Aktoren steuern kann. Die App funktioniert standardmäßig im WLAN, kann aber auch unterwegs über das Mobilfunknetz genutzt werden, wenn der Fhem-Server einen dynamischen DNS-Eintrag hat und auf dem Router eine Portweiterleitung geschaltet ist (siehe: Routerkonfiguration für Server und IP-Adressen).

1 Installieren Sie die App über den QR-Code aus dem Google Play Store auf Ihrem Gerät.

2 Die App zeigt beim Start Dummy-Daten an. Tippen Sie oben links auf **DummyData** und wählen im Menü **Verwalten**. Tippen Sie hier auf **Neue Verbindung erstellen**, wählen bei **Typ** die Option **FHEMWEB** und geben die URL Ihres Fhem-Servers ein. Nach dem Speichern kann die Verbindung aufgebaut werden, und Sie sehen die Daten.

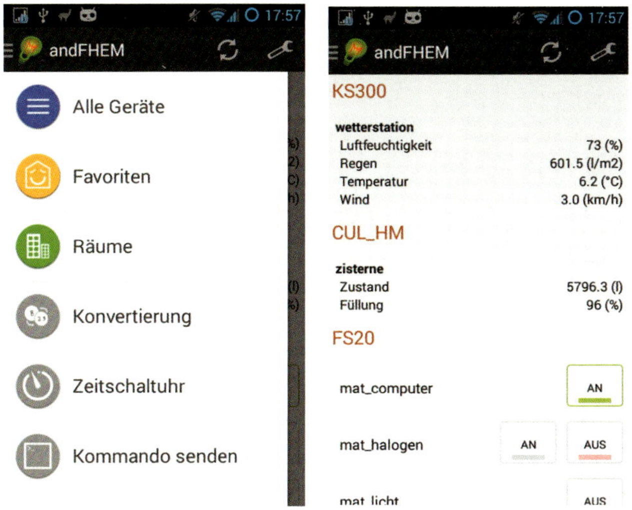

Fhem-Server über andFHEM vom Smartphone aus steuern

Hannahs Himbeer-Cappuccino

Zutaten:

150 g Mascarpone
100 g Quark
2 EL Vanillezucker
50 ml Schlagsahne mit einem Fettgehalt von mindestens 30 %
100 g frische, reife Himbeeren
1 EL Puderzucker
1 EL Zitronensaft
100 ml Milch
1 Messerspitze Zimt
Zimt zum Bestäuben

Zubereitung:

Die Mascarpone mit dem Quark und dem Vanillezucker glatt rühren (nach Belieben etwas mehr oder weniger Zucker). Die Sahne steif schlagen und nach und nach unter die Mascarponecreme heben. Auf vier Gläser verteilen und in den Kühlschrank stellen. Die Himbeeren putzen, mit dem Zucker und dem Zitronensaft fein pürieren und durch ein Haarsieb streichen. Die Milch erhitzen, den Zimt dazugeben und aufschäumen. Die Himbeersoße auf der Creme verteilen und mit dem Schaum bedecken. Zum Servieren etwas Zimt dazugeben.

Quelle: eatsmarter.de

AUS EINER HAND

Haben Sie nicht viel Platz für Tastaturen und Mäuse und möchten alle Ihre Computer mit einer Tastatur und einer Maus steuern? Synergy ist eine Softwarelösung, mit der man von einem PC bis zu 14 weitere steuern kann: Jeder PC braucht einen eigenen Bildschirm, Tastatur und Maus sind nur einmal für alle PCs nötig.

Installation

1 Im Gegensatz zu anderen Client-Server-Lösungen sitzt der Benutzer bei Synergy am Server und steuert die Clients aus der Ferne. Die Serversoftware wird also auf dem PC bedient, der Raspberry Pi (oder mehrere, bzw. auch PCs) ist ein Client.

Laden Sie bei **synergy-foss.org** die Windows-Version von Synergy auf den PC herunter und installieren Sie sie.

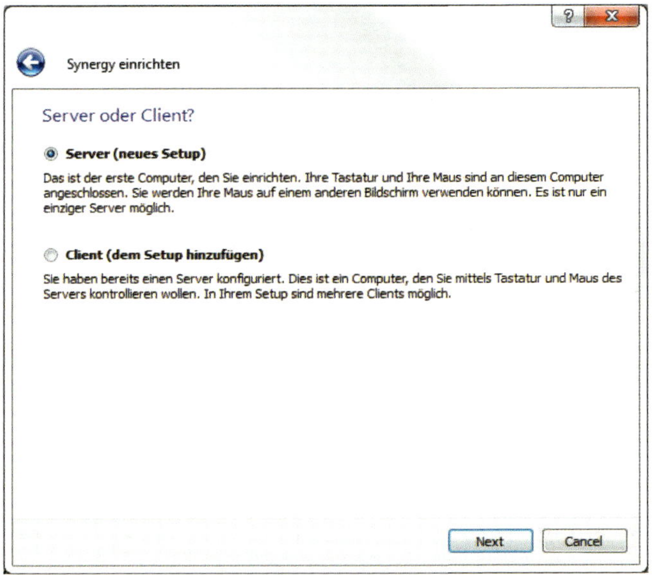

Wählen Sie bei der Installation die Option Server.

2 Die im nächsten Schritt angebotene Verschlüsselung brauchen Sie in einem privaten Heimnetzwerk nicht.

3 Danach öffnet sich das Programmfenster von Synergy, in dem der Modus **Server** bereits ausgewählt ist. Klicken Sie hier auf **Server konfigurieren**.

20 Minuten / 6 Schritte

SCHWIERIGKEIT

Das braucht es:

VORWISSEN

–

KONFIGURATION

PC mit Synergy-Software

Grafische Oberfläche auf dem Raspberry Pi

SOFTWARE

Synergy, **www.synergy-foss.org**

WWWCODE Synergy-Server

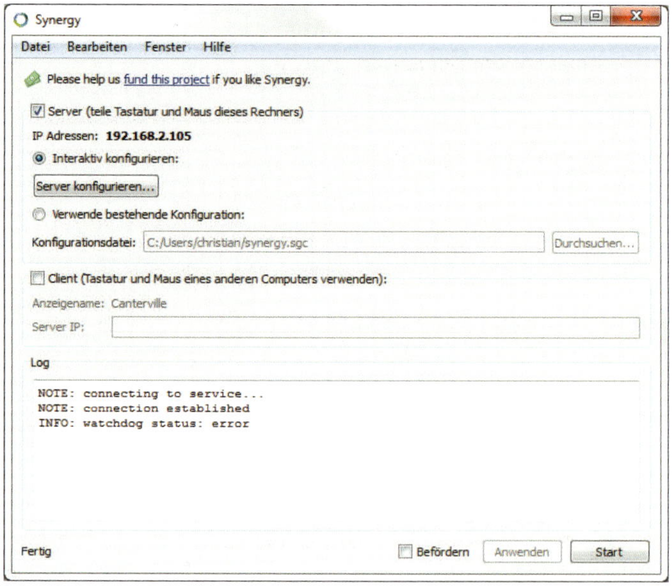

Im unteren Fenster zeigt Synergy den aktuellen Verbindungsstatus zu anderen PCs.

4

Ziehen Sie im Fenster **Server Konfiguration** den blauen Monitor von oben rechts auf die Seite neben den Monitor Ihres PCs, der bereits im Fenster zu sehen ist, wo er in Wirklichkeit auch steht.

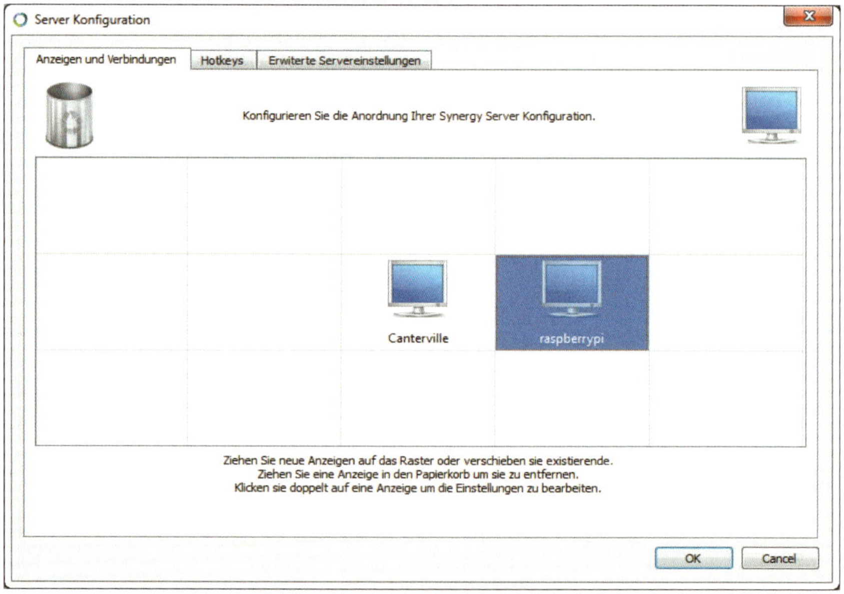

Auf einem Synergy-Server können mehrere andere PCs und auch Raspberry Pis angemeldet werden.

5 Klicken Sie doppelt auf das neu angemeldete Gerät und tragen im Feld **Anzeigename** den Namen **`raspberrypi`** ein.

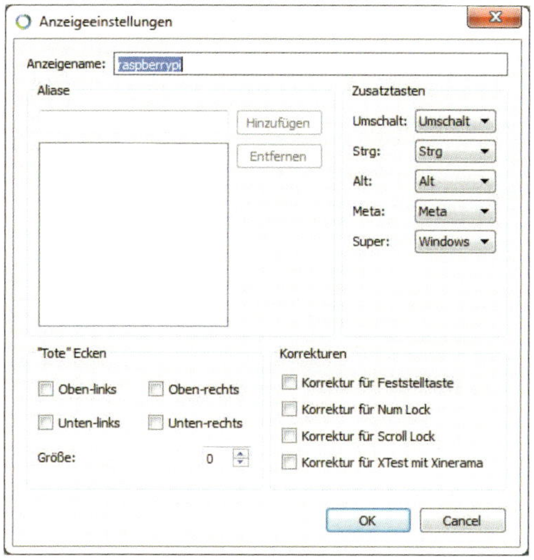

Anhand des Anzeigenamens werden die Geräte im Netzwerk identifiziert.

6 Verlassen Sie danach beide Dialogfelder mit **OK**. Klicken Sie im Hauptfenster auf **Start** und dann **Anwenden**. Der Synergy-Server auf dem PC wartet jetzt auf die Anmeldung eines anderen Computers.

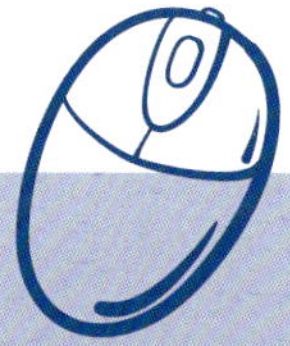

Synergy in Zahlen

Apple veröffentlicht mit dem Apple Lisa den ersten Rechner mit grafischer Benutzeroberfläche und Maus im Jahr:

1983

Veröffentlichung der ersten opto-mechanischen Maus, die ihren Strom von der RS232-Schnittstelle bezieht (Logitech):

1985

Logitech liefert die zweimillionste Maus aus:

1988

Synergy auf dem Raspberry Pi installieren und mit dem PC verbinden

Nachdem die Synergy-Software auf dem PC läuft, müssen Sie sie noch auf dem Raspberry Pi installieren. Zur ersten Einrichtung brauchen Sie eine Tastatur und eine Maus. Ein Monitor muss ohnehin angeschlossen sein und die grafische Oberfläche muss laufen.

1 Laden Sie das Installationspaket vom Server des Herstellers herunter und installieren Sie es.

```
wget http://fossfiles.com/synergy/synergy-1.4.17-r2055-Linux-armv6l.deb
sudo dpkg -i synergy-1.4.17-r2055-Linux-armv6l.deb
```

2 Nach der Installation erscheint Synergy im Startmenü auf dem Raspbian-Desktop unter **Zubehör**.

3 Die Installation sieht genauso wie auf dem PC aus. Wählen Sie hier aber die Option **Client**.

4 Tragen Sie im Synergy-Programmfenster bei **Server IP** die IP-Adresse des PCs ein, der als Synergy-Server läuft.

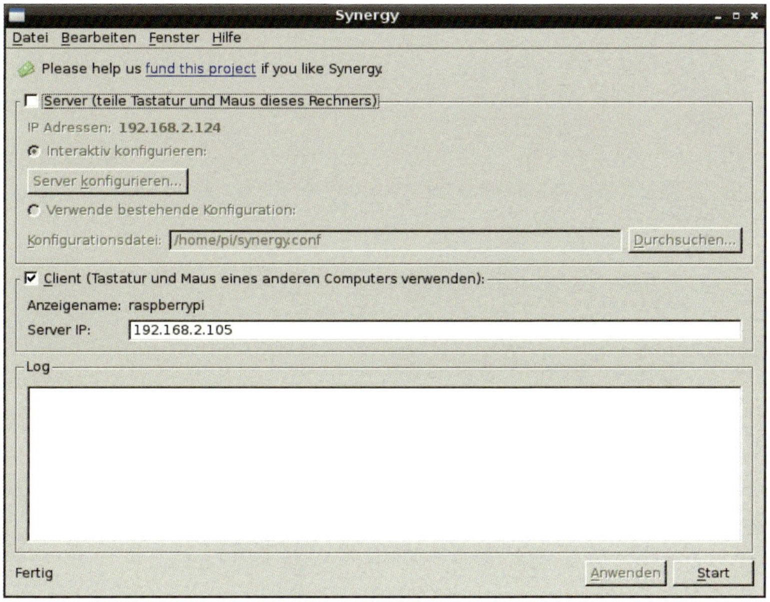

Synergy auf dem Raspbian Desktop

5 Klicken Sie auf **Anwenden**, wird das Synergy-Fenster automatisch minimiert und als Symbol in der Taskleiste in der rechten unteren Bildschirmecke angezeigt. Mit einem Rechtsklick darauf können Sie das Fenster wieder zeigen.

6 Der Raspberry Pi verbindet sich automatisch mit dem Server. Das sehen Sie auf dem Server in der Protokollanzeige.

7 Bewegen Sie jetzt auf dem PC die Maus über den Bildschirmrand hinaus auf den Raspbian-Desktop. Wenn Sie dort ein Fenster aktivieren, erscheinen in diesem auch die Eingaben auf der PC-Tastatur.

8 Jetzt können Sie Tastatur und Maus vom Raspberry Pi entfernen.

Synergy auf dem Raspberry Pi automatisch starten

Synergy soll bei jedem Start des Raspberry Pi automatisch starten. Andernfalls müssten Sie doch wieder Tastatur und Maus anschließen, um den Synergy-Client aufzurufen.

1 Erstellen Sie mit dem Editor ein Shellscript **.startsynergy.sh**. Tragen Sie den Text aus der Abbildung ein und ersetzen Sie die IP-Adresse durch die Ihres Synergy-Servers.

```
nano .startsynergy.sh
```

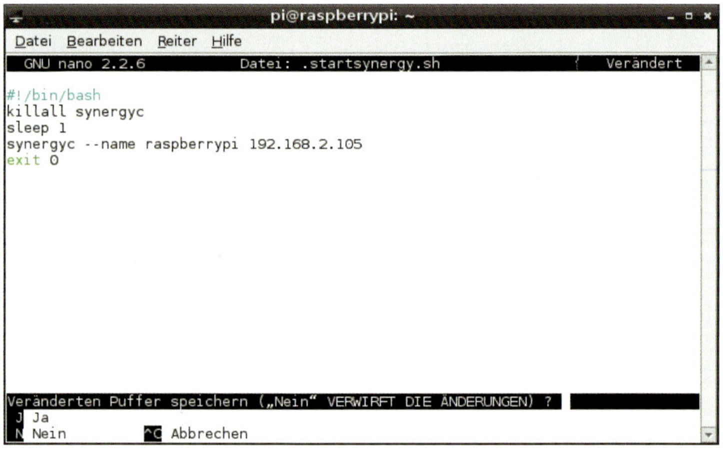

Dieses Skript wird Synergy in Zukunft automatisch starten.

2 Machen Sie dieses Skript für alle Benutzer ausführbar.

```
sudo chmod 777 .startsynergy.sh
```

3 Damit das Skript beim Start des LXDE-Desktops automatisch aufgerufen wird (Synergy funktioniert nur mit grafischer Oberfläche), brauchen Sie noch einen Autostart-Eintrag. Legen Sie zunächst ein Verzeichnis an. Der Parameter **-p** verhindert Fehler, falls das Verzeichnis bereits vorhanden ist oder das übergeordnete Verzeichnis fehlt.

```
sudo mkdir -p ~/.config/lxsession/LXDE
```

4 Legen Sie jetzt in diesem Verzeichnis eine Datei **autostart** an.

```
sudo nano ~/.config/lxsession/LXDE/autostart
```

5 Tragen Sie die abgebildete Zeile in die Datei ein. Falls die Datei schon vorhanden ist und Text darin steht, hängen Sie die neue Zeile einfach am Ende an.

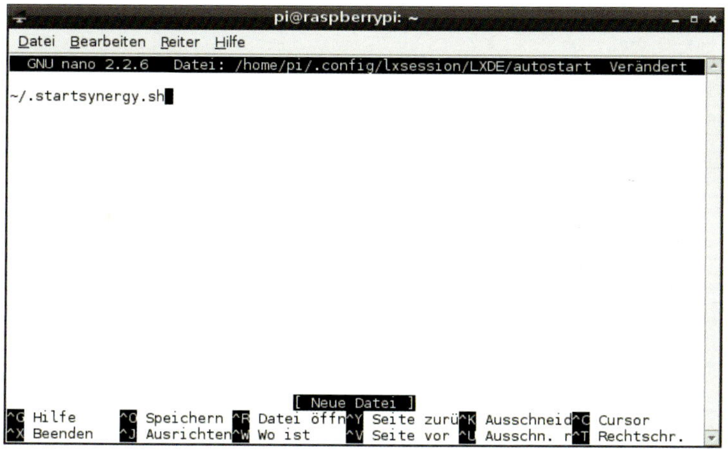

Die autostart-Datei für den LXDE-Desktop

Beim nächsten Neustart des Raspberry Pi mit grafischem LXDE-Desktop wird der Synergy-Client automatisch gestartet und verbindet sich mit dem PC. Diesen Vorgang können Sie auf dem PC im Synergy-Protokollfenster mitverfolgen.

Himbeergratin

Zutaten:

200 g Blaubeeren
100 g Himbeeren
100 g Walderdbeeren
4 Eier
4 EL Puderzucker
ausgeschabtes Mark einer halben Vanilleschote
1 Prise Salz
125 ml Milch
60 g Mehl
Butter für die Förmchen

Zubereitung:

Zuerst die Förmchen ausbuttern und danach die Beeren waschen, trocken tupfen und auf den Böden der Förmchen verteilen. Eier mit Puderzucker, Vanillemark und Salz schaumig schlagen und die Milch unterrühren. Das Mehl darüber sieben und untermengen. Den Teig auf die Beeren geben und im vorgeheizten Backofen (200°C Umluft) ca. 25-30 Min. backen. Die Förmchen aus dem Backofen nehmen, etwas abkühlen lassen und warm servieren.

Quelle: eatsmarter.de

GRENZEN-LOS

arkOS ist ein neuartiges Betriebssystem, speziell für Serveranwendungen auf dem Raspberry Pi. Es wird komplett über eine Weboberfläche gesteuert, sodass man sich überhaupt nicht mehr mit Linux-Konsolenbefehlen auseinandersetzen muss.

Installation

arkOS ist ein komplett eigenständiges Betriebssystem und hat nichts mit Raspbian zu tun. Es wird auch nicht über den NOOBS-Installer angeboten, sondern muss aus einer Image-Datei manuell auf einer Speicherkarte installiert werden.

1 Formatieren Sie als Erstes die Speicherkarte mit dem SDFormatter und schalten Sie dabei die Option **Format Size Adjustment** ein (siehe Erste Schritte).

2 In früheren Versionen musste arkOS noch mit einem Image-Tool auf die Speicherkarte übertragen werden. Da dies nicht immer einfach war, haben sich die Entwickler entschlossen, einen eigenen Windows-Installer zu liefern. Laden Sie sich den arkOS-Installer für Windows bei `arkos.io/downloads` herunter.

3 Klicken Sie hier auf **Installieren Sie arkOS auf einer SD-Karte**. Wählen Sie einen der angebotenen Downloadserver und danach die Speicherkarte aus. Die Speicherkarte muss mindestens 2GB groß sein. Achten Sie darauf, wirklich die Speicherkarte und kein anderes Laufwerk auszuwählen, denn das gewählte Laufwerk wird formatiert und mit arkOS überschrieben.

Der arkOS-Installer erspart den mühsamen Installationsweg mit einem Image Tool.

4 Jetzt dauert es einige Zeit, während der Installer die eigentlichen Betriebssystemdaten herunterlädt und auf die Speicherkarte kopiert.

5 Nach Abschluss dieses Vorgangs nehmen Sie die Speicherkarte aus dem PC, stecken sie in den Raspberry Pi und booten diesen damit.

120 Minuten / 8 Schritte

SCHWIERIGKEIT

Das braucht es:

VORWISSEN

1 Routerkonfiguration, S. 25

2 IP-Adressen, S. 20

KONFIGURATION

Portweiterleitungen 1

arkOS 8080

Feste oder dynamische IP-Adresse im Internet 2

SOFTWARE

arkOS

WWWCODE arkOS

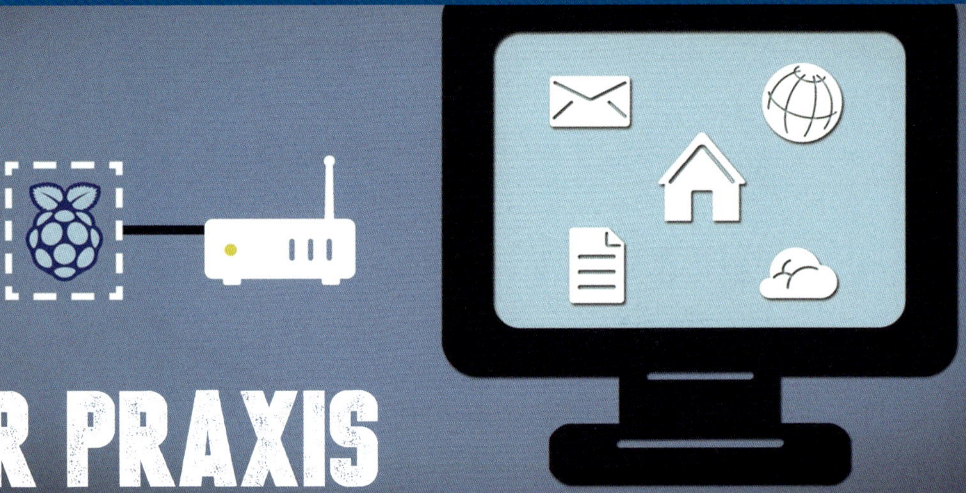

IN DER PRAXIS

arkOS-Server installieren und einrichten

Die weitere Installation und Administration des arkOS-Servers können Sie vom PC aus vornehmen. Am Raspberry Pi müssen weder Tastatur noch Monitor angeschlossen sein. Warten Sie nur etwa 2 Minuten, bis arkOS nach dem Neustart des Raspberry Pi vollständig gebootet ist.

1 Geben Sie im Browser die IP-Adresse des Raspberry Pi mit dem Port **`8000`** ein.

```
http://192.168.2.124:8000
```

Wenn die IP-Adresse des Raspberry Pi nicht bekannt ist

Kennen Sie die IP-Adresse des Raspberry Pi nicht, können Sie diese mithilfe des arkOS-Installers herausfinden. Klicken Sie dazu auf **Das Netzwerk nach arkOS Geräten durchsuchen** und im nächsten Fenster auf **Scannen**. Der arkOS-Installer durchsucht das Netzwerk und zeigt die IP-Adressen aller Computer, auf denen arkOS läuft.

2 Melden Sie sich nun auf dem Anmeldebildschirm von arkOS mit dem Benutzernamen **`admin`** und dem Passwort **`admin`** an.

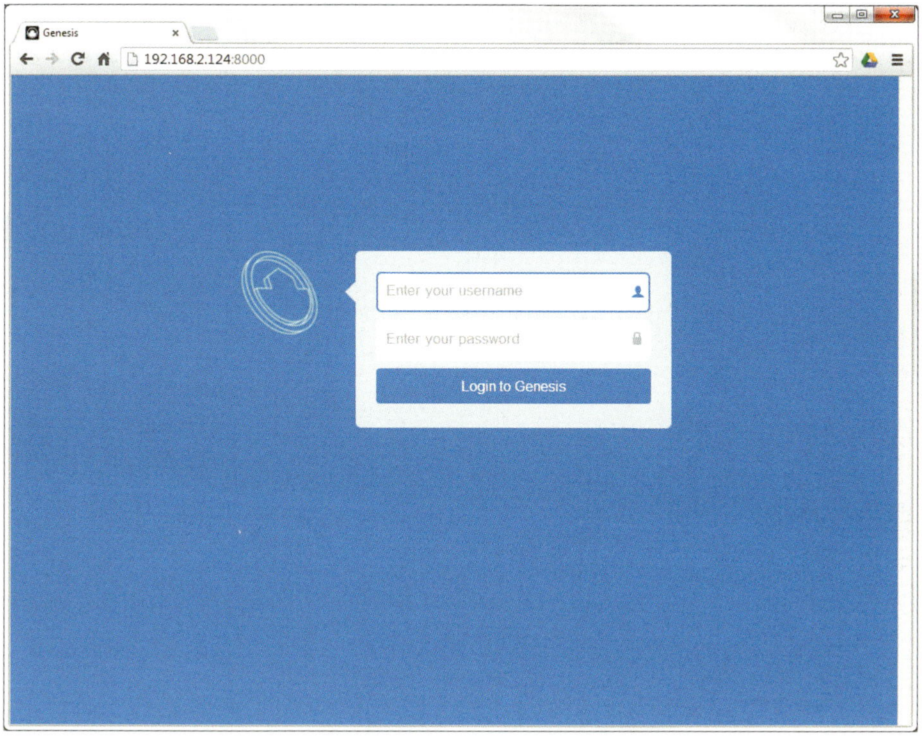

Die erste Anmeldung bei arkOS

3 Daraufhin erscheint die arkOS-Benutzeroberfläche Genesis mit dem Installationsassistenten. Klicken Sie auf OK, um die Ersteinrichtung zu starten. Legen Sie auf den folgenden Seiten einen Benutzer mit Passwort fest und vergeben ein Passwort für den root-Zugang.

4 Auf der Seite **Initial System Settings** sind noch wichtige Einstellungen vorzunehmen. Tragen Sie oben einen **Hostnamen** ein, unter dem der arkOS-Server im Netzwerk erreichbar ist, auch wenn der Raspberry Pi über den Router einmal eine andere IP-Adresse bekommt. Sie brauchen auf den PCs im Netzwerk dann nur noch diesen Hostnamen im Browser einzugeben, z. B.:

```
http://arkos:8000
```

4 Stellen Sie die richtige Zeitzone ein, damit die Serverzeit richtig läuft. Schalten Sie außerdem die beiden Schalter **Expand arkOS to fit SD card** und **Optimize graphical memory** ein. Die erste Option erweitert das Dateisystem, ähnlich wie bei Raspbian, auf die gesamte Größe der Speicherkarte, die zweite Option setzt den Grafikspeicher des Raspberry Pi auf ein

arkOS in Zahlen

Einnahmen in der Crowd-Funding-Kampagne für die Entwicklung von arkOS (US-Dollar):

53.065

Anzahl der Personen, die die Crowd-Funding-Kampagne von arkOS unterstützt haben:

1.076

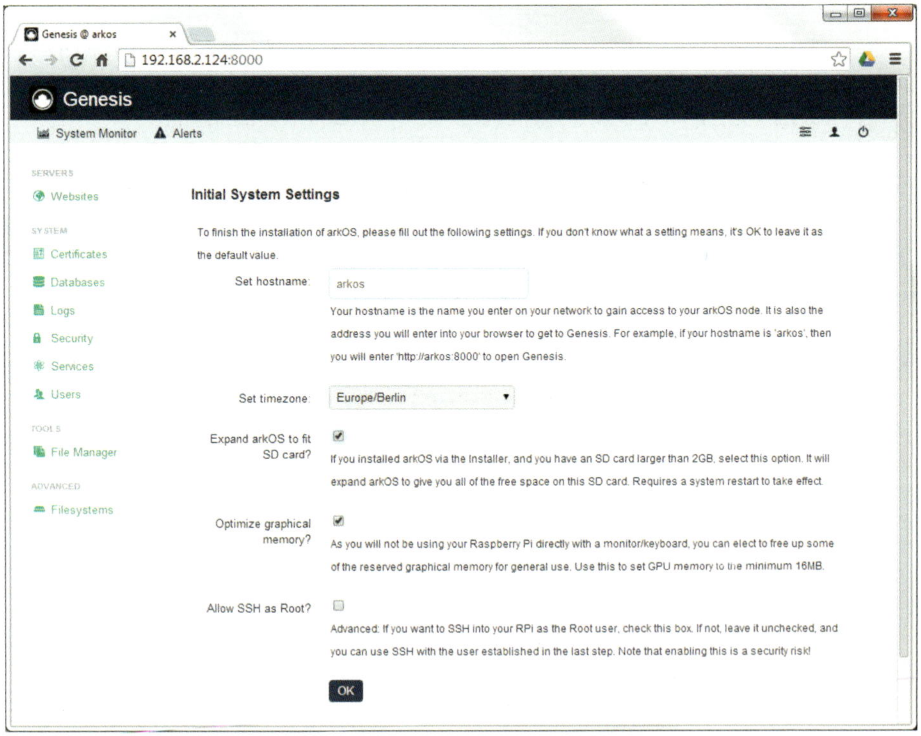

Vor dem eigentlichen Start von arkOS sind ein paar wichtige Einstellungen vorzunehmen.

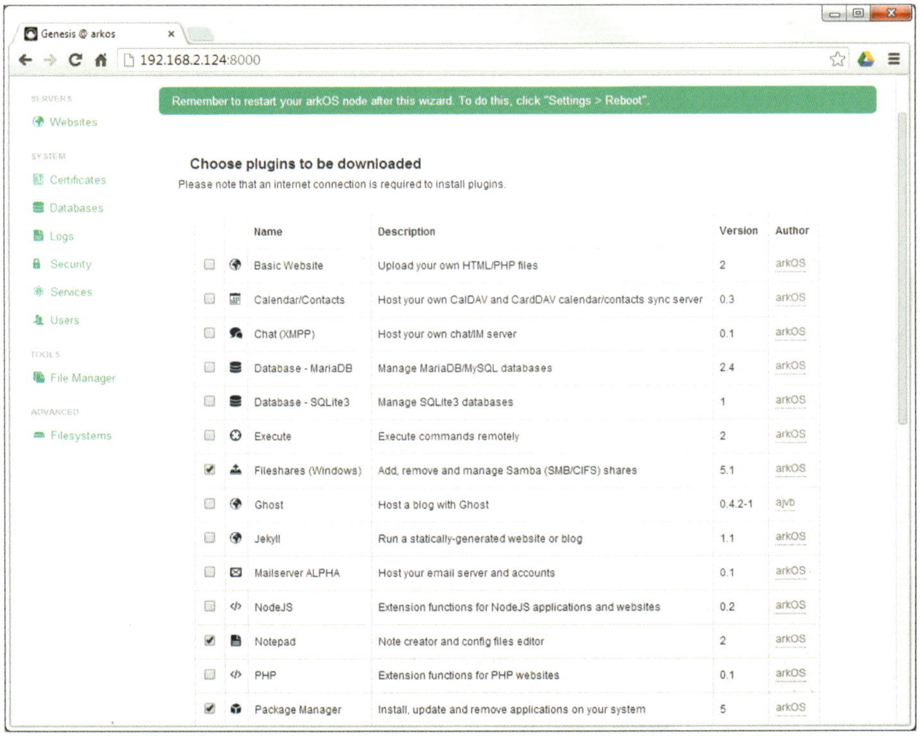

Die gewünschten Dienste lassen sich einfach per Mausklick auf dem Server herunterladen und installieren.

Minimum, um für arkOS mehr Speicher freizugeben. Da am Raspberry Pi im Serverbetrieb kein Monitor angeschlossen ist und keine graphische Oberfläche läuft, würde dieser Speicher sonst nutzlos verschwendet.

6 Danach folgt der wichtige Schritt, bei dem Sie die Serverdienste auswählen, die verwendet werden sollen. arkOS bietet hier eine lange Liste vom Webserver **nginx** angefangen mit verschiedenen Datenbanken und CMS über Samba-Freigaben, Proxyserver bis hin zu Mailserver und ownCloud.

7 Nach diesen ersten Einrichtungsschritten muss arkOS noch einmal neu gestartet werden. Dies ist später nicht mehr nötig, wenn Komponenten hinzugefügt werden. Klicken Sie dazu oben rechts auf das Ausschaltsymbol und danach auf **Restart System**. Warten Sie danach ein paar Minuten, bis der Server neu gebootet hat, bevor Sie die Startseite über die IP-Adresse oder den Hostnamen wieder aufrufen.

Die gesamte Administration des Servers erfolgt über die Weboberfläche. Es ist nicht nötig, Konfigurationsdateien manuell zu ändern. Je nach installierten Modulen können Sie über das Menü links Webseiten und Dateifreigaben hinzufügen, Benutzer und Dienste verwalten. Auch ein Dateimanager und ein Konsolenfenster lassen sich über die Browseroberfläche nutzen.

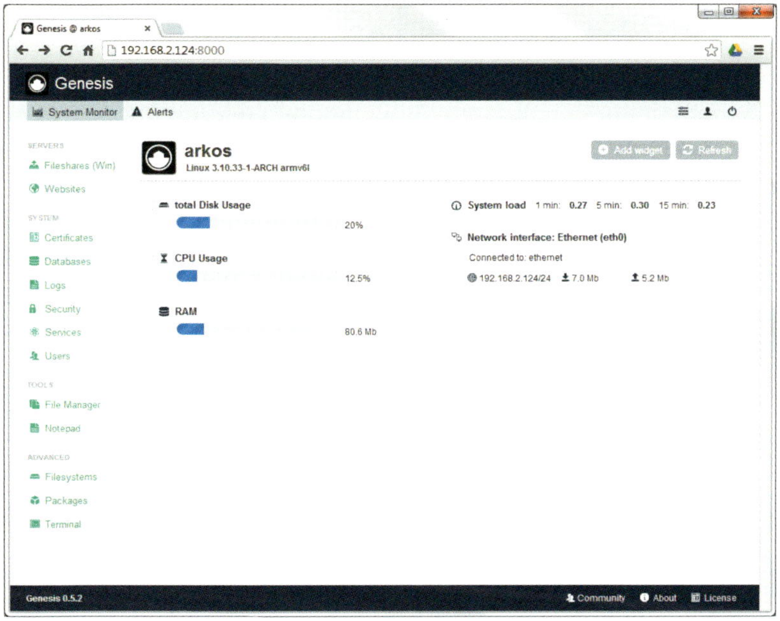

Auf der Startseite System Monitor können Sie sich mit dem Button Add widget alle wichtigen Systemzustände übersichtlich anzeigen lassen.

Hannahs Himbeer-muffins

Zutaten:
150 g Himbeeren
250 g Mehl
2 TL Backpulver
½ TL Natron
1 Ei
100 g Zucker
80 ml Pflanzenöl
150 ml Schlagsahne
120 g Buttermilch
12 Papierförmchen

Zubereitung:
Den Ofen auf 180°C Umluft vorheizen. Ein Muffinblech mit den Papierförmchen auslegen. Die Himbeeren waschen und gut trocken tupfen. Mehl, Backpulver und Natron vermengen. Zucker, Öl, Sahne und Buttermilch mit dem Ei verquirlen. Die Mehlmischung rasch unter die Eimasse rühren, bis die trockenen Zutaten feucht sind. Die Hälfte des Teiges in Papierförmchen geben, einige Himbeeren darauf setzen, dann den restlichen Teig darüber verteilen und die übrigen Himbeeren auf den Muffins verteilen, leicht in den Teig drücken. Die Muffins im vorgeheizten Backofen ca. 30 Minuten goldbraun backen. Herausnehmen, kurz in der Form abkühlen lassen. Dann herausnehmen und auskühlen lassen.

Quelle:eatsmarter.de